KOGIS

Éric Julien

avec Gentil Cruz

KOGIS

Le réveil d'une civilisation précolombienne

Préface d'Edward Goldsmith

Albin Michel

Collection Essais/Clés

Ouvrage publié sous la direction de Patrice Van Eersel

À Luna, ma fille dont les yeux m'emportent vers l'infini,
et les sourires vers cette innocence que l'intention n'habite pas.

À Alexandre Jollien, et sa légèreté joyeuse
pour apprendre le métier d'homme.

À tous ceux pour qui, toujours, le souffle guidera le chemin...
À Mu,
À D'Jack, Zeb, Paqui, Mam, Bob, Toute, Danielle, Michel,
merci...

Préface

par Edward Goldsmith

Éric Julien s'est lié d'amitié avec l'une des dernières communautés indiennes du continent sud-américain qui a su préserver sa culture et son regard sur le monde. Il s'agit de la communauté des Indiens Kogis, largement décrite en son temps par le célèbre ethnologue Gerardo Reichel-Dolmatoff...

Depuis sa première rencontre avec eux, en 1985, et pour les remercier de lui avoir sauvé la vie, Éric Julien s'est lancé dans un pari fou : aider les Kogis à reprendre possession de leurs terres ancestrales, dont ils avaient été dépossédés par les colons, les pilleurs de tombes et, plus récemment, les narcotrafiquants et la guérilla. Pour cela, il a créé l'association Tchendukua (Ici et Ailleurs), qui collecte des fonds en Europe pour racheter ces terres. À ce jour, ce sont près de 1 400 hectares qui ont ainsi été restitués à leurs propriétaires légitimes.

Mais qui sont les Kogis, derniers représentants de ces « peuples racines » encore reliés à la terre ? Pourquoi nous disent-ils qu'un peuple sans mémoire est un peuple mort ? Leur pensée rejoindrait-elle celle de Mircea Eliade, lorsqu'il évoquait l'idée selon laquelle le plus grand crime de l'homme est l'oubli ?

Car c'est bien contre l'oubli que luttent les Kogis, lorsqu'ils refusent de cultiver du café — tout comme les Massa du nord du Cameroun et du Tchad se refusent à cultiver le sorgho pendant la saison sèche, alors même que cela leur permettrait de doubler leur production. Refus d'oublier ce qu'ils sont, leur identité et les règles sociales qui fondent leurs sociétés. On peut se passer de café ou de sorgho, mais sans règles partagées, désordre et chaos s'installent et l'homme est perdu.

Qu'une activité soit « économique » ne concerne que très peu les membres de telles sociétés. C'est ce que rappelle l'ethnologue américain Marshall Sahlins, pour qui les sociétés « primitives » sont des sociétés *contre* l'économie, si l'on entend par ce mot une logique qui détruirait l'équilibre social du groupe. Pourquoi avoir besoin d'un lien économique, alors même que les membres de ces sociétés sont étroitement liés les uns aux autres par de nombreuses règles et obligations réciproques qui contribuent à l'équilibre social ? Comme l'évoquait Julius Nyerere, ancien premier ministre de Tanzanie : « La solidarité qui règne dans un village africain est telle qu'il est impossible qu'un villageois puisse mourir de faim, ou alors il faudrait que le village entier meure de faim. »

Ce que les « peuples racines » ont préservé, et que nous avons sans doute perdu, c'est une connaissance approfondie des multiples liens subtils que les êtres humains entretiennent entre eux et avec leur milieu naturel. Des liens qui ne sont pas conçus pour permettre la transformation et la domination du monde mais, au contraire, pour favoriser son équilibre et sa préservation. Nous transformons la matière à un rythme accéléré ; ils travaillent l'esprit et la pensée, afin que chacun puisse trouver un juste équilibre.

De fait, les Kogis ne prêtent que peu d'attention aux connaissances et aux savoirs développés par les sociétés modernes, puisqu'ils mènent les membres de celles-ci, les « petits frères » comme ils disent non sans sollicitude

— entendant par là « ceux qui ne pensent pas » —, vers la destruction de la Sierra et du monde. « Ils tuent le monde, explique le chaman kogi Miguel, ils détruisent la terre, lui enlèvent son sang. Le sang est un peu comme l'eau des torrents, qui vient des sommets des montagnes, c'est-à-dire du cœur du monde. Si nous ne faisons rien, bientôt il ne restera qu'une peau vide et quelques os. Nous ne pouvons pas laisser mourir la terre, nous devons la sauver pour nos enfants. Nous devons étudier et étudier encore, pour savoir comment réparer ses blessures. »

C'est pour se préserver, et préserver leur vision du monde, que les Kogis ont choisi de vivre en reclus, à l'écart de la modernité. Sinon, « nous allons perdre notre force, notre énergie, dit Miguel, on acceptera les maisons en ciment, les toits de tôle, les écoles en ciment, et nous disparaîtrons. Tout est connaissance, tout peut être étudié. Pour nous, la nature est comme vos livres : tout y est inscrit. Si nous perdons ces connaissances, si les jeunes n'apprennent plus, ils vont devenir sourds et aveugles. Ils ne sauront plus parler avec la nature ».

La vision du monde des Kogis est une vision éminemment cosmique, qui relie l'homme à la terre et à l'univers, comme l'était celle de tous les « peuples racines », pour qui l'homme n'est ou n'était que l'une des composantes d'un tout, immense et mystérieux. À ce titre, comme l'ensemble des autres composantes, il a une responsabilité et un rôle précis à jouer dans le bon fonctionnement de sa famille, de sa communauté, de la société, de la nature et du monde. L'égoïsme qui tend à s'étendre dans nos sociétés n'est finalement qu'un symptôme de la dégradation sociale, cognitive et morale de la modernité vieillissante.

Alors, qui sont ces peuples dont font partie les Kogis ? Ne sont-ils que les témoins archaïques, emportés par l'histoire, de ce que nous ne sommes plus, ou sont-ils les gardiens d'une mémoire, d'un « savoir-être ensemble », dont la redécouverte pourrait être l'une des clés du futur ?

Peut-être pourrions-nous dialoguer pour apprendre les uns des autres ? C'est en tout cas ce que nous propose Éric Julien à travers ce livre. Il nous montre aussi que tout est encore possible, que notre responsabilité est totale et que notre avenir, celui de nos enfants, reste entre nos mains.

Avant-propos

> *« Car demande à la génération précédente, et sois attentif à l'expérience de leurs pères puisque nous sommes d'hier et ne savons pas, puisque nos jours sur terre sont une ombre, n'est-ce pas eux qui t'instruiront, qui te parleront, et qui de leur cœur extrairont des mots ? »*
>
> Job, 8, 8

Un grand bonjour à vous qui venez d'ouvrir ce livre et d'en entamer la lecture. Je ne vous connais pas, mais je vous imagine, quelque part, allongé sur un lit, calé dans un fauteuil ou accoudé à une table, prêt à partir en voyage entre ici et ailleurs, entre une tradition, celle des Indiens Kogis, là-bas en Colombie, et notre modernité. Je ne sais pas qui vous êtes, où vous êtes, pourquoi vous avez ouvert ce livre, mais peu importe, vous êtes là, autre, inconnu et précieux qui donnez sens au dialogue. Un grand merci pour votre présence, un grand merci d'être là.

Je n'ai jamais beaucoup aimé cette idée d'écrire, de faire un livre sur les Indiens Kogis, leur différence. Au nom de l'objectivité, l'autre devient objet d'études, sujet exotique d'étonnement parfois si lointain qu'il n'interroge même plus ou si peu. Je préfère raconter une histoire, la partager. L'histoire d'une rencontre subjective, forcément subjective, avec des hommes et des femmes qui pensent et habitent le monde autrement. Pas des sauvages, ni même des Indiens, simplement des hommes et des femmes qui luttent pour conserver leur mémoire, mémoire de ce qu'ils sont, de ce qu'ils ont été, de ce qu'ils veulent devenir, car un peuple sans mémoire est un peuple mort.

Un jour, de telles rencontres n'auront plus lieu, ni plus lieu d'être. De cet autre-là, si proche et si lointain, il ne restera que des souvenirs. Au nom du modernisme, il lui faut disparaître, s'adapter ! S'adapter à quoi ? Pourquoi ? Au nom de quelle logique ? Ni vous ni moi n'en connaissons les obscures raisons. Si l'on accepte encore la différence lorsqu'elle reste outil de vente et de marketing, elle est impitoyablement rejetée si elle questionne ou sème le doute.

« Le monde est en train de perdre, et c'est tragique, l'originalité de ses peuples et la richesse de leurs différences dans son désir de "cloner" l'être humain pour mieux le dominer[1]. » Alors inexorablement, nous devenons pauvres, pauvres d'esprit, pauvres de l'autre, pauvres de nous, perdus entre nous et nous, sans autre pour nous reconnaître, nous aimer. Il apparaît bien que le clonage des esprits, à défaut des corps, est largement présent, qu'il s'insinue partout, inexorable, sûr de son fait, qu'il nous entraîne vers un néant chaotique, nourri d'émotions, de rancœur, porte ouverte à toutes les violences.

« Si le confort et la sécurité des uns ne peuvent s'obtenir que par la destruction des autres, si la vie des uns signifie forcément la mort des autres, le sursis des derniers peuples libres touche à sa fin. (...) Ainsi s'éteindra à jamais une humanité à la fois distincte et semblable dont nous avions

1. Ernesto Sabato, *La résistance*, Seuil, 2002.

encore tellement à apprendre[1]. » Reste le dialogue, dernier rempart face à la barbarie, le dialogue avec un autre, semblable, mais différent ; dialogue permanent pour n'apprendre qu'une chose, finalement, à être humain, en paix avec soi, les autres et le monde.

Je me souviens de ces conférences, à l'issue desquelles certains participants m'ont fait ces réflexions :

« De toute façon, vos Indiens Kogis, ils n'ont pas le choix, ils sont condamnés à disparaître ou à s'adapter. » Ils sont condamnés, comme si quelque part une force lointaine et mystérieuse avait décidé, sorte de tribunal secret, que ces Indiens, ceux-là, d'autres, trop différents, trop ingérables, devaient disparaître. Plusieurs choses m'ont toujours intrigué dans ce genre d'affirmation. Le fait que mes interlocuteurs évoquent les Kogis comme étant *« mes Kogis »*, mes Indiens. Étrange façon de prendre de la distance, de s'éloigner de ses responsabilités, de l'autre, de ce qu'il représente, de ce qu'on lui fait subir. Curieuse manière de se fermer les voies de l'autonomie, ces voies que chacun devrait pouvoir développer, pour grandir et se positionner de manière responsable, dans la vie ; de remettre sur le compte de l'histoire individuelle ce qui relève plus du questionnement et de la responsabilité collective. Ce ne sont pas « mes » Kogis, mais plus simplement des hommes et des femmes représentant d'autres sociétés porteuses d'autres regards sur le monde, des hommes et des femmes que nos modèles de développement ont largement, et depuis longtemps, condamnés à mort. Pour qui ? Pour quoi ? Au nom de qui ? de quoi ? Qui peut nous apporter la réponse ?

Il faut être clair : si les Kogis disparaissent, si ces peuples sont peu à peu annihilés, c'est bien parce que nous le

---

1. René Fuerst, *Indiens d'Amazonie. Ressemblances et dissemblances*, Georg éditeur, 1993.

souhaitons, ou pour le moins, parce qu'il ne nous semble pas nécessaire de souhaiter l'inverse. Dans ce registre, la résignation vaut acquiescement. Le fait aussi, bien sûr, qu'il ne semble y avoir d'autre alternative que l'uniformisation des pratiques et des comportements, que les Kogis soient *« condamnés à s'adapter ou à disparaître »*. À ceux-là, j'aurais voulu faire comprendre que notre survie passe par celle des peuples premiers, ces « peuples racines », comme certains les appellent aujourd'hui. Et le terme n'est finalement pas mal choisi, racine et mémoire ne représentent-elles pas ce qui permet à un arbre de s'ancrer dans la terre, à des hommes de s'ancrer dans leur histoire, à une communauté, quelle qu'elle soit, d'envisager un futur juste et serein ?

Un Kogi à qui j'ai demandé ce que représentait la mémoire, son rôle dans une communauté, m'a fait cette jolie réponse : « La mémoire est la connaissance des lois naturelles, de ses origines. Elle représente le savoir, c'est pour cela que les anciens, leurs connaissances, leurs expériences, sont si importants. Perdre la mémoire, c'est comme si les planètes perdaient le soleil. Quand une communauté perd sa mémoire, il lui faut se la réinventer. Mais c'est une mémoire qui ne peut fonctionner, car elle est basée sur ce que les hommes veulent qu'elle soit, et non sur ce qu'elle est vraiment. Les petits frères [les Blancs] ont perdu leur mémoire. C'est pour cela qu'ils font des lois, les unes plus importantes que les autres, mais jamais égales. Ainsi, ils se donnent des pouvoirs, ils font la guerre, ils ont des maladies. Chaque fois, ils font des lois, puis d'autres lois qui engendrent d'autres lois, ce n'est pas ça la mémoire d'un peuple. La mémoire, elle ne s'écrit pas, elle s'exerce, elle se vit chaque jour. Lorsque la mémoire ne s'exerce pas, ne se vit pas, elle se perd. C'est un peu comme les yeux qui sont faits pour voir, s'ils se ferment, tout devient obscur. C'est seulement avec la mémoire que l'on sait où l'on va. »

Là où les Kogis ont fait le choix de la mémoire, obstinément, pour savoir où aller, quel futur se choisir, comment rester humains ensemble, il semble bien que nous ayons fait celui de l'oubli. Peu à peu, nous devenons peuple errant, éclaté, sans ancrage parce que sans mémoire. Mémoire de ce que nous étions, de ce que nous sommes et de ce que nous voulons être ensemble. Mémoire des chemins mille fois parcourus, inventés, réinventés qui permettent aux humains d'être humains, c'est-à-dire de faire ce choix, de prendre cette décision de dépasser nos pulsions, d'apprivoiser nos émotions. Colère, désir, orgueil, jalousie obscurcissent notre esprit et voilent notre regard. Des émotions qu'il nous faut connaître, apprivoiser, pour tenter d'être libres et humains. C'est à chacun de les accueillir, de les dépasser, seul et démuni, et c'est souvent le cas dans notre modernité, ou ensemble et préparé comme le permet la vigilance des anciens sur les chemins de la tradition.

C'est un chemin difficile, exigeant, que chaque génération se doit de reparcourir. Sans mémoire partagée, sans mémoire des repères, des logiques, des rythmes selon lesquels structurer nos chemins, chacun avance comme il le peut, à tâtons, tel un papillon de nuit ébloui par la lumière. Certains finissent par grandir tendus vers le haut comme un arbre qui chercherait la lumière, d'autres s'égarent, attirés par les éclats aveuglants du progrès, de l'illusion du plus, du mieux demain, plus tard, ailleurs.

Bien sûr, ce n'est qu'une histoire que nous allons partager, l'histoire d'une rencontre avec un peuple lointain qui lutte pour préserver sa mémoire. Mais on aimerait y croire, juste un peu, pour rêver, penser que d'autres voies sont possibles. Il paraît que le monde, tel qu'il apparaît sous nos yeux, n'est que le fruit de nos rêves et de nos pensées. Alors, pourquoi ne pas changer nos rêves, et penser que l'autre peut nous enrichir, pieds nus sur une terre sacrée plutôt que chaussé dans des espaces clos ?

« Quelle culture, quelle personne peut réellement respirer l'ouverture et jouir de la métamorphose sans s'engager dans le plus vaste chemin de vie qu'est la voie où, selon le “Livre des mutations”, tout ce qui change naît de l'échange [1]... »

En écrivant ces quelques lignes, c'est bien un échange que j'ai l'impression d'entamer, une discussion avec vous, et je m'en réjouis. Discussions et échanges, même s'ils sont décalés dans le temps, ne sont-ils pas des moments privilégiés qui nous sont offerts pour faire le point, nous interroger sur le sens d'une histoire, son intérêt, sa validité, sur la vie, notre vie ? Des instants privilégiés où l'on peut laisser résonner une anecdote, une information, pour en apprécier ensemble la justesse ou la cohérence, des instants où l'on peut formuler une inquiétude, partager ses doutes ? Car finalement, quel est le sens, quel est intérêt d'une telle histoire ? À l'heure de l'Internet et de la mondialisation, pourquoi vouloir accompagner un peuple afin qu'il puisse choisir son futur ? N'est-ce pas là une démarche totalement utopique : prétendre aider un peuple, le peuple kogi, à rester kogi sur des terres kogis ? N'est-ce pas aller à l'encontre de l'histoire, que celle-ci soit fondée ou non, juste ou non ? N'est-ce pas aller à l'encontre de l'inéluctable ? Tentative maladroite, naïve, de remonter le cours d'un fleuve au rythme en apparence immuable... Peut-être ? Peut-être pas, car il n'est pas exclu que l'inutile, ce qui semble folie aux yeux de la normalité, soit plus nécessaire que l'utile... qu'il nous permette d'être humains, alors.

1. François Cheng.

Métaphore

Juin 2003, neuf heures du matin, nous venons de terminer une réunion avec une vingtaine de chefs d'entreprise qui nous ont dit être intéressés par les Indiens Kogis, leur vision du monde. Avec Gentil, mon partenaire et ami colombien, nous traversons l'esplanade de la Défense pour aller prendre le RER et rejoindre le bureau de l'association à Vincennes. Neuf heures, c'est l'heure où les milliers d'acteurs qui font vivre ces immensités de verre, d'acier et de béton, symbole de ce quartier d'affaires à l'ouest de Paris, se dirigent vers leurs postes de travail. De minute en minute, cadres, employés, secrétaires viennent nourrir d'immenses files pressées qui jaillissent en jets continus des sorties de métro et de RER. Certains ont le visage fermé, lointain, d'autres semblent perdus dans leurs pensées, sans doute rêvent-ils d'un ailleurs, plus tard, après... les vacances. Tous marchent d'un pas saccadé que rien ne semble pouvoir arrêter.

Celui ou celle que j'arrêterais pour lui demander où il va avec une telle détermination, ce qu'il va faire de sa journée, ce qu'il en gardera d'important, d'inoubliable, de précieux, sans doute me répondrait-il qu'il va travailler, que ce n'est pas de gaieté de cœur, mais qu'il n'a pas le choix, il le faut bien, pour vivre. Encore faudrait-il qu'il s'arrête, qu'il ou elle accepte d'être interrogé. Ce n'est pas sûr. L'autre dérange, surtout s'il vous interpelle. Alors, nous nous contentons de regarder et l'impression est saisissante. Un flot continu d'hommes et de femmes qui viennent de partout, pour aller on ne sait où, nourrir un système qui nous dépasse et nous emporte vers un futur aléatoire.

Face à ce flot continu, Gentil et moi tentons de remonter la foule. À l'heure où tout le monde arrive, nous repartons. Là où la foule descend, nous remontons. L'étrangeté du moment est physique, presque palpable, comme si un malin génie s'était amusé à mettre en scène cette drôle d'histoire, croisade des fous vers d'autres lendemains, croisades des différences face à l'uniformisation, croisades des actes qui portent leurs paroles. Un regard croisé, et nous décidons de nous arrêter quelques minutes, de saisir cet instant étrange, de regarder ce monde trépidant duquel il semble si difficile de s'extraire.

C'est à croire que nous ne voulons pas, ou que nous ne pouvons plus nous arrêter pour regarder cette folle machine qui nous emporte et que nous nourrissons jour après jour. On perçoit bien quelque part, dans nos tréfonds obscurs, ceux parfois où l'on n'ose plus se rendre, que cette situation n'est pas tenable, que cette espèce de développement trépidant, sur lequel nous n'avons plus prise, ne peut durer éternellement. Nous le sentons tellement que nous nous sommes sentis obligés d'inventer ce curieux concept de « développement durable », concept qui laisse à penser que le développement tel que nous l'envisageons n'est pas durable.

« Notre planète est une machine emballée, (...) en Occident, mais aussi dans les autres pays comme la Chine qui s'inspirent de notre modèle. (...) Aujourd'hui, il faudrait une catastrophe pour provoquer des réformes. Actuellement, les conditions ne sont pas mûres, nous sommes comme des somnambules [1]. »

Nous ne savons plus vraiment pourquoi nous agissons, ce qui donne sens à cette agitation, d'où nous vient cet état de somnambulisme, mais nous continuons de plus belle, accélérant le processus, lui impulsant chaque jour plus de force et d'énergie. Nous rejetons efforts et questionnements, repoussant à plus tard, à plus loin l'inéluctable,

---

1. Edgar Morin, *Le Figaro*, 13-14 septembre 2003.

hypothéquant chaque jour un peu plus l'avenir de nos enfants et des générations futures.

C'est oublier les principes qui régissent le vivant, cette nature dont nous faisons partie. Pendant un certain temps, comme un banquier, elle vous accorde une ligne de crédit, puis une autre, et une autre encore, creusant jour après jour votre déficit. Jusqu'au jour où elle décide non seulement de ne plus vous faire crédit, mais aussi de réclamer ce qui lui est dû. D'un seul coup, brutalement, la nature présente la « note ». Sans haine ni colère, simplement, car le déséquilibre provoqué est trop lourd, trop important. Facilité, plaisir et satisfaction de l'ego nous entraînent à prendre de fabuleux crédits sur l'avenir. Jusqu'à quand ? Dans nos modes de fonctionnement naïfs, nous avons besoin de voir pour croire, plus exactement nous avons besoin de vivre pour comprendre. L'expérience des autres, hier, ailleurs, est inutile. Il faut la catastrophe, la rupture majeure, l'expérience violente et douloureuse, cette « catastrophe » dont parle Edgar Morin, pour que, peut-être, nous sortions de notre torpeur.

Équilibre, expérience, conscience de soi, des autres, écoute, ce sont bien ces questions auxquelles nous confrontent les Kogis, ce chemin sur lequel ils ont choisi de nous entraîner, ce dialogue qu'ils ont voulu nourrir. La vie est information, énergie et mémoire. Sans mémoire, l'information et l'énergie provoquent le chaos, le développement devient aléatoire, sans règles ni orientations, comme des cellules folles que plus rien ne régule ou n'organise. Sans mémoire, il n'y a plus de références pour donner forme. Nous n'avons plus de mémoire, les Kogis, eux, se battent pour la conserver, car « c'est seulement avec la mémoire que l'on sait où l'on va ».

Alors, quelle est cette mémoire que l'on aurait perdue et qu'il serait si important de retrouver ? Pourquoi l'avons-nous perdue, là où d'autres peuples semblent avoir réussi à la conserver ? De quoi parle-t-elle ? Et puis pourquoi en aurions-nous besoin pour vivre sur cette terre ? Mémoire de ce qu'il faut être, du juste, du bien, ou mémoire d'un chemin qui permet à chacun d'être, puis d'être humain tout simplement ? Et finalement, qui sont ces hommes et ces femmes dont l'humanité semble avoir miraculeusement traversé l'histoire ? Qui sont ces hommes et ces femmes qui, obstinément, là-bas dans leurs montagnes, veulent préserver leur mémoire, la faire vivre à tout prix ? « Pour éviter que le monde ne devienne obscur, au risque de nous entraîner définitivement dans le chaos et la destruction... »

C'est pour tenter de nourrir ces interrogations et les faire vivre que nous sommes partis à la rencontre des Kogis. Non pas pour les étudier ou les comprendre, mais pour échanger, dialoguer, « papoter », comme on dit parfois de deux personnes qui parlent de tout et de rien, de la vie et des jours qui passent. Ce dialogue saisi au fil des jours pendant plus d'un an, nous l'avons écrit à plusieurs mains. Moi, français, issu du monde occidental, emporté comme d'autres, avec d'autres dans le tourbillon de notre modernité ; Gentil, métis colombien, à la recherche de paix et d'identité ; et les Kogis, peuple de traditions, perdu dans notre modernité. Regards croisés autour d'une réalité mouvante et multiforme, regards croisés où le chemin vaut plus que l'objectif, regards croisés pour partager une aventure qui est de tout temps, de tout espace et de toute culture, « apprendre à être humains, ensemble ».

Peut-être aussi avions-nous envie de donner à lire, simplement à lire, d'autres histoires. Oui, d'autres chemins sont possibles pour peu que les hommes et les femmes qui tentent de les parcourir aient pu, aient su faire la paix avec eux-mêmes, pour peu qu'ils sachent discerner l'urgent de l'essentiel. D'autres chemins pour le plaisir, pour la joie, dans la discrétion des cœurs et la légèreté des sourires. En homme libre simplement.

« Ce qui compte vraiment dans cette démarche d'accompagnement [des Indiens Kogis] ce n'est pas tant que nous ayons besoin [des Kogis], c'est que nous avons besoin de développer les qualités humaines qui sont nécessaires pour les accompagner, car ce sont celles-là mêmes qu'il nous faut pour nous sauver nous-mêmes [1]... »

Ce jour-là, nous sommes repartis vers notre station de RER sans être bien sûrs de savoir ce que nous pouvions perdre ou gagner dans cette histoire. En marchant légèrement à côté, sur une autre route, nous prenons des risques, celui d'être balayés, critiqués parfois, mais nous prenons aussi le risque de la rencontre, de l'étonnement, le risque de l'autre avec ses peines et ses sourires, le risque de la vie. Alors, à tout prendre, nous avons choisi la vie. C'est beaucoup plus amusant. Voilà, j'espère que vous prendrez plaisir à parcourir cette histoire, à remonter ce chemin de mémoire, vers d'autres, vers nous, vers vous.

N'oublie jamais la terre où tu es né...

1. Jean-Marie Pelt, *La terre en héritage*, Fayard.

Chapitre 1

Mémoire de vie

« J'aime celui qui rêve l'impossible. »

Goethe

J'aime les instants « entre », qui ne sont plus et ne sont pas encore. Ces instants où l'on attend quelqu'un, quelque chose, rien ni personne. Des instants d'attente si vides et pourtant si denses. Formes, odeurs et couleurs peuvent y prendre place, s'y installer, marquer leurs empreintes. On n'oublie pas ces instants, on y est complètement, entièrement. Cette nuit fait partie de ces instants-là, de ceux qui s'écrivent ou qui s'inscrivent. C'est une nuit épaisse, obscure. Dans l'ombre, une maison, on la dirait posée là, par hasard, dans la forêt tropicale. Son toit est en palme et ses murs blancs viennent d'être passés à la chaux. Devant le patio, le halo pâle d'une ampoule diffuse un maigre cercle de lumière. Sifflements, appels, frôlements, la forêt bruisse des mille rencontres mortelles ou amoureuses qui se trament dans la nuit.

Deux énormes crapauds s'approchent. Le groupe électrogène, qui crachote depuis quelques heures, ne semble pas les perturber. Peut-être qu'ils s'en fichent ? Ou peut-être qu'ils n'entendent pas ? Est-ce qu'un crapaud entend, d'ailleurs ? Je n'en sais rien. En fait, de la vie des crapauds, je ne sais pas grand-chose. Mais ces deux-là, je commence à les connaître. Ils sont gros, la peau visqueuse, l'œil fixe. On les dirait sortis d'un conte fantastique. Tous les soirs à la même heure, ils surgissent de l'obscurité, sautillent jusqu'à la lumière et attendent, immobiles. Ils attendent les moustiques, moucherons et autres bestioles volantes qui, après s'être cognés sur l'ampoule, viennent se poser en catastrophe devant eux. C'est presque trop simple. Avec une rapidité surprenante, ils sortent une langue géante et avalent les imprudents. Le combat est perdu d'avance. Quelques soubresauts, un coup de patte désespéré, et l'affaire est entendue, digérée. Les malheureuses bestioles terminent leur course dans l'estomac des deux monstres. Étrange nature, à la fois cruelle et magnifique, où la vigilance de la vie doit être de tous les instants sous peine de mort, où la vie vient de la mort.

Que la vie provienne de la mort, c'est l'étrange découverte qu'évoque Rupert Sheldrake, le biologiste, dans l'un de ses ouvrages, après avoir constaté que certains pieux en bois, ébranchés et replantés, généraient de nouvelles pousses : « L'hormone, qui stimule la croissance et le développement des plantes et provoque l'enracinement des boutures, est fabriquée par des cellules en train de mourir[1]. »

Nous sommes au nord de la Colombie, sur les terres chaudes de La Luna, ces terres rachetées par l'association Tchendukua, Ici et Ailleurs, et restituées aux Indiens Kogis en mai 2000. Contraintes par la violence, plusieurs familles ont quitté leurs anciens territoires, éloignés de quelques dizaines de kilomètres, pour venir se réinstaller ici, sur ces nouvelles terres. Depuis leur arrivée, les paysages ont été transformés, la vie, multiple et mystérieuse, a repris ses

1. Rupert Sheldrake, *L'âme de la nature*, Albin Michel, 2001.

droits. Partout, la forêt regagne du terrain. Entrelacs de verts aux nuances multiples, elle se réapproprie les vallées, remonte vers les arêtes, d'où des troncs élancés commencent à repartir vers le ciel. Il y a quelques semaines, un messager est arrivé de Maruamaké, l'un des villages traditionnels, situé au sud de la Sierra. Il nous a annoncé l'arrivée d'une délégation kogi « dans sept jours ». Sept jours, c'est ce soir. Alors nous attendons dans la fraîcheur relative de la nuit, instant privilégié partagé avec Gentil, mon compagnon de route dans cette histoire.

Depuis l'arrivée au pouvoir du nouveau président colombien, élu au premier tour sur un discours de fermeté face aux mouvements de guérilla, enlèvements et affrontements se multiplient. Il est de plus en plus risqué de circuler autour de la Sierra, cette pyramide montagneuse où se sont réfugiés les Indiens Kogis. Dans les basses terres, on ne sait plus qui est qui. Guérilla, paramilitaires, armée, délinquants de droit commun se partagent le territoire et les zones d'influence selon des rapports de forces aléatoires et fluctuants. Rejoindre les Kogis en altitude sur leurs territoires traditionnels devient difficile. Mieux vaut les inviter à venir sur les nouvelles terres de La Luna, à l'écart des zones de conflits. Malgré les risques, il leur est plus facile de se déplacer et de nous rejoindre — on ne prête guère attention à quelques Indiens — que pour nous d'aller vers eux.

Ce soir, nous les attendons pour une réunion importante, puisqu'elle doit nous permettre de faire le point, d'évaluer avec eux la démarche d'accompagnement de leur communauté et de restitution de terres mise en place depuis plus de cinq ans. Viendront-ils aujourd'hui, demain ? Pourront-ils passer, Miguel, Fiscalito, Ignacio, tous ces amis que je n'ai pas revus depuis près de trois ans ? Je ne sais pas, je n'en sais rien. Dans la nuit, l'esprit s'égare, s'échappe. Gentil somnole en agaçant les crapauds avec une baguette de bois, instant de répit précieux « pour penser à tout le chemin parcouru, aux difficultés qui ont dû être surmontées pour arriver à ce que tu fais aujourd'hui ». C'est ce que demandent les *mamus*, les autorités spirituelles des Kogis, lorsqu'ils accueillent les visiteurs qui viennent les questionner sur un problème ou une difficulté. Alors je repense au chemin parcouru pour arriver là, dans cette nuit chaude des Caraïbes, à attendre en agaçant des crapauds.

Lorsque je m'y suis engagé, je ne savais pas trop où il pouvait me mener. Je crois que je ne me suis même pas posé la question. Un chemin, comme la vie, on s'y engage, c'est tout, attiré par ses mystères, sa beauté aussi. Vous savez, on se dit parfois : « Allez, je parcours encore quelques kilomètres puis j'arrête, quelques mètres... » Et puis non, chaque fois, un nouveau virage, un nouveau col vous font découvrir autre chose, autrement, vivre d'autres émotions. Alors, on continue, histoire de comprendre, de savoir où mène ce chemin, de trouver un sens. Peut-être ! Un jour, on découvre qu'il n'aboutit à rien, si ce n'est à soi, qu'il ne permet rien, si ce n'est de marcher, de marcher juste et droit, un peu plus juste et un peu plus droit au fur et à mesure des jours qui passent. Étranges chemins de la vie, qui n'ont rien à dire et qui pourtant nous racontent tant de choses.

Il y a près de dix-huit ans que les Indiens Aruhacos puis Kogis m'ont ramassé malade, là-haut, au cœur de leur montagne, qu'ils m'ont recueilli, soigné, qu'ils m'ont entrouvert les portes de leur société, qu'ils m'ont sauvé la vie. Dix-huit ans que j'ai décidé de les aider à retrouver leurs terres ancestrales, dont ils ont été dépossédés par les colons, la guérilla, les narcotrafiquants ou les pilleurs de tombes, à préserver et faire revivre leur culture. En dix-huit ans, nous avons appris à nous connaître, à nous reconnaître, à nous respecter. Petit à petit, je suis devenu familier de certains lieux, j'ai reconnu des visages, des sourires.

À deux reprises, ils sont venus en France, essayer de comprendre nos modes de vie, nos choix, toucher la terre avec leurs pieds, voir notre monde avec leurs yeux. Puis je suis revenu chez eux.

Ensemble, nous avons commencé à faire vivre cette histoire, eux sur leurs terres, porteurs de leurs traditions, moi en Europe et Gentil en Colombie, noyés dans notre modernité, hommes racines et hommes frontières. Il y a eu une première terre rachetée et restituée en 1998. Je me souviens de ma joie lors de la signature de l'acte notarié, dans l'arrière-salle étouffante de la *notaría una*. Il y avait là quelque chose de fort, de symbolique. Une terre avait été achetée et rendue à la communauté des Indiens Kogis. Elle n'était pas très grande cette terre, environ quatre-vingts hectares. Elle était loin, difficile d'accès. Mais c'était un premier pas, un acte concret, quelque chose se mettait en place. L'utopie devenait réalité. En 1999, il y a eu une deuxième terre, El Roble (Le Chêne), là-haut, loin au-dessus des lumières de la ville de Santa Marta, en 2000 ; La Luna, en 2001 ; La Hamaca, puis celle de Boquerón. Après quatre ans de travail, la mobilisation de près de trois mille personnes en France, en Suisse, au Canada, nous avons finalement racheté et restitué près de mille trois cents hectares aux communautés des Indiens Kogis de Maruamaké et de Santa Rosa. Un résultat tangible, palpable, qui me rendait joyeux. Bêtement joyeux.

À l'époque, je voulais que les choses aillent vite, au rythme qui était le mien, ici en France. J'étais impatient de réunir des fonds, d'acheter des terres, impatient de les restituer, de voir s'installer les familles, reconstruire les villages, refleurir la diversité, impatient toujours et encore. Je n'avais pas compris que l'on n'accélère pas la croissance des roses en tirant sur leurs tiges.

Les informations qui s'accumulaient, chaque jour plus nombreuses, sur cette dégradation furieuse que nous infligeons à notre environnement, à la nature, à la vie, à nous-mêmes, venaient alimenter sans répit ma fièvre d'agir et d'agir vite. J'avais l'impression d'une course contre la montre. Je nourrissais le rêve que quelques mètres carrés de terre sauvés de la déforestation, de la destruction pouvaient retarder l'inéluctable, souhaité par certains, subi par tant d'autres.

Et puis, il y avait aussi l'envie de montrer par le geste, symbolique ici chez nous, physique et bien réel là-bas chez les Kogis, que ce que l'on nous présente comme inéluctable n'est que le résultat d'un choix, d'un ensemble de décisions qui fondent un modèle de fonctionnement : celui de nos sociétés modernes. Qu'il ne tient qu'à nous de prendre d'autres orientations, de faire d'autres choix pour nous engager sur d'autres voies. Que ce que nous avons été capables de faire, pourquoi ne pourrions-nous pas le défaire ou, pour le moins, le modifier ?

Au-delà des mots, des articles, des discours, des colloques, intéressants, nécessaires, mais dont on sort parfois avec un goût amer, j'avais envie de donner vie à des actes qui engagent et qui portent. Non pas une envie d'agir contre ou sans la parole, mais *avec*, là où les actes expriment une pensée, une posture, là où la pensée permet les actes. Car les actes disent le monde, ce que nous pensons du monde, laissant transparaître nos zones d'ombre, mais ils disent aussi lorsque nous ne pensons pas, et aujourd'hui, le monde nous ne le pensons plus.

Sur ce chemin, parfois, les soutiens s'estompent, les critiques se font plus fortes, l'indifférence devient prégnante, alors, impatience et envies se teintent de lassitude. Néocolonialisme, ethnocentrisme, commercialisation rampante, naïveté, les mots ont claqué, des mots qui jugent et qui condamnent, reflets glaçants de nos peurs, de nos colères et de nos errances. Dans ces instants-là, l'envie se fait forte de retourner dans la Sierra, retrouver les Kogis, croiser leurs regards, à la fois lointains, ancrés dans une histoire millénaire, et proches car tellement humains. Envie, besoin de leur demander, simplement, ce qu'ils pensent de cette histoire... s'ils souhaitent vraiment la continuer.

Tant d'efforts, tant d'énergie pourquoi, pour qui ? Que représentent quelques hectares préservés, quelques familles installées, face au tourbillon du monde ? Une telle démarche a-t-elle vraiment un sens ? Quand nous réussissons à récupérer quelques hectares, préserver quelques arbres, dans le même temps, des centaines d'hectares de forêts sont abattus, des populations déplacées, balayées, alors ? D'autres, avant, ailleurs, célèbres ou anonymes ont essayé de nous alerter, d'enrayer ce processus mortifère, ils y ont laissé la vie, Chico Mendés au Brésil, Bruno Manser à Bornéo, et combien d'autres dont les voix n'ont pas été entendues. Coincés entre une mondialisation que l'on nous présente comme anonyme et incontournable, et une société solidaire et écosystémique fondée sur les rythmes du vivant, les possibles s'effacent, les chemins disparaissent. Le doute arrive. Est-on vraiment en train d'aider les Kogis, de leur permettre de s'inventer un futur qui leur soit propre ? Comment en être sûr ? Ou est-on simplement en train de prolonger une agonie que beaucoup présentent comme inéluctable, de leur donner quelques années de répit, peut-être ? À relire *Tristes tropiques* de Claude Lévi-Strauss [1] ou *Les derniers rois de Thulé* de Jean Malaurie [2], et tant d'autres récits tristement identiques, on est en droit de le penser. Mais peut-être pas, car c'est bien là, sur cette étrange frontière, cet entre-monde fragile, que nous pouvons rêver et inventer d'autres chemins.

Besoin de faire le point, d'échanger avec les Kogis sur

1. Claude Lévi-Strauss, *Tristes tropiques*, Plon, 1955.
2. Jean Malaurie, *Les derniers rois de Thulé*, édition définitive, Plon, 1989.

la suite de cette histoire. Veulent-ils que nous continuions ou non, et comment ? C'est à eux d'en décider, ces voix du vivant qui se présentent comme les gardiens de la terre. Autant de questions, de doutes, qui se chevauchent dans mon esprit, qui envahissent la paix et la tranquillité de cette nuit d'attente, sur les contreforts de la Sierra. Dans notre petite maison perdue dans la forêt, quelques bougies diffusent une lumière voilée. Incongrue, la lumière rouge d'un magnétoscope clignote dans l'ombre.

Par le biais de leur messager, les Kogis de Maruamaké nous ont fait savoir qu'ils souhaitaient profiter de leur séjour sur les nouvelles terres de La Luna pour voir le film *Le chemin des neuf mondes*, un documentaire tourné en 1999 avec eux et sur leur territoire. Demande légitime, mais compliquée. De fait, descendre en ville, trouver une télévision, un magnétoscope, se procurer une cassette, remonter sur les terres de La Luna, pour mettre en place un groupe électrogène nous a occupés une bonne partie de la semaine. Mais ce soir, tout est prêt. La télévision trône sur une petite table bancale au milieu de la pièce et le magnétoscope flambant neuf est fraîchement déballé. Il ne manque que nos invités.

Mercredi, vingt et une heures. Enfin, dans l'obscurité une ombre blanche, puis une autre, ils arrivent. J'ai beau les connaître, comprendre leur fonctionnement, chaque fois je suis surpris, surpris et ému de les retrouver. Deux, trois, dix, je reconnais des visages, des amis, Ramón, Ignacio, Manuel. Du regard, je cherche une silhouette, une démarche, celle de Miguel que je n'ai pas revu depuis le tournage du film, en avril 1999, sa façon si particulière de marcher, de porter ses *mochilas*, ces petits sacs tissés que les Kogis mettent en bandoulière. Une ombre plus grande, il est là. Un large sourire traverse son visage. Chose rare pour un Kogi, il me tend les bras. Quel plaisir de le revoir, de le retrouver ici ! Quelques phrases échangées, banales, et ces sourires lumineux. Plaisir, immense et simple, de retrouver un ami, une « famille ». Des bancs, des chaises, quelques caisses en bois hâtivement retournées, une petite salle de projection s'improvise. L'instant est particulier, nous sommes sur les terres de La Luna, une vingtaine de Kogis viennent d'arriver, ensemble nous allons regarder un film, leur film. Ce qu'ils vont en penser, les réactions que cela va déclencher, je n'en ai pas la moindre idée. Après tout, ce film exprime mon point de vue, ma compréhension des choses, alors... Chacun se trouve une place. Beaucoup n'ont jamais vu de télévision, encore moins de films. La projection démarre. Les regards sont fixes, les visages presque immobiles.

De nombreux éclats de rire ponctuent les premières scènes, puis viennent des acquiescements entrecoupés de longs moments de silence. Miguel revoit son père, un mamu réputé, décédé depuis la fin du tournage. Ignacio esquisse un commentaire sur certaines scènes, ou quelques détails qui ne lui paraissent pas à leur place. L'attention est soutenue, fascination des images, images du monde, d'un monde, le leur. Miroir déformant, déformé, présenté avec émotion. Une histoire, la mienne, la leur, la nôtre. « *Entchivé* » (C'est bien, c'est fait, achevé). Globalement, ils ont l'air contents, contents du film, contents qu'il existe vraiment. Comme le dira Miguel en guise de conclusion : « Ce film est bien. »

La surprise viendra plus tard, le lendemain, lors d'une réunion devant la *nuhé* (le temple) de La Luna, où habite Mamu Antonino, le frère aîné de Miguel. Une surprise de taille. Au petit matin, lorsque nous arrivons, une trentaine de Kogis sont assis ou debout, à l'ombre des arbres. Quelques lambeaux de brume accrochent encore les reliefs. La journée s'annonce chaude, étouffante. Après une nuit d'échanges et de discussions sur les images, le film, son intérêt, Miguel, l'un des plus importants mamus de la communauté, a été chargé de nous faire la demande suivante :

— Il est bien ce film, mais maintenant on voudrait faire notre film, celui où nous pourrions transmettre un message aux petits frères. Parfois, il y a des étudiants, des ethnologues, des agronomes, c'est comme cela qu'ils s'appellent, ils viennent chez nous et ils nous étudient. Ils restent quelques semaines, puis ils s'en vont. Ce qui ne va pas, c'est qu'ils apprennent des choses sur nous et après ils viennent nous dire qui nous sommes et comment nous devons vivre. Nous ne voulons plus que ces gens nous expliquent qui sont les Kogis, nous voulons le dire et le montrer nous-mêmes.

Miguel se tait. Son regard fixe mon visage, scrute nos réactions. Je connais bien cette attitude, fréquente chez lui. Les pieds ancrés dans le sol, légèrement penché en avant, les mains occupées par son *poporo*, petite calebasse qui fait office de temple portatif, il attend, l'air de dire : « Alors, qu'en pensez-vous ? Elle n'est pas mal celle-là, non ? » Pendant quelques secondes, on n'entend plus que le bruissement de la forêt qui s'anime, le bourdonnement des insectes que réveille le soleil. Puis c'est Simón qui parle :

— Nous voudrions un film que nous pourrons revoir demain et les autres jours, un film qui garde notre mémoire, où les jeunes puissent voir les anciens et recevoir leurs conseils.

Nous restons un instant interloqués. Les Kogis souhaitent disposer d'un film, le leur, qui leur permette de garder leur mémoire. Pourquoi pas ? Mais de quel film parlent-ils ? Que veulent-ils dire par « faire notre film » ? Ils nous disent aussi qu'ils voudraient parler eux-mêmes à l'extérieur. Mes pensées s'agitent. J'imagine la logistique, le matériel nécessaire, les batteries, les micros ! Réalisent-ils vraiment les conséquences d'une telle demande ? Envisagent-ils de filmer eux-mêmes ? Il faudrait alors pouvoir les former à l'usage d'une caméra. Mais je sais aussi qu'il leur est interdit de pénétrer sur leurs territoires les plus sacrés avec des objets ou du matériel en provenance de l'extérieur. Ne sont autorisés dans les villages que les objets fabriqués sur place. D'autre part, filmer, n'est-ce pas le premier pas vers la dissociation, comme une fêlure qui pourrait pénétrer le monde kogi, fragiliser l'unité, par le recul que suppose l'usage de l'image ? Alors, souhaitent-ils que nous filmions pour eux ? Mais quoi et suivant quelles indications ? Si tel était le cas, quelle responsabilité ! Comment filmer une telle civilisation ? Car c'est bien d'une civilisation dont il s'agit, avec sa langue, son territoire, sa religion, ses lois basées sur les règles et le fonctionnement de la nature. Comment pensent-ils, imaginent-ils ce film ?

Un long silence s'installe. Je crois que nous sommes tous surpris, eux par notre réaction, nous par leur demande. Sous les regards attentifs des Kogis, je me tourne vers Gentil, puis vers Miguel.

— Vous voulez filmer vous-mêmes ?

— Non non, vous filmez, mais vous filmez ce que nous voulons dire et montrer.

— Nous faisons votre film ?

— Oui, c'est ça.

Miguel se redresse et s'adosse, l'air narquois, contre le dossier de son siège, apparemment satisfait que nous ayons enfin compris. Compris qu'il s'agirait pour nous de faire leur film mais selon leurs indications. Nombreuses sont les chaînes de télévision qui sont venues ici, solliciter les Kogis, leur demander l'autorisation de faire un documentaire. Là, c'est l'inverse, c'est eux qui nous sollicitent pour faire leur film. Pour les Kogis, la chose semblait entendue.

Nous, nous avions cette demande posée là, sans idée précise de ce qu'il convenait de faire. Par où et comment commencer le « film des Kogis » ? Comment transcrire, par notre intermédiaire, sur des images avec des sons, une culture, une civilisation vieille de plusieurs centaines, sans doute plusieurs milliers d'années ? Comment donner à voir, à comprendre un autre monde, un autre regard sans le déformer, le réduire à rien, ou si peu, par la seule volonté de vouloir le faire entrer dans un cadre ou une image ?

Les Kogis, cela fait dix-huit ans que je les connais, et il ne se passe pas une journée, un voyage, une rencontre, sans que je découvre autre chose et que mes supposées certitudes et compréhensions s'effritent pour réapparaître sous une autre forme, différentes. C'est un monde mouvant, holistique, où l'invisible prime sur le visible, où tout fonctionne par l'expérience partagée, l'analogie poussée très loin. Un monde de communion avec le vivant où la communion est un mot, mais aussi un état. Alors, comment filmer ce monde ? Comment le rendre accessible à nous qui avons perdu quasiment tout lien, toute expérience du vivant, pour qui le visible prime sur l'invisible, le je sur le nous, nous qui évitons toute expérience par crainte, peur, risque, je ne sais plus ?

Bien sûr, nous pourrions les aider à faire un documentaire, c'est-à-dire à penser l'image, penser les plans, leurs enchaînements, à mettre en avant « une intention de réalisation ». Ce ne serait plus *leur* film, mais le nôtre. Et puis, j'ai trop vu de réalisateurs désireux de faire entrer ce qu'ils voyaient dans l'image qu'ils s'en faisaient. Des montres que l'on enlève, trop modernes, des pagnes que l'on change, plus esthétiques, plus conformes, jusqu'à des guerres que l'on recrée, que l'on met en scène, pour donner corps et vie à nos rêves et à nos projections. L'homme, cet éternel adolescent, toujours désireux de déformer le réel, de le mettre à portée de « pensée », dans sa quête désespérée d'être et d'exister.

Un bon exemple en est le documentaire de Nova et de la BBC, *Guerriers d'Amazonie*, diffusé à maintes reprises aux États-Unis à la fin des années 90. « Un récit dramatique d'une heure sur la guerre incessante d'un shabono (maisons collectives circulaires, chez les Indiens Yanomami)... anonyme contre un autre shabono anonyme. En réalité, il n'y avait pas de guerre depuis des années, jusqu'à l'arrivée de l'équipe de tournage qui avait construit un nouveau shabono, négocié une nouvelle alliance et suscité une querelle qui fit éclater l'ancienne communauté. (...) Le plus inventif des chroniqueurs lui-même n'aurait pu imaginer une mythologie aussi haute en couleur que les scénarios écrits et mis en scène par les anthropologues et les cinéastes pour les Yanomami [1]. »

Pour rester au plus près de leur demande, nous pourrions aussi filmer, au jour le jour, les scènes comme elles arrivent, faire un reportage brut. Ce n'est pas d'un reportage qu'il s'agit, il ne faut pas simplement montrer, mais tenter d'exprimer quelque chose qui nous dépasse, n'être qu'instrument, canal. Filmer oui, mais sans intention, sans chercher à comprendre ou à analyser, pas tout de suite.

Les yeux mi-clos, Simón affiche un curieux sourire, comme s'il s'amusait de nos réactions, de nous voir songeurs, préoccupés. Légèrement à l'écart, Antonino et deux autres mamus semblent ailleurs, l'impression que cette conversation ne les concerne pas. Leurs regards flottent sur les crêtes abruptes qui enserrent la vallée. Je sais qu'ils écoutent, qu'ils surveillent nos gestes, nos déplacements.

— Ce serait comme le premier film que vous avez fait, mais c'est nous qui parlons et qui disons les choses, insiste

1. Patrick Tierney, *Au nom de la civilisation*, Grasset, 2002.

Simón qui se lève comme s'il souhaitait donner plus de poids à son propos.

Les Kogis ont prévu de retourner à Maruamaké aujourd'hui, retrouver leur village, leurs familles. Avant de partir, ils attendent une réponse, indispensable pour préparer la communauté, engager le travail spirituel nécessaire à la réalisation d'un tel projet. Du regard, j'interroge Gentil. Lui aussi sourit, comme un gamin surpris les doigts dans un pot de confiture. Cette demande l'amuse. La vie est un jeu, parfois mortel certes, mais elle ne reste que jeu. Alors jouons. Et puis avions-nous vraiment d'autre choix que celui d'accepter ? Non. Et sans doute aurait-il été très discourtois de refuser une telle demande. Je regarde Miguel, Simón, Antonino comme pour marquer la réponse, l'habiter.

— C'est faisable, mais il faut nous laisser un peu de temps pour nous préparer, trouver le matériel, organiser notre travail. Quand voudriez-vous commencer ?

— C'est bien, nous reviendrons.

— Oui mais...

Je tente d'en apprendre plus, de comprendre quoi, quand, comment. Je devrais savoir qu'avec les Kogis les choses se font différemment, à leur rythme, et que pour aujourd'hui il est vain d'attendre autre chose. Ils sont comme cela, et peu importe, cela fait partie du jeu, de ce qu'ils nous proposent. Il ne nous reste qu'à nous laisser porter, nous par eux, nous avec eux, eux avec nous, les uns à la rencontre des autres, simplement, alors peut-être réussirons-nous, avec leur complicité, à saisir quelque chose d'un monde indicible, comme un parfum d'humanité. Filmer ce que les Kogis veulent que l'on voie au moment où ils le souhaitent. Filmer sans se poser de questions et sans essayer de comprendre, pour l'instant. Et filmer sans comprendre, sans doute est-ce aussi difficile que regarder sans juger.

Miguel semble ravi du tour qu'il vient de nous jouer. Un sourire, quelques mochilas chargées d'avocats, de bananes, de mangues, et déjà, par groupes de deux, trois ou cinq, les Kogis repartent vers la piste, plus bas. Une camionnette les attend, qui va les ramener vers leurs terres à Maruamaké, plus au sud. Ne restent sur La Luna que les pionniers, Javier, José, Camilo et Antonino, l'ancien de la communauté, l'un des premiers à être venus s'installer ici avec sa famille. Maigre, le visage fendu par un sourire dont on ne sait s'il est énigmatique ou moqueur, ses yeux clairs, délavés, semblent voir ailleurs, autre chose. Infatigable, il arpente en permanence ses nouvelles terres. Il en est le gardien et l'esprit. Après le départ de nos visiteurs, les vallées de La Luna retrouvent leur calme. Il n'y a plus rien d'autre à faire qu'à attendre, apprécier les jours qui passent. Je me remets à écrire, à travailler dans les champs, discuter avec Antonino, accompagner Javier, dans sa collecte d'insectes et de graines, et son travail de fourmi pour faire revivre des sols maltraités par des années d'engrais et d'insecticides.

Plusieurs semaines vont s'écouler avant que Manuel, un nouveau « messager » envoyé de Maruamaké par Miguel, arrive sur les terres de La Luna. Vingt ans, vingt-deux ans, Manuel est un jeune Kogi qui doit prochainement venir s'installer ici avec sa famille. Comme tous les nouveaux arrivants, il est passé saluer Mamu Antonino, échanger des nouvelles. Puis il est venu me trouver. Sans rien dire, il s'est assis devant la maison. Je lui ai préparé un café sucré et nous avons bu en silence. Manuel, je le connais un peu, pour l'avoir aidé à construire une maison dans les terres hautes rachetées et restituées par l'association, à une heure de marche de La Luna, vers La Hamaca. On n'a jamais beaucoup parlé, mais on a passé pas mal de temps ensemble à niveler le sol, élever les murets de pierres, couper et ramener les troncs, puis les palmes nécessaires pour le toit. Je lui demande comment va sa famille, il s'inquiète de la mienne. Puis il me parle de son voyage, je lui parle des journées passées ici, à La Luna. Au bout d'un long moment, il me tend un petit morceau de papier, écrit là-bas, à Maruamaké, par Jacinto, un Kogi qui parle et écrit l'espagnol. Miguel souhaite venir avec une quinzaine de jeunes Kogis pour leur faire découvrir le site de Pueblito. Il nous demande si nous pouvons l'aider, et surtout si nous voulons l'accompagner. Une façon de nous montrer des choses, de nous donner à comprendre leur univers, à leur rythme, à leur manière ? Miguel précise dans ce message qu'il sera à l'entrée du chemin de Pueblito dans dix jours. Leur projet de film a-t-il été accepté par les autorités spirituelles de la Sierra ? Miguel a-t-il été désigné pour être notre « guide », notre interlocuteur dans cette histoire ?

La cité de Pueblito est un lieu étrange auquel on peut accéder soit par la plage du Parc Tayrona, éminemment touristique, soit par l'intérieur des terres, après deux heures de marche dans la forêt tropicale. En apparence, Pueblito n'est rien de plus qu'un site archéologique destiné aux touristes qui souhaitent occuper leurs journées. On y trouve des panneaux explicatifs, quelques poubelles pour déposer les papiers gras, et une famille kogi disponible pour la photo d'usage. Un visiteur attentif, capable de prêter attention aux êtres et aux choses, découvrira vite que Pueblito est bien autre chose qu'un simple site archéologique. Masquée par la forêt, qui donne au lieu une ambiance magique et mystérieuse, se cache une histoire encore vivante. C'est cette histoire qui intéresse Miguel.

Le jour dit, à la terrasse d'une *tienda* colorée, une vingtaine de Kogis sont là, qui attendent. Présence insolite à l'entrée du chemin d'accès qui mène à Pueblito. Un agent du ministère de l'Environnement nous explique que nous devons payer 5 000 pesos[1] par personne, c'est le tarif pour entrer dans un parc national, et, nous explique-t-il sans sourire, Pueblito est en plein centre du Parc Tayrona. Nous sommes vingt, quinze jeunes Kogis et trois mamus qui ont fait deux jours de voyage pour arriver là, Gentil et moi qui arrivons de La Luna. Nous devrions donc payer la somme astronomique de 100 000 pesos, dans un pays où le salaire minimum est de 400 000 pesos ! Cette cité a été construite par les Tayronas, ancêtres des Kogis, et ceux-ci doivent payer pour pouvoir s'y rendre. La situation pourrait prêter à sourire si elle ne reflétait, une fois de plus, que nous nous intéressons plus aux symboles enfermés dans nos musées qu'aux êtres qui les font vivre et leur donnent sens. Une tradition « muséifiée » est rassurante. Elle a sa place dans une société immobile pour qui la vie n'est que formes atomisées, morcelées, éparses. Une tradition vivante, incarnée, dérange. Elle interroge l'ordre qui tente éternellement de tout intégrer. Mieux vaut finalement un folklore que la vie, des objets que des hommes. Le folklore se substitue à l'art, vestige d'un essentiel qui ne nous parle plus.

« L'art ne délivre plus de message, il n'annonce plus un monde meilleur, il ne vous donne plus une idée de Dieu, il ne réunit plus les hommes autour d'une expérience sublime. Il signale que les Aborigènes sont comme ci, les Coréens comme ça et les Lyonnais encore autrement. C'est la théorie de Darwin : l'art sert aux animaux à se signaler, à montrer leurs plumes et à prendre l'avantage dans l'évolution[2]. »

En France, en avril 2000, une magnifique exposition d'objets précolombiens, prêtés par le musée de l'Or de Bogotá, a été présentée dans les murs du Grand Palais à Paris. Sous le titre « Les esprits, l'or et le chaman », les

1. C'est-à-dire 1,5 euro.
2. *L'Express*, 23 octobre 2003.

visiteurs pouvaient admirer plusieurs centaines d'objets en or, dont une grande partie provenait de la civilisation tayrona, mère ancestrale des Kogis. Mais des Kogis, ces humains encore vivants, capables de donner sens à ces objets, de les relier à leur culture, il n'était quasiment pas question. Étrange situation, où l'on s'arrête sur des objets, expression d'une culture et d'un regard dont on ignore tout. Une situation que résume bien le propos tenu par l'un des commissaires de l'exposition : « En réalité, il fut très difficile aux Espagnols de comprendre la nature des multiples sociétés amérindiennes réparties sur l'actuel territoire de la République de Colombie, car elles n'entraient pas dans les moules traditionnels de leur expérience et de leur pensée politique. » Sans doute, un commentaire plus juste ou plus complet aurait-il précisé : « Il est très difficile [aux Occidentaux] de comprendre la nature des multiples sociétés amérindiennes (...) car elles n'entrent pas dans les moules traditionnels de leur expérience et de leur pensée politique. »

Et le site de Pueblito n'échappait pas à la règle. C'est un lieu archéologique, situé dans un parc, et il faut payer pour pouvoir y accéder. Je ne sais pas si c'est notre nombre, notre détermination qui impressionnèrent l'agent du ministère, ou peut-être le fait d'avoir devant lui dix-huit Kogis qui le fixaient du regard, mais une seule personne a finalement payé, histoire d'inscrire un nom sur le registre. Silencieuse, notre caravane s'engage sur la piste sablonneuse qui serpente entre les arbres centenaires.

Aucun des jeunes qui accompagnent Miguel ce jour-là n'a eu l'occasion de sortir des hautes vallées de la Sierra, encore moins d'être directement confronté à son passé. Ils connaissent l'existence des cités de pierre et de Pueblito de façon abstraite, à travers les récits et les informations que leur ont communiqués les anciens. Mais la voir et la parcourir va leur donner accès à une tout autre réalité, un pan entier de leur histoire ! L'expérience, toujours. Après deux heures de marche à travers la luxuriance de la forêt tropicale, un dernier escalier aux marches branlantes et nous arrivons devant d'imposantes pierres dressées qui marquent l'entrée de la cité. Personne ne parle. Tous semblent impressionnés par le lieu, la sérénité qui s'en dégage. Pendant quelques secondes, je crois entrevoir ce que devait être cette cité, au temps de sa splendeur. Partout des plates-formes de pierres, certaines enlacées par les racines tentaculaires d'arbres immenses, d'autres récemment dégagées, des canaux d'irrigation qui acheminent encore une eau cristalline, une multitude d'escaliers de toutes tailles, connectés les uns aux autres comme un véritable réseau de communication. Silencieux, fantômes improbables d'une cité perdue, les Kogis parcourent « leur » monde, observent, touchent ces dalles immenses, jointes au millimètre, qui composent l'allée centrale autour de laquelle se structure la cité. Ils découvrent les murs de soutènement, les passerelles de pierres et les escaliers-jardins, parsemés de fleurs multicolores, qui descendent vers les ruisseaux. « Ce sont nos ancêtres qui ont construit cette cité, semblent dire leurs regards, ce sont eux qui ont été capables de cette prouesse. C'est leur sang qui coule dans nos veines. Cette cité est la nôtre. » Il y a peu de mots, mais l'intensité de l'instant vaut tous les discours.

C'est Miguel qui marche en tête et mène la visite, en ordonne le sens. Il s'agit pour lui de donner vie aux connaissances théoriques des jeunes présents, de leur enseigner de manière pratique certains des concepts qui fondent leur mémoire collective. À chaque lieu important, il s'arrête, explique et pratique les *pagamientos*, les offrandes qui doivent être faites, ici, dans cette cité tayrona où reposent les esprits de leurs ancêtres. Une étrange et magnifique visite que nous décidons de filmer pour tenter de donner vie à l'engagement pris auprès des Kogis de faire « leur » film. Certes, depuis la dernière réunion, Miguel ne nous a rien dit de plus précis, cependant le simple fait qu'il soit là, qu'il nous ait demandé de l'accompagner dans cette visite est une façon de marquer son accord. La première fois que je me suis rendu sur leur territoire avec un appareil photo, alors que je m'inquiétais de savoir si je pouvais ou non photographier, Miguel m'avait expliqué, presque agacé : « Si tu es là, et que nous t'avons laissé venir avec un appareil photo, c'est bien que tu peux faire des photos, il n'est pas nécessaire de te le dire, autrement, nous ne t'aurions pas laissé venir. » Si les Kogis sont là, et qu'ils nous ont demandé de venir, c'est qu'ils souhaitent commencer leur film ici, à Pueblito.

Ce jour-là, allez savoir pourquoi, Miguel portait des chaussettes bleues, d'énormes et magnifiques chaussettes de footballeur. Pourquoi ? Je n'en ai pas la moindre idée. Je ne sais pas d'où il les a sorties ni pourquoi, mais le fait est là, cette visite, il l'a faite avec des chaussettes bleues. Au début, j'ai recherché la meilleure façon de cadrer sans qu'elles apparaissent, en lui coupant les jambes, ou en les cachant derrière un mur de pierre. Je lui ai même expliqué que ses chaussettes n'avaient pas grand-chose à voir avec la tradition kogi. Et que je n'étais pas sûr qu'il soit nécessaire de les filmer pour les transmettre aux jeunes générations. Il n'a rien voulu savoir, pire, il a retroussé ses jambes de pantalon et a continué sa visite. C'est donc comme cela que commence le film, que sont tournées les premières images, avec Miguel et ses chaussettes bleues. Une façon claire de marquer qu'il fait ce qu'il veut, comme il veut, avec ou sans chaussettes. Un clin d'œil aussi au film, à l'image et à ce qu'elle représente. N'avions-nous pas dit que nous acceptions de faire le film des Kogis et non pas le nôtre ? Alors !

Les ombres s'allongent. Après une journée passée à sillonner les multiples terrasses de Pueblito, Miguel nous entraîne vers un escalier raide et discret qui s'enfonce dans la végétation. Les marches sont arrondies, comme polies par la multitude de pas qui jour après jour les ont foulées. En haut, une grotte, ou plutôt un ensemble de grottes, composé d'énormes pierres entre lesquelles se glissent quelques rayons de lumière. Plusieurs dalles étroites, une sorte d'allée et nous débouchons dans une curieuse pièce noyée sous la végétation. Une sorte de temple naturel. On y retrouve les sièges de pierre dont les dossiers, encore dressés, délimitent un demi-cercle ponctué de quelques traits de soleil. C'est ce lieu entre ombre et lumière qui a été choisi pour réunir les jeunes Kogis et leur parler de Pueblito. Chacun s'avance précautionneusement, se cherche une place, assis contre une pierre, debout contre la paroi. La fraîcheur du lieu est apaisante.

Miguel prend la parole. Sa voix est rauque, inhabituelle. Assis légèrement en contrebas, sous la paroi, sa main caresse les bordures d'une faille qui se glisse dans la roche vers le sommet, la lumière.

— Ici, c'était un site important pour parler, pour se mettre d'accord, ici, c'est la mère de toutes choses. C'est notre site sacré, là où nous pouvons faire le travail traditionnel. Ici, c'était la première ville de nos ancêtres... Les autres villages, que nous avons construits dans la Sierra, ont été construits sur ce modèle. Nous les Kogis, nous avons des règles de vie. Sur la base de ces règles, chaque Kogi a sa terre, sa maison où il peut et où il doit faire vivre la règle. Si nous ne nous souvenons pas de ces règles, nous risquons de nous perdre. En revenant dans ce lieu, nous pouvons retrouver les règles de la nature. Avec ces règles, nous retrouvons nos règles de vie, nous retrouvons l'équilibre, nous pouvons être kogis.

Par terre, les jeunes Kogis écoutent Miguel, Joaquín et les autres mamus leur expliquer Pueblito, ses fonctions, pourquoi il est important de venir ici, de pouvoir faire vivre ce lieu. Puis les paroles s'arrêtent. Seul le frottement des baguettes de bois sur la calebasse des poporos trouble le silence. Lointains, comme assourdis, les bruissements de la forêt réinvestissent l'instant. Quinze, seize ans, les yeux sombres, brillants au milieu d'un visage mince encadré de longs cheveux noirs, le fils de Javier prend la parole. Il parle doucement, comme un chuintement.

— Avant de pouvoir venir ici, à Pueblito, les Mamus, les anciens, nous disaient que c'était un lieu important. Maintenant que nous sommes là, on peut comprendre ce que disaient les anciens. Avant, quand on écoutait les Mamus, on croyait que c'était des inventions, que cette ville n'existait pas, maintenant nous savons que c'est vrai. Que cette cité était bien habitée par nos ancêtres, que c'est un lieu important. Il faudrait que tous ensemble, nous puissions la faire revivre, c'est important.

Tous acquiescent, à la fois graves et légers. Je ne connaîtrais pas les Kogis, leur histoire, j'aurais l'impression de rêver, d'être ailleurs, dans une autre époque, un autre monde. Dix-huit Kogis assis dans une grotte, au cœur de l'une de leurs anciennes cités, viennent de décider de reprendre possession de leur mémoire, de réinvestir ce lieu.

Il est très difficile de savoir, au travers de ses expressions physiques, si un Kogi est ému ou non. Mais je pense que ces jeunes ont été touchés de pouvoir mettre des formes sur des mots que leur avaient transmis les anciens. Là, il ne s'agissait plus de théorie mais d'une réalité. Les jeunes Kogis rencontraient leur histoire, ils renouaient les fils de leur mémoire. Formidable aventure d'un peuple qui tente de retrouver le chemin qui va permettre à ses membres de rester kogis sur des terres kogis. Et pour ça, il faut le parcourir de nouveau, pas à pas, comme un livre dont on réapprend la signification profonde, vécue par l'expérience partagée.

Ce jour-là, à Pueblito, nous avons commencé à mieux percevoir ce que souhaitaient les kogis, le film qu'ils voulaient réaliser. Au-delà de la perte de leur territoire, il leur est aujourd'hui quasiment impossible d'avoir accès à certains de leurs sites ancestraux, où se trouve leur passé. Or ce sont ces lieux qui génèrent les forces nécessaires pour entretenir et maintenir vivante leur mémoire. Des lieux qu'il faut connaître et qu'il faut faire vivre auprès des jeunes générations. Dans cette mémoire, les non-Indiens (les petits frères) ont leur place. Eux aussi doivent apprendre les règles, pour le bien de tous, Kogis et non-Kogis, car, comme le répètent sans arrêt les mamus, « la mémoire représente la vie, ce sont les forces et les règles qu'il convient de connaître et de conserver pour maintenir l'équilibre ». De fait, le film doit être non seulement un document qui les relie à leur mémoire, mais aussi un message qui pourra être envoyé aux petits frères, là-bas, dans leurs villes, pour qu'ils comprennent.

Toujours sur les indications de Miguel, après Pueblito, entassés dans deux vieilles jeeps aux couleurs fatiguées, nous partons vers Duanama, à quelques minutes au-dessus de la ville de Santa Marta. Un site que je connais pour m'y être rendu à plusieurs reprises, mais dont je ne mesurais pas l'importance pour les Kogis. Quelques heures de route sur une piste poussiéreuse et nous arrivons devant un grand champ où paissent quelques vaches. Derrière de vieux barbelés, en partie effacées par une broussaille épaisse et envahissante, quelques pierres, couvertes de sculptures étranges. Il semblerait que le lieu appartienne à l'un des principaux éleveurs de Santa Marta. Sans hésiter, Miguel se glisse entre les fils hérissés de pointes rouillées et entreprend aussitôt de nettoyer les pierres, couper les hautes herbes qui cachent les sculptures. Pour lui, emmener autant de jeunes ici est une occasion inespérée. Il va pouvoir leur dire, et surtout leur montrer Duanama. Apportées pour l'occasion, les machettes sortent des fourreaux. En silence, presque discrètement, les jeunes rejoignent Miguel et commencent à dégager les pierres, arracher les herbes folles. On les dirait mus par une évidence, comme si quelque chose ailleurs était écrit, quelque chose qui n'appelle ni doute ni question.

De Duanama et des pierres qui y sont disposées, on ne sait pas grand-chose. Les quelques propos recueillis çà et là depuis des années laissent penser qu'il s'agit d'un grand mystère. Il n'est pas un mamu ni un Kogi qui n'évoque ce lieu avec un mélange de respect et de crainte. Qu'y a-t-il ici, inscrit sur ces pierres, ancré dans ce territoire, qui suscite une telle unanimité, une pareille fascination ? Que veut dire Mamu Valencia, autorité spirituelle connue et reconnue par tous dans la Sierra, quand il évoque son souhait de venir finir ses jours ici, près de « la » pierre ?

« Les mythes et les symboles du sauvage doivent nous apparaître, sinon comme une forme supérieure de connaissance, au moins comme la plus fondamentale, la seule véritablement commune, et dont la pensée scientifique constitue seulement la pointe acérée, plus pénétrante, car aiguisée sur la pierre des faits [1]. »

Pour un visiteur non averti, Duanama n'est rien d'autre qu'une zone archéologique des plus banales, composée de plusieurs pierres couvertes de sculptures. Pour les Kogis en revanche, c'est là que se trouvent conservées et expliquées l'histoire et les origines de la vie. Ce lieu, qui peut être compris et interprété comme une représentation symbolique de l'univers, représente la terre au cœur du cosmos. « Pour nous, c'est un espace qui structure les multiples forces, dont l'interaction génère la vie », m'avait un jour expliqué Ramón Gil, un Kogi d'origine arsario, une autre communauté de la Sierra qui s'est installée non loin du

1. Claude Lévi-Strauss, *Tristes tropiques*, *op. cit.*

site de Duanama. Je m'étais plusieurs fois répété cette phrase, pour tenter d'en saisir l'importance et les implications : « Un espace qui structure les multiples forces dont l'interaction génère la vie. » L'une de ces pierres, la plus grande (environ quatre mètres de hauteur) n'est taillée que d'un seul côté, sur près de la moitié de sa surface. Elle symbolise un temple ou nuhé. D'après Miguel, « la partie sculptée représente la face de la terre illuminée par le soleil. La partie non sculptée représente la nuit, l'obscurité et, dans l'obscurité, il est impossible de lire quoi que ce soit ». Les informations spécifiques qui correspondent à la nuit sont réparties sur un ensemble de pierres de plus petite taille qui symbolisent les étoiles « réparties » autour de la terre. De fait, Duanama, ce site où Miguel a souhaité nous emmener et emmener les jeunes de sa communauté, peut être considéré comme une sorte de bibliothèque de pierres, où se trouveraient stockés le passé, mais aussi le futur de la société kogi. Au bout de quelques minutes de travail, entièrement dégagées, les pierres et leurs sculptures apparaissent en pleine lumière. Certaines présentent des formes animales classiques des représentations tayronas, d'autres sont plus étranges, entrelacs de cercles et de volutes, parfaitement symétriques. On dirait une sorte d'énorme cerveau qui émerge des entrailles de la terre. Miguel s'approche de la plus grosse pierre. Longuement, il la regarde, semble se concentrer sur les motifs, les formes et les arrondis, comme s'il en recherchait la signification dans une mémoire lointaine. Cherche-t-il un « début », comme le début d'un texte ? Se souvient-il d'une écriture ? D'où tient-il ses connaissances ? Lorsqu'il commence à parler, graves, concentrés, les jeunes écoutent. En retrait, Joaquín et Javier, les deux autres mamus, semblent veiller à l'équilibre de l'instant. Impressionné, je l'écoute expliquer aux jeunes de sa communauté la signification de ces sculptures, leur importance.

— Ce dessin, cette pierre, ce sont nos ancêtres qui nous les ont laissés pour que nous puissions travailler, apprendre et faire vivre notre culture. Regardons ce dessin : ici, il nous dit où nous devons faire les pagamientos, les offrandes, ils nous ont laissé ce dessin comme une mémoire. C'est comme la mère et le père de tous et de toutes choses. Tous les lieux sacrés apparaissent ici comme sur une carte. Nos ancêtres y ont laissé notre histoire, notre mémoire. Il suffit de regarder, et le travail spirituel commence depuis le plus petit dessin en bas, jusqu'au dernier dessin en haut, comme le sommet de la Sierra. Le centre du travail spirituel est en haut, près de la tête, là où il y a la mère.

Puis Miguel se tourne vers nous et vers l'œil inquisiteur de la caméra :

— Je peux parler en espagnol aussi, dire les choses dans la langue des petits frères.

Le film a bien commencé, et c'est bien Miguel qui nous guide, nous accompagne. Curieux, les jeunes Kogis touchent la pierre, l'escaladent, comme s'ils souhaitaient s'imprégner de son énergie. On dirait vraiment un cerveau, où toute une pensée serait là résumée, concentrée. Je suis fasciné par ces pierres sculptées, dont l'agencement précis reflète une vision du monde. Un moment, j'essaie d'imaginer les hommes et les femmes qui ont réalisé ces sculptures. Que voulaient-ils dire, transmettre ? Quels étaient leurs savoirs ? Quelles techniques ont-ils utilisées ? Pourquoi les ont-ils dressées ici ? Dans quatre-vingt-dix pour cent des cas, il est bien sûr impossible d'avoir une réponse précise. La disparition de ces sociétés a conduit les chercheurs à émettre des hypothèses dont il est toujours difficile d'apprécier la juste réalité. Pour les Kogis, les choses sont différentes. Certains de leurs mamus disposent encore des connaissances nécessaires pour « lire » et faire comprendre la signification d'un tel lieu. Par le biais de leurs descendants, ceux qui ont sculpté ces pierres sont encore là pour nous les expliquer. Et déchiffrer cette écriture, c'est accéder à tout un univers de pensée du monde, élaboré par une société qui avait et qui a encore une étonnante « conscience réfléchie » d'elle-même, du monde, de sa place dans le monde.

— Cette pierre indique plusieurs choses, poursuit Miguel, sur les personnes, la nature, les femmes, les hommes. Chaque dessin nous enseigne quelque chose sur notre corps et sur sa relation avec la nature. Ici, c'est la mère des femmes. Plus haut, c'est la mère des yeux. Cela nous permet de savoir où il faut faire des offrandes pour la vue, le regard. Ici, sur le côté, il y a les Français qui nous aident, la mère « spirituelle » des gens de là-bas. Si nous continuons à faire des offrandes sur le lieu des Français, alors ils vont continuer à nous aider. Il y a aussi la mère des Kogis, plus haut. Sur cette pierre, on peut aussi apprendre comment construire une nuhé. C'est ici que l'on peut apprendre sa taille, ses dimensions, la forme du monde, on peut aussi savoir où il faut la construire. Cela s'appelle « *Sevaxé* » et concerne tout ce qui a trait à la nuhé, à sa construction, à sa signification, etc. Le mamu qui a fait cette pierre s'appelait Mamu Seishi Gauneya. Pour faire cette pierre, il fallait qu'il puisse chanter tous les chants de la nature. Si l'on ne comprend pas ce qu'il y a d'écrit sur cette pierre, on ne peut pas apprendre à danser ni à chanter pour notre mère la terre. Si on ne comprend pas la pierre, on ne peut rien apprendre et nous sommes perdus. Si nous ne récupérons pas notre pensée, nos connaissances, nous allons perdre le savoir de Duanama. Nous allons perdre notre mémoire spirituelle.

Il y a là quelque chose de très touchant, touchant et impressionnant à la fois. Gentil et moi assistons en direct à un cours kogi, au partage d'explications transmises de génération en génération sur le sens des sculptures, sans doute vieilles de plusieurs milliers d'années. Les connaissances spécifiques d'une société précolombienne encore vivante sont partagées, là, sous nos yeux.

Après Pueblito, Duanama. Voilà le chemin choisi par Miguel pour nous guider dans la réalisation de leur film, pour nous amener pas à pas vers son univers. Alternant l'espagnol et le kagaba, leur langue, Miguel explique, les plus jeunes écoutent. Parfois, ils touchent la pierre, comme pour se saisir d'une forme, d'une idée.

— Ici, est la mère de la mémoire. Quand quelqu'un veut faire quelque chose, il doit d'abord penser : « Je le fais ou non ? » Si la mémoire me dit non, alors je ne le fais pas. Ici (il met le doigt sur l'une des sculptures, en suit les courbes) commence la mère du serpent, la tête est ici, et la queue est là. Il y a plusieurs serpents, en fait, c'est comme l'écriture, mais des étrangers sont venus la voler. Ils l'ont cassée pour en savoir plus, il faudrait redemander aux anciens. Là, c'est la mère de la musique, mais des « Yaji », des étrangers de l'extérieur, des Espagnols l'ont abîmée ! Mais on ne connaît pas l'histoire des Espagnols. Ici, il y a la tête et la bouche, le centre de la tradition. Avant, personne ne pouvait voir, ni regarder, ni même approcher ces pierres, ce lieu, il fallait savoir pour approcher. Maintenant, elle ne sert plus, les gens ont tout cassé, ils lui ont enlevé sa mémoire, sa force.

Les heures passent et Miguel, imperturbable, poursuit ses explications. De longues discussions s'engagent avec les jeunes sur chacune des sculptures et leur signification. Avec Gentil, nous commençons à être un peu nerveux. Nous n'avons demandé aucune autorisation pour pénétrer sur ces terres, et généralement les propriétaires de la région n'apprécient guère les Indiens. Pour ne rien arranger, nous sommes en pleine zone paramilitaire. Mais Miguel continue à parler, et nous continuons à filmer.

Le soleil est presque couché et la fraîcheur du soir gagne la vallée lorsque nous retournons sur les terres de La Luna où doit se tenir une nouvelle réunion. Outre leur voyage vers Pueblito et Duanama, les offrandes et les explications, Miguel, Antonino, Camilo, les jeunes Kogis et les habitants de La Luna doivent se mettre d'accord sur l'étape suivante. Quel sera le prochain pas de ce « chemin de mémoire », la prochaine étape de leur film ? Dans la nuhé, pendant deux jours et deux nuits, ils vont parler et parler encore de ce chemin, de ce qu'il représente. L'obscurité venue, on entendra les tambours et le son profond des *morocoys*, étranges carapaces de tortues transformées en instruments de musique aux sons profonds et envoûtants. Too, TOO, too, TOO, too, TOO. Dans l'obscurité, le visage à peine éclairé par les quelques flammes du foyer, Miguel parle et parle encore. Imperturbables, les jeunes écoutent avec attention.

— Avant, notre territoire allait jusqu'à la mer. Maintenant, nous ne pouvons plus aller là-bas, les petits frères nous chassent. Nous sommes en train de perdre les sites sacrés, parfois nous ne savons plus où ils se trouvent. Seuls les anciens se souviennent. Nous devons retrouver cela, voilà notre travail, notre mission. C'est pour cela que nous sommes revenus sur une terre où nous pouvons accomplir tout le travail spirituel nécessaire, à La Luna, sur le site de Duanama ou de Pueblito. Parfois, je me sens seul. C'est bien que l'on ait pu faire ce travail ensemble, pour la pierre. C'est la mère des serpents, des papillons, de certains singes, là-bas. C'est bien ! Quand je vois les terres de La Luna, elles ont été vraiment abîmées. Mais, avec la communauté, nous allons les faire revivre. La mère des choses est morte ici, mais nous allons la réveiller, et faire tout le travail nécessaire pour cela. Il nous faudra retrouver des objets traditionnels. C'est difficile de refaire les offrandes comme faisaient les anciens. Nous allons devoir progresser pas à pas. On réveille un site, puis un autre. On ne peut pas aller vite, c'est trop difficile. Quand on fait le vrai travail spirituel, on ne doit pas manger de sel ni de sucre, on ne doit pas dormir. C'est difficile, mais il faut toujours respecter les règles. Si nous ne respectons pas les lois, nous allons disparaître, et si les Kogis disparaissent, alors les petits frères et le monde entier vont disparaître. C'est toujours ce que nous ont dit les ancêtres.

Au petit matin, un jeune Kogi est venu nous avertir. Ce soir, nous sommes invités dans la nuhé de Mamu Antonino. Dans la journée, nous commençons à préparer une grande parcelle de terre, la nettoyer, pour qu'elle puisse recevoir des plants de bananes plantains et de yucca. C'est chaque fois un vrai bonheur de voir les terres de la Luna habitées, cultivées, sillonnées par des familles qui partent dans un champ ou reviennent de la pêche. Lorsque nous arrivons devant la nuhé de Mamu Antonino, nous sommes attendus. Femmes, hommes, enfants, toutes les familles sont présentes. La réunion doit se passer dehors, autour des sièges de pierre remis en place par Mamu Antonino. Assis sur la gauche, sous d'immenses plants de tabac aux feuilles claires, Joaquín, Javier et Antonino, les trois mamus, semblent plongés dans leurs pensées. Ils ont la responsabilité de « penser » la réunion, de faire en sorte qu'elle soit « juste ».

Commence alors un échange qui restera gravé dans ma mémoire, un échange qui, pour moi, vient marquer dix-huit ans passés avec et auprès des Kogis. C'est Mamu Antonino, l'ancien, qui parle. Sa voix fluette porte et transmet la pensée des Kogis présents :

— Nous faisons ce travail pour les Kogis, mais aussi pour la Sierra, pour les petits frères, pour la vie. Vous, vous nous aidez en travaillant dans le domaine matériel. Nous, nous pouvons continuer à travailler la partie spirituelle. Si vous continuez à nous aider, nous allons continuer à travailler. C'est ce que nous avons décidé, c'est ce que nous voulions vous dire.

Puis nous discutons de la suite de leur film, ce qu'ils souhaitent filmer, où et quand ils souhaitent notre présence. Après avoir longuement échangé sur les risques d'un voyage à travers les basses terres pour des « étrangers », des *civilisados*, sollicité les mamus pour qu'ils effectuent les rituels de divination nécessaires, les Kogis décident de nous inviter à Tchendukua, l'un de leurs villages capitales situé sur le versant sud de la Sierra. La date, ce sont les mamus qui la fixent dans dix jours. Dix jours, cela laisse suffisamment de temps aux Kogis pour préparer notre arrivée et à nous d'organiser le voyage. Je ne sais pas où tout ça va nous mener, les difficultés auxquelles nous allons être confrontés, mais ce dont je suis sûr, c'est que ce chemin, nous le faisons ensemble, Indiens ou non, Kogis ou non, et que cette mémoire, c'est ensemble que nous devons la retrouver, et il y a urgence.

Chapitre 2

Tentative

« La mémoire est la source de la libération, et l'oubli, la racine de l'exil. »

Marek Halter, *La mémoire inquiète*

Rejoindre les territoires kogis au sud de la Sierra ? Le pari est risqué. Sur les basses terres, tueries et massacres se multiplient. La guérilla accuse les paysans de se compromettre avec les paramilitaires, qui accusent les mêmes paysans de soutenir la guérilla. Les navettes régulières qui desservent les villages de la Sierra ont été suspendues, leurs chauffeurs exécutés. Si les paramilitaires nous arrêtent, ils peuvent nous accuser d'aider la guérilla. Nous risquons alors d'être exécutés, sans autre forme de procès. Si nous franchissons les barrages paramilitaires, c'est la guérilla qui peut nous accuser d'être à la solde des paramilitaires et de faire de l'espionnage pour leur compte : comment expliquer autrement que nous ayons pu passer ? Dans le meilleur des cas, nous pouvons finir séquestrés par l'une ou l'autre des parties. Nous décidons malgré tout de faire une tentative en utilisant l'un des derniers véhicules que les deux camps laissent encore circuler, le vieux Toyota 4 x 4 de Simón, un Kogi « passerelle », l'un des rares à avoir choisi de vivre à cheval entre sa culture et le monde moderne.

Depuis quelques années, Simón a multiplié les contacts et développe un petit commerce lucratif de sucre de canne entre la Sierra et les principales villes de la région. À force d'entraînements et de sorties de route, il a appris à conduire et sillonne régulièrement les pistes qui relient encore les terres chaudes aux hautes vallées de la Sierra. C'est lui qui va nous guider pour traverser les zones de conflits. Le risque est là, mais nous avons choisi de répondre à l'invitation des Kogis, pour continuer le chemin, pour nous, pour eux, pour le film qu'ils nous ont demandé. Peut-être avons-nous le sentiment illusoire qu'une bonne étoile nous protège. De toute façon, depuis le début, cette histoire est un peu folle, alors...

Pour rejoindre Maruamaké, le seul trajet qui semble praticable passe par le nord, traverse le désert de la Guajira, avant de redescendre plus au sud vers la petite ville de San Juan del César où nous attend Simón. Sur les terres de La Luna, au moment de charger nos sacs dans le vieux taxi jaune de Jésús qui doit nous conduire à notre lieu de rendez-vous, nous apprenons que les FARC (Forces armées révolutionnaires colombiennes) viennent de faire sauter deux ponts sur la route que nous devons emprunter, et ce, à quelques kilomètres à peine d'un important casernement. Quinze jours plus tôt, ce sont les paramilitaires qui ont assassiné tous les habitants d'un village, Limone, qui refusaient d'abandonner leurs maisons. Effrayés, les survivants n'osent plus se risquer vers les hauteurs de la Sierra.

À la sortie de Santa Marta, après un dernier barrage de l'armée, la « normalité » s'estompe, devient décor, théâtre mobile où tout peut basculer — « Le monde est une scène » (Shakespeare) —, succession de plans qui se fondent les uns dans les autres en fonction des instants. Rien ne change, ni la route, ni les paysages désertiques, ni la voiture, ni Gentil, mais pourtant tout change. Dans ces zones où l'État n'exerce plus son autorité, où la violence folle efface les repères, gomme les règles collectives qui rendent possibles un minimum de contrat social, la norme semble vide, lointaine. Tout est aléatoire.

Peu à peu, les voitures disparaissent, nous sommes seuls en route vers l'autre Colombie, celle de la violence aveugle. Au milieu du parcours, un barrage. La police nous avertit des risques si nous continuons. Les ponts ont été dynamités hier, la guérilla ne doit pas être très loin. C'est pourtant sans encombre que nous parvenons à San Juan. Accompagné de deux Kogis, Simón nous attend, son 4 x 4 garé à l'ombre d'un manguier. Sacs et matériel sont rapidement transbordés et dissimulés sous de vieux sacs de toile, sur la plate-forme. Masqués par les rambardes, nous allons faire la suite du trajet allongés derrière nos sacs, au fond du camion. Les quelques villages que nous traversons sont déserts. À Patillal, zone frontière entre la guérilla et les paramilitaires, les quelques habitants présents n'osent plus s'adresser la parole de peur de se tromper, de ne plus savoir qui est qui. Seuls quelques chiens pelés saluent notre passage.

En fin de journée, nous arrivons dans le village de Guatapuri, avec le secret espoir de rester discrets et de passer le plus vite possible. Nous ne sommes pas revenus dans ce village depuis trois ans, depuis le tournage du précédent film. Malheureusement, mais nous ne pouvions le savoir, coproduit par la télévision colombienne, le film vient d'être diffusé il y a à peine quelques semaines. Regards, interpellations, les habitants du village nous ont rapidement reconnus. « Ceux du film sont revenus ! Ils sont là ! » De nombreuses personnes assassinées apparaissaient sur les images. En les voyant, beaucoup ont retrouvé un frère, un ami. À présent, ils veulent nous remercier. Pour la discrétion, c'est raté. La nouvelle fait rapidement le tour du village, la guérilla ne va pas tarder à être informée. Nous n'avons d'autre choix que de partir au plus vite vers le village de Maruamaké. Nous y arriverons dans la nuit.

Maruamaké est un village frontière, sur le versant sud de la Sierra. C'est le premier village kogi après Guatapuri. Une sorte de village qui n'est plus tout à fait kogi... mais qui n'est pas encore « civilisé ». En prise directe avec les agressions incessantes du monde moderne que nous appelons « civilisé ». Pour se préserver, la communauté kogi a mis en place plusieurs anneaux de protection, véritables mécanismes de défenses immunitaires qui leur permettent d'amortir la pression colonisatrice. Une stratégie qui explique l'étonnante configuration de ce village, structuré en deux parties distantes l'une de l'autre de quelques centaines de mètres.

La première partie, à l'entrée de la vallée, sert de tampon, sorte de mur silencieux placé là pour tenter de briser l'élan de vagues trop fortes, trop violentes. Plusieurs bâtiments, témoins fantômes d'élans civilisateurs, semblent échoués, comme posés au milieu des temples et de l'habitat traditionnel kogi. Il y a un centre de santé en béton que visite, de manière épisodique, une aide-soignante accompagnée parfois d'un médecin ou d'une infirmière. Légèrement en retrait, une batterie de toilettes barre l'accès au village. Sur plusieurs dizaines de mètres, douches, lavabos, w.-c. ont été construits sans autre raison que d'« apporter le progrès » à un peuple qui, depuis des centaines d'années, gère très bien, et à sa façon, les questions d'hygiène et de propreté. Devant le centre de santé, un collège, deux classes avec tableaux, chaises, pupitres et portes en fer marquent un territoire : celui où l'on apprend ou désapprend au risque de se perdre. A-t-il été construit là car il n'est pas acceptable que d'autres ailleurs puissent avoir d'autres façons de vivre et d'enseigner ? Ou, plus tristement, parce que ce n'est pas concevable ? Vous me direz, le résultat est le même. Pourtant, comment ne pas s'interroger sur cette curieuse certitude qui veut que nous mettions entre quatre murs des enfants pour qui, jusqu'ici, c'était la montagne qui représentait l'école, et la nature les livres ? Dans tous les cas, médecins, infirmiers, enseignants arrivent ici sans la moindre idée de ce que représente une culture « indienne » en général, kogi en particulier. Certains essayent de faire « au mieux ». D'autres, par dédain ou ignorance, dénigrent systématiquement des connaissances et une culture dont ils ne savent rien. Comme un masque obscur qui voilerait l'esprit et le cœur, une cage sombre et exiguë.

« Enfermés dans la cage sombre et exiguë que nous nous sommes fabriquée, et que nous prenons pour la totalité de l'univers, rares sont ceux d'entre nous qui peuvent seulement imaginer qu'il existe une autre dimension de la réalité [1]. »

La seconde partie du village est plus loin, au fond de la vallée. C'est le deuxième anneau de protection mis en place par la communauté, la véritable limite des territoires kogis, au-delà de laquelle le non-Kogi est rarement admis. Plus loin, plus haut, l'eau, les minéraux, les végétaux sont à la terre ce qu'ils sont au corps humain, indispensables à leur survie. Plus loin, terres et hommes sont réunis. Les forêts sont cheveux, les déserts sont voûtes plantaires ou paumes, là où rien ne pousse. Les rivières, l'eau et le sang qui irriguent le corps. Les pierres, les os qui structurent et soutiennent la vie. Là-haut, comme un corps humain, la terre est parfois fatiguée, malade, elle peut se défendre, produire des anticorps. Elle peut aussi avoir une pensée, être tendre, aimer ou punir. Là-haut, la terre vit et l'homme n'est rien de plus qu'une composante parmi d'autres d'un

1. Sogyal Rinpotché, *in* Danielle et Olivier Föllmi, *Offrandes*, éditions de La Martinière, 2003.

tout immense. Il n'est pas différent de la terre, il en est une partie. Sans elle, il ne pourrait vivre. Chacun dépend de l'autre et du tout, et le tout dépend de chacun.

Aluna, la pensée (l'âme ou l'énergie), a créé des formes différentes pour chacune des expressions du vivant, et chacune de ces expressions, de ces formes, a son Aluna, sa pensée, capable de communiquer avec les autres et d'être reliées. Tous les êtres vivants ont une pensée, une force « spirituelle » qui dynamise la vie. Sans Aluna, le corps n'est que matière inerte, où les éléments naturels interagissent les uns avec les autres, avant de pourrir et de disparaître. Les interactions entre la pensée, Aluna, et la matière créent une autre force, une autre « énergie » que les Kogis appellent « Seiwa », la conscience. Chaque Seiwa peut agir ou interagir de manière spécifique, en fonction de son origine : animale, végétale ou minérale. C'est le Seiwa qui donne la capacité d'agir. Aluna n'est pas bonne ou mauvaise, elle est pensée et énergie. Seiwa, en revanche, peut être négatif ou positif... ou simplement Seiwa. De telles notions sont forcément relatives, puisque ce qui peut être positif dans un cas peut se révéler négatif dans un autre. L'un ne peut être pensé sans l'autre, et la seule question qui préoccupe les Kogis est de savoir comment maintenir l'équilibre, donc la relation. Afin d'atteindre ce but, il leur faut demander la permission et faire les offrandes nécessaires pour agir. Une manière de respecter l'autre dans sa dimension spirituelle et matérielle, quelle que soit sa forme, son apparence. Si les Kogis transgressent cette règle, alors, lorsque Aluna quitte la matière, ils restent avec leurs dettes, leurs déséquilibres, et doivent en assumer les conséquences. C'est une manière d'être que les Kogis ont appelée Seiwa. Elle se travaille chaque jour, là-haut dans la Sierra. On retrouve cette manière d'être, de vivre et d'interagir dans bien d'autres traditions.

« Pour les Chinois, le principe non manifesté Yi est à

l'origine de toute manifestation. En s'actualisant, il produit une fonction Tao qui s'exprime par le Yin et le Yang, puis leur interrelation Yin-Yang, et à partir de là, tout existe[1]. » Wanka Tanka chez les Sioux, le Yi vers l'orient, Aluna pour les Kogis, quel que soit le nom qu'elles lui donnent, les sociétés traditionnelles ont toujours nommé cette énergie, cette pensée qui fonde la vie et la nécessité que nous avons de nous y relier. « L'esprit créateur, cette force indescriptible et monumentale que les Iroquois appelaient Orenda et les Lakota Wakan (...), le "grand mystère" Ktsinwaskw du peuple abenaki, est contenu dans toutes choses[2]. »

Il n'y a que nous, Occidentaux, pour l'avoir oublié. Nous qui pensons que la terre n'est là que pour être achetée, vendue ou rendue productive. La terre est la nature, la nature est la mère, et les *kagabas*, les gens, ne sont qu'une expression parmi d'autres des mille possibles que déploie le vivant. C'est ce que nous rappellent les Kogis pour qui les hommes sont issus de la terre et des étoiles, puisqu'ils sont constitués des mêmes matériaux.

« Vous êtes 71 % d'eau claire, 18 % de carbone, 4 % d'azote, 2 % de calcium, 2 % de phosphore, 1 % de potassium, 0,5 % de soufre, 0,5 % de sodium, 0,4 % de chlore, plus une bonne cuillerée à soupe d'oligoéléments divers : magnésium, zinc, manganèse, cuivre, iode, nickel, bromure, fluor, silicium. (...) Tous ces matériaux proviennent de la combustion des étoiles, et on peut les trouver ailleurs que dans votre corps. Votre eau est similaire à celle du plus anodin des océans. Vous êtes une cathédrale chimique (...) d'une subtilité qui vous dépasse[3]... »

---

1. Jean-Pierre Guiraud, *Le chemin des étoiles*, inédit.
2. Joseph Bruchac, *Sagesse des Indiens d'Amérique*, La Table Ronde, 1995.
3. Bernard Werber, *L'encyclopédie du savoir relatif et absolu*, Albin Michel, 2000.

Comme la Terre, mais à une autre échelle, la Sierra Nevada de Santa Marta est un corps vivant, le cœur du monde. C'est la mère qui a donné vie à la Sierra, et la Sierra qui a donné vie aux Kogis. C'est là qu'ils sont nés, sur ce territoire sacré qui commence là-bas, à Maruamaké.

Vu l'heure tardive de notre arrivée, nous choisissons de rester dormir entre les murs tristes du centre de santé. Curieuse et longiligne construction dans laquelle le moindre choc résonne étrangement. Le temps de décharger nos sacs, et déjà, Simón et les deux Kogis disparaissent, avalés par l'obscurité. Dix-huit ou dix-neuf heures, quelle importance ! Dans ces curieux voyages, le temps n'a pas la même importance, pas la même « forme », ni la même nature. Il n'y a là rien de magique ni d'extraordinaire. Non, simplement, le temps qui passe invite à plus d'attention. Il vous présente des interstices fugaces, fragments d'histoires à vivre, qu'il ne tient qu'à vous de saisir. Ce soir-là, entre deux boîtes de conserve et un sublime ananas, Gentil, mon compère et ami colombien, s'est laissé aller à me raconter sa vie. Des bouts d'histoire comme ça, remontés d'une mémoire lointaine. Gentil m'a entrouvert Gentil.

— Je suis né à l'intérieur du pays, dans une région qui s'appelle le Tolima, qui a de fortes racines indiennes. C'est une région où vivent encore beaucoup d'Indiens, notamment les Pijaos. De fait, j'ai beaucoup de sang indien, mes grands-parents l'étaient. Malheureusement, je n'ai pas eu l'occasion de suivre leurs pas. Mais, avoir du sang pijao et être indien, c'est quelque chose dont je me sens très fier.

Comment être métis dans un pays comme la Colombie ? Comment le vivre, se faire accepter, et que faire avec cette double appartenance ? Des questions difficiles que je n'avais encore jamais eu l'opportunité de lui poser. Pour l'occasion, nous décidons d'ouvrir une bouteille de rhum, la première. À la lueur des bougies dans ce curieux centre de santé, là-haut dans la Sierra, entre les Kogis et le risque pesant de la guérilla, nous parlons du monde, de la vie.

— Je me sens heureux de pouvoir comprendre un peu les deux choses, les deux mondes, le côté indien, mais aussi le côté non indien, de pouvoir interpréter un peu la pensée de ceux qui ne sont pas indiens. Cette situation ne me rend ni fier ou important, mais au contraire plus humble. Parfois, les gens me demandent pourquoi j'ai été me perdre chez les Indiens. Je ne crois pas que je me sois perdu chez eux, j'y ai retrouvé mes gens, ma famille, mon sang, je m'y suis retrouvé. C'est un univers que j'ai connu quand j'étais tout petit. Je me souviens très bien de ma grand-mère qui nous réunissait pour nous raconter des histoires... Maintenant que j'y repense, je me dis qu'elle était en train de nous enseigner sa culture, de nous transmettre les connaissances de sa tradition, je ne crois pas que j'en aie eu conscience à ce moment-là, pour moi, je considérais plutôt cela comme des histoires que nous racontait ma grand-mère. Autour d'elle, il se passait beaucoup de choses. Elle aimait faire la cuisine, des recettes spéciales avec son four et son foyer en terre traditionnel. Elle cuisinait pour ses petits-enfants qui l'écoutaient raconter des histoires, assis autour d'elle. Moi, j'adorais ces instants-là. Ils ont suscité en moi beaucoup de questions. Plus tard, je devais avoir dix-huit ou dix-neuf ans, quand j'ai eu l'opportunité de travailler avec les Indiens, je me suis dit : « C'est bien de pouvoir venir explorer un peu les enseignements de ma grand-mère, donner vie et mieux comprendre les histoires qu'elle nous racontait. »

— Te comprendre, te connaître un peu mieux toi-même ?

— Oui, j'ai commencé à me connaître un peu mieux. En 1972, je travaillais avec le secrétariat agricole du Tolima. Je suis passé par hasard par Bogotá où j'ai appris qu'il y avait un concours pour travailler avec le ministère des Affaires indiennes. J'ai présenté ce concours sans penser que je travaillerais un jour avec les Indiens. Il s'agissait d'entrer dans un ministère... et j'ai été sélectionné. J'ai reçu une lettre chez moi qui me disait que j'avais réussi le concours du ministère et que j'étais nommé à Santa Marta pour travailler avec les Indiens Kogis. Je crois que j'ai été heureux de le savoir. Pourtant, j'étais inquiet, je ne peux pas nier que j'étais inquiet, j'appréhendais un peu cette idée. On nous avait toujours enseigné que les Indiens étaient des cannibales, qu'ils étaient dangereux, agressifs, et ça, on me l'avait enseigné tout petit, à l'école. Personne n'a jamais corrigé, changé cette image, pas même ma grand-mère, avec elle il s'agissait d'autre chose. Ce qu'elle nous racontait, ses histoires n'avaient rien à voir avec le cannibalisme ou ce genre de chose. C'est les premières années à l'école primaire qu'ils nous disaient cela : les Indiens sont des cannibales, des guerriers, des meurtriers. Gamin, cela nous impressionnait beaucoup. Quand je me suis rendu compte qu'ils m'avaient nommé pour travailler avec des Indiens, ça m'a fait un peu comme un coup, un double choc. Un premier choc positif, j'étais heureux d'aller explorer cet univers et l'autre plus difficile — et s'ils avaient raison, si ces Indiens allaient vraiment me manger ? Mais l'envie de découverte a été plus forte que la crainte ou la peur préinscrite dans ma tête, avec laquelle j'avais été conditionné.

— Quelle est la première chose que tu as découverte en arrivant chez les Indiens Kogis ?

— Quand je suis arrivé, la première chose que j'ai découverte, c'est qu'il y avait là un monde totalement différent de celui que nous connaissions à l'extérieur, totalement différent. J'arrivais avec une mentalité de « civilisé ». J'étais complètement perdu. Sur la base du peu que je connaissais, et je ne connaissais pas grand-chose, je pensais qu'il serait possible de faire de l'élevage, beaucoup d'élevage. C'était ma mentalité : pouvoir exploiter et valoriser la Sierra. J'ai découvert que l'argent — l'exploitation — n'était pas le plus important, l'important, c'est la vie ! J'ai découvert que les Indiens portent cette vie, qu'ils l'incarnent, et que ce n'est pas l'argent qui donne la vie. J'ai découvert aussi que ce n'était pas des cannibales, et ça, j'ai adoré. C'étaient des gens avec lesquels il était possible de vivre, d'apprendre, d'apprendre ce que je n'avais pas pu apprendre avant, y compris avec ma propre famille.

— Comment les Kogis t'ont-ils reçu ?

— Ils m'ont accueilli avec beaucoup de réserve. Cela fait tellement d'années que les gens de l'extérieur dérangent les Indiens, leur mentent, leur font des promesses qu'ils ne tiennent jamais, les regardent comme des animaux. Mais ce fut facile. Au bout de deux mois dans la Sierra, tout allait bien. Mon premier voyage, c'était au village de San Antonio. Là-haut, il y avait un curé et j'avais une recommandation pour pouvoir travailler. Mais je me suis rapidement rendu compte que ce n'était pas là que je devais travailler, c'est sans doute cela qui a plu aux Indiens. Je n'étais pas un fonctionnaire de plus qui allait au plus facile, là où était le curé. Non, je suis allé vers eux, directement. Je crois que c'est cela qui m'a ouvert la porte.

— Après tant d'années dans la Sierra, quels moments particuliers as-tu gardés en mémoire ?

— Il s'est passé tant de choses, et j'ai fait tellement d'erreurs, des erreurs qui sont devenues de très jolies anecdotes. Cela faisait quelques années que j'étais dans la Sierra, quand je suis monté jusqu'à un village qui s'appelle Taminaca, au bord d'une rivière qui porte le nom de rio Palomino. Chaque fois qu'une personne qu'ils ne connaissent pas arrive dans leurs villages, les Indiens lui prêtent une maison. Chez les Kogis, dans chaque village, il y a une maison carrée qui sert aux visiteurs non indiens. Pour moi, cela s'est passé différemment, ils ne m'ont pas donné la maison carrée. Ils m'ont prêté une maison ronde, une maison indienne, je ne sais pas pourquoi. Mais ils me considéraient un peu comme faisant partie de la famille. Dans cette maison, il y avait plusieurs pots en terre, des sortes de casseroles. Je me souvenais de ce que nous avait raconté ma grand-mère à propos des récipients en terre. Elle nous disait que cuisiner dans ces récipients était particulièrement bon, que la cuisson rendait la nourriture plus douce, plus agréable. Je me suis dit : « Super, je vais pouvoir cuisiner dans des casseroles en terre ! » J'en ai mis une sur le feu, pour qu'elle chauffe, et quand j'y ai versé de l'eau, elle a éclaté en petits morceaux. Ce récipient était celui qu'ils utilisaient pour préparer les feuilles de coca, pour les « toaster », et pour eux, son usage est sacré. Tout le monde ne peut pas préparer les feuilles de coca, encore moins utiliser de tels récipients pour y faire chauffer de l'eau. Quand le propriétaire est revenu, il s'est mis dans une colère terrible et il m'a jeté dehors. Il avait entièrement raison. Mais personne ne m'avait dit que je ne pouvais cuisiner dans ce genre de récipient. Plus tard, lorsque les Indiens m'ont expliqué, je leur ai dit que ma grand-mère était indienne et qu'elle cuisinait dans ce genre de récipient en terre, et ils se sont mis à rire. Ensemble nous avons ri de ma bêtise, et ils m'ont prêté un autre récipient. Mais ils m'ont bien expliqué que ce type de récipients, en terre, ne s'utilisaient que pour préparer la coca.

— Au fond, qu'as-tu appris depuis trente ans que tu vis avec eux ?

— J'ai appris à être patient, à savoir utiliser le temps, à le respecter. Le temps est un peu l'ennemi de l'homme. Eh bien, je pense que je me suis habitué à être l'ami du temps. C'est très important, cela permet de quasiment tout mettre en œuvre. Quand tu vis en permanence contre le temps, quand le temps est ton ennemi, tu es stressé, égoïste. À l'inverse quand tu as du temps, quand le temps est ton ami, cela ne peut pas t'arriver, tu peux donner, partager.

— Et qu'as-tu appris d'autre chez les Kogis ?

— J'ai appris que l'homme fait partie de la nature et qu'il lui faut vivre avec elle. C'est une partie de nous. Il est possible de vivre en harmonie avec elle, même pour ceux qui ne sont pas indiens. Si on apprend à connaître un peu la nature et à la respecter, on apprend à se respecter un peu soi-même. Je pense que j'ai appris à vivre en me respectant et en respectant mon environnement, ce que j'ai autour de moi, les gens, la nature.

— As-tu un rêve ?

— Oui, un grand rêve, difficile à réaliser, mais comme le temps n'est pas mon ennemi, je pense que je pourrai le réaliser : que les non-Indiens arrivent à comprendre un peu les Indiens. Je ne sais pas quand cela arrivera, mais je pense qu'un jour le non-Indien va devoir commencer à penser la nature, en fait, il va devoir commencer à penser à lui, à ce qu'il est.

— Et pour cela, de quoi avons-nous besoin ?

— Cela nécessite beaucoup de dialogue. La nature a de nombreuses façons de s'exprimer. Et l'une de ces façons passe par les Indiens. Ils font partie de l'espèce humaine et sont une expression de la nature. Nous sommes nombreux à avoir oublié que nous n'en étions qu'une expression parmi d'autres. Les Indiens sont là, et eux n'ont pas oublié. Ils communiquent avec la nature dont ils ne se considèrent qu'une infime partie. Aujourd'hui, nous avons encore quelqu'un qui peut nous expliquer, nous enseigner ça, cette réalité. La nature nous parle à travers cette forme d'« expression » que sont les Indiens Kogis.

J'aime bien ces moments d'échange, ces discussions.

Les propos de Gentil me semblent simples, fluides, évidents, tellement évidents, et pourtant...

Le lendemain matin, un Kogi vient nous avertir : une équipe médicale arrive. Considérée comme « humanitaire », elle a pu passer sans encombre les différents barrages. Elle vient de traverser la dernière rivière, à l'entrée de la vallée. Voilà qui n'arrange pas nos affaires. Les habitants du village commencent à quitter discrètement les lieux, histoire d'échapper à la vaccination. Préoccupés, les mamus préfèrent se replier plus haut dans la vallée. Quant aux autorités « civiles » de la communauté, *comisarios* et autres *cabildos*, ils ont complètement disparu. C'est plus sûr, et cela évite d'avoir des ordres à recevoir. Lorsque la caravane se présente devant le centre de santé, il ne reste plus que quelques Indiens en partie acculturés, qui, le regard vide, laissent médecins et infirmiers décharger leur matériel. Comme souvent lorsque arrivent des étrangers, les Kogis disparaissent, une façon de se préserver. Il y a quelques semaines, après avoir kidnappé la ministre colombienne de la Culture, les FARC ont traversé à plusieurs reprises leurs villages pour se replier vers les hautes vallées de la Sierra. Acculés par les forces armées, ils ont fini par assassiner leur otage, avant de redescendre tendre une embuscade, à quelques centaines de mètres de Maruamaké. Le combat fut bref et violent. Plusieurs soldats et quelques membres du commando des FARC y ont trouvé la mort. Après cet accrochage, les militaires ont passé plusieurs jours dans la vallée. De nombreuses maisons ont été pillées, détruites. Poules, chèvres et cochons ont disparu, volés. Terrorisés, les Kogis ne savaient comment se protéger des soldats et de leurs hélicoptères inquisiteurs qui survolaient la vallée à basse altitude.

— Alors, me rappelle Gentil, les étrangers, quand ils

arrivent... Arriver dans un village kogi, c'est très compliqué. Cela nécessite une vraie vocation, l'envie de vouloir parler avec eux. Il faut être convaincu que l'on veut vraiment dialoguer, ou plutôt que l'on est vraiment prêt à écouter qu'il existe des choses différentes mais réalisables. C'est une véritable civilisation, la civilisation kogi. Aller là-bas, ce n'est pas tant pour explorer, mais plus une forme de voyage symbolique, vouloir apprendre un peu, et pouvoir être un pont entre le Kogi et le non-Indien qui n'a pas l'opportunité d'aller jusque-là. Je peux dire à mon frère blanc : « Regarde, il y a des formes différentes de pensée », et lui expliquer un peu les choses. Pourquoi ne pas essayer de le faire ? Au-delà des conditions géographiques qui rendent difficile l'accès à la Sierra, il faut bien voir qu'il y a une multitude d'autres problèmes, en particulier liés aux paramilitaires et à la guérilla. De fait, les Indiens se ferment chaque fois un peu plus. Dans tous les cas, ce sont eux les victimes de la guérilla, des paramilitaires, des militaires et de tous ceux qui parlent sans savoir et qui jugent les Kogis sans les connaître.

En soi, la présence de médecins ou d'infirmiers n'est pas forcément négative. C'est plutôt leur regard qui pose question, un regard qui juge et refuse le dialogue. Un regard de médecin « qui sait », avant d'être un regard d'homme qui comprend.

« L'identification, avec son titre, possède en soi quelque chose de si séduisant que nombreux (...) les hommes qui ne sont plus rien d'autre que la dignité que la société a bien voulu leur conférer. Elle constitue une compensation facile, un masque commode derrière lequel on peut dissimuler les insuffisances, les inconsistances personnelles [1]. »

À court terme les résultats sont souvent positifs, mais à

1. C.G. Jung, *Dialectique du moi et de l'inconscient*, Gallimard, 1964.

moyen terme le processus « intoxique » les Kogis et génère une double dépendance, vis-à-vis des médicaments, mais aussi du bon vouloir de ceux qui les livrent et sont à même de les administrer. Les Kogis oublient leurs savoirs, parfois même les dénigrent, et attendent les médecins qui voudront bien monter jusqu'à eux. D'hommes dignes et autonomes, nous faisons des hommes soumis et dépendants.

— C'est une manière subtile de détruire la façon dont les Indiens conçoivent la médecine et leurs connaissances traditionnelles en matière de soin. C'est un manque de respect, une absence d'accords clairs, de dialogue entre la médecine traditionnelle et la médecine qui est mise en œuvre à l'extérieur, commente Gentil en observant les nouveaux arrivants.

De fait, la grande difficulté, lorsque l'on découvre l'« ailleurs », n'est pas tant physique que psychologique. Accepter ce qui est, et non ce qui devrait être. Allez vers l'autre sans être en paix avec soi, donc sans prendre le risque de faire évoluer sa façon de voir et de comprendre le monde, ne peut que créer problèmes et déséquilibres. Si seulement nous pouvions apprendre à déconstruire notre regard, à regarder sans projeter nos certitudes, nos convictions, à prendre les choses comme elles sont, comme elles arrivent, à les accueillir pour ce qu'elles peuvent nous dire de l'autre, de nous. Si seulement...

« Assumons la responsabilité de notre vie et portons un regard neuf sur les choses, en développant le calme mental et la force du cœur [1]. »

Malheureusement, ce sont souvent les certitudes, les convictions qui servent de références et fondent l'identité des hommes. Les remettre en question, c'est se remettre en question, et ça... on préfère juger, se fermer, s'enfermer. C'est plus

1. Jack Kornfield *in* Danielle et Olivier Föllmi, *op. cit.*

facile et surtout beaucoup plus rassurant. Et pourtant, ne sommes-nous pas là pour nous ouvrir, nous découvrir ?

« Nous avons fort peu conscience de ce que nous sommes, et en même temps, nous projetons sur les autres tout ce que nous ne pouvons accepter de nous-mêmes[1]... »

Pauvres Kogis, ils ont forcément besoin de toilettes, de médecins, d'écoles, de chaises, de tables, de plastique, de l'électricité et de la télévision. Quant à savoir comment ils font pour vivre sans l'Internet, c'est un mystère. Aujourd'hui encore nombreuses sont les organisations nationales ou internationales qui se proposent d'« aider » les communautés indiennes. Mais, la plupart du temps, les processus mis en place vont à l'inverse des principes qui fondent ces communautés. De quoi s'agit-il ? De proposer de l'argent, des budgets, à des communautés qui refusent l'argent, qu'elles perçoivent comme source de conflits. De solliciter une ou deux personnes, pour qu'elles parlent au nom d'une communauté qui pourtant se pense et se vit comme un collectif — ce qui finit par donner du pouvoir à un ou deux membres de ce collectif, contre son intégrité. De demander que les projets soient présentés et gérés par le biais de l'outil Internet dans des villages qui n'ont pas l'électricité et qui la refusent.

« On se trouve confronté là, non plus à l'erreur d'interprétation possible (...) mais bel et bien à l'entreprise, encore vivace (...) d'adapter la réalité sociale primitive à une conception préalable de la société et de l'histoire[2]. »

Il y a quelques mois, c'est pour ces raisons que les Kogis ont refusé collectivement un projet porté par l'Union européenne et la Banque mondiale. Malgré les

1. Maurice Nicolle, *Troisième millénaire*, n° 70, page 34, quatrième trimestre 2003.

2. Marshall Sahlins, *Âge de pierre, âge d'abondance. L'économie des sociétés primitives*, Gallimard, 1976.

sommes importantes en jeu, les Indiens ont considéré qu'il était plus risqué d'accepter ce projet, porteur de divisions et de conflits, que de le refuser. Les conditions « spirituelles » (sous-entendu la façon de le penser et donc de le gérer) n'étaient ni bonnes ni justes. Des Indiens ont dit non à des fonctionnaires internationaux, non à leur manière de faire, de penser les choses et de travailler.

Dans le même ordre d'idée, les Mamus de Santa Rosa ont collectivement décidé d'abandonner la culture du café, qu'ils estimaient trop dangereuse pour la communauté. Mise en place par le gouvernement, cette culture n'est pas une pratique traditionnelle chez les Kogis. Si certains en ont accepté le principe, lui assignant quelques hectares, d'autres ont préféré s'en abstenir, se contentant de travailler leurs ressources traditionnelles. Au bout de quelques années, les premières difficultés ont commencé à poindre. Les Kogis possesseurs de parcelles de café ont pu vendre leurs récoltes dans la vallée, dégager des bénéfices et acheter des objets de consommation introuvables dans la Sierra. Certains Kogis ont pu avoir ce que d'autres ne pouvaient avoir. Divisions, jalousie et même vols, ce qui ne s'était jamais vu chez les Kogis, ont commencé à apparaître. La différence s'insinuait dans la communauté, créant des déséquilibres, puisque, contrairement aux objets ou productions traditionnelles qui se trouvent à profusion dans leur environnement naturel, certains ont soudain eu accès à des objets totalement nouveaux. La décision a donc été prise d'abandonner les plants de café et de les laisser mourir doucement. Une façon de conjurer la mort et la destruction de leur culture.

« La société primitive assigne à sa production une limite stricte qu'elle s'interdit de franchir, sous peine de voir l'économique échapper au social et se retourner contre la société en y ouvrant la brèche de l'hétérogénéité, de la division entre riches et pauvres, de l'aliénation des uns par les autres. Sociétés sans économie, certes, mais mieux encore, société contre l'économie (...). Sociétés qui empêchent de manière délibérée la division du corps social en groupes inégaux et opposés. (...) La société primitive n'est pas le jouet passif du jeu aveugle des forces productives, elle est au contraire la société qui exerce sans cesse un contrôle rigoureux et délibéré sur sa capacité de production. C'est le social qui détermine l'économique, c'est, en dernière instance, le politique qui détermine l'économique[1]... »

Curieusement, ce sont les Kogis devenus économiquement les plus riches qui ont commencé à devenir socialement non pas les plus pauvres mais les plus « misérables », perdant leurs ressources alimentaires, leur dignité et leur autonomie. Ils perdaient surtout le système de don et de réciprocité qui fonde leur identité et l'équilibre social du groupe.

« La pauvreté est une condition qui n'a rien de négatif. Elle est liée aux notions de vertu, de justice, de discernement et d'intelligence par rapport à la vie, beaucoup plus qu'au manque d'argent et de biens matériels. L'argent, qui n'a jamais permis à personne de vivre dans la dignité et le bonheur, ni d'échapper à d'autres pauvretés, nuit plutôt à la connaissance et à la pratique volontaire de la vertu. Tout individu incapable d'avoir avec l'argent un rapport sain, ni de comprendre quelle lame à deux tranchants ce dernier peut devenir, subira toujours sa tyrannie et ses contraintes. Le goût du superflu et l'accumulation des biens matériels transformeront, tôt ou tard, le riche parvenu en esclave de sa fortune, et le pauvre en envieux, ne cherchant qu'à prendre la place du riche, celui-là même qu'il n'a cessé de haïr[2]. »

---

1. *Ibid.*
2. Majid Rahnema, *Quand la misère chasse la pauvreté*, Fayard-Actes Sud, 2003

C'est toujours pareil, nous regardons ces communautés à travers tous les avantages de notre technologie, la certitude de nos jugements qui veut que « aussi souvent que la raison est contre l'homme, l'homme est contre la raison [1] ». En fait, il ne s'agit pas tant de les aider, mais bien plutôt de faciliter leur « intégration » dans une représentation culturelle, melting-pot de la modernité, avec un résultat qui se situe souvent à l'inverse des objectifs retenus. Le processus d'acculturation est éternellement le même. Encore et toujours, la preuve, si besoin était, que l'expérience est impossible à transmettre. Ne pas reconnaître l'autre, nous connaître dans l'autre, donc nous reconnaître.

« Par principe honorer différentes sociétés, pour ce qu'elles sont, dans leurs différences même [2]. »

Éviter le dialogue avec un autre respecté et respectable, l'« aider » à notre manière, lui apporter notre savoir, notre progrès, puis notre échelle de valeurs dans laquelle il n'est pas grand-chose. C'est finalement créer une situation de dépendance, dans une société habituée à vivre grâce à ce que la nature est à même de lui offrir, toujours en abondance, toujours renouvelé. Il est clair qu'aujourd'hui nous n'avons pas les « outils intellectuels », les grilles de lecture nécessaires pour percevoir ce genre de situation. Nous préférons voir chez ces Indiens de « pauvres » sauvages condamnés à disparaître, plutôt qu'une société capable collectivement de gérer les vieux démons de l'être humain que sont l'égoïsme, la peur, le pouvoir. Nous préférons penser que, loin de notre progrès, ils subissent la nature, alors qu'ils l'ont souvent suffisamment apprivoisée pour que tous disposent du nécessaire : toit, nourriture, santé, justice sociale, éducation, paix, pour vivre dignement.

---

1. Marshall Sahlins, *op. cit.*
2. *Ibid.*, 1972.

Découvrir la pensée kogi voudrait que nous puissions renoncer aux présupposés considérés comme universels de nos systèmes de croyances. Que nous sachions « déconstruire nos regards », comme le suggère Pascal Dibie. Que nous puissions oublier le temps linéaire, chronologique (où l'histoire est un continuum, où les formations sociales s'engendrent mécaniquement), qui nous est familier et qui conditionne notre regard. Ce temps réglé de l'avant, de l'après, des causes et des conséquences. Que nous puissions pour le moins accepter qu'il n'est pas unique, exclusif. Comprendre avant la mort que la vie, l'homme, son expérience s'inscrivent par étapes dans un temps circulaire, celui des cycles et des analogies, où l'on progresse plus latéralement que chronologiquement. Découvrir la pensée kogi nécessiterait que nous soyons humbles. Il ne s'agit pas non plus de découvrir un monde que nous ne connaissons pas, et qui nous serait étranger, d'hier, d'ailleurs ; mais, bien plus, de faire connaissance avec une partie de nous-mêmes que nous ignorons.

« La propension de la spirale en chacun de nous est de porter nos désirs vers notre développement et notre intégration. Chaque "tout" est cyclique, avec un commencement, un milieu et une fin. Il part d'un point, s'élargit, se différencie, puis se contracte et disparaît en rentrant dans le point. Tel est le schéma de notre vie, de la naissance à la mort, qui pourrait bien être celui de l'univers, sauf que l'échelle de temps y est différente (...). En chacun de nous sont trois étapes vers la connaissance. C'est le processus en spirale par lequel l'homme en tant qu'individu et le cosmos lui-même se réalisent. Dans les premiers âges de l'humanité, ainsi que dans l'enfance, il n'y a pas de séparation entre nous-mêmes et le monde extérieur. Ce n'est que dans la deuxième phase que nous prenons conscience de ce que nous sommes en tant qu'individu ou corps social. Puis vient la troisième étape pour l'individu, celle de la connaissance intuitive, où le sujet et l'objet, une fois encore, deviennent un[1]. »

Depuis deux jours que nous sommes arrivés, nous ne faisons qu'attendre et attendre encore. Je devrais être habitué, chaque fois que je monte dans la Sierra, les Kogis que je rencontre fonctionnent de la même manière. Une façon d'amener leurs visiteurs à s'harmoniser au lieu, à ses énergies. Lors de l'un de mes premiers voyages dans la Sierra, il m'avait fallu attendre plus d'une semaine. Attendre sans aucun contact, aucune information, comme si la montagne s'était soudain vidée de ses habitants. Impression étrange de ne plus exister, de ne plus avoir prise sur le temps. Cette fois-ci, l'attente est rendue plus « lourde », presque oppressante, du fait de la présence invisible de la guérilla.

Depuis trois jours, dès les premières heures de la matinée, Cielo, l'auxiliaire de santé, branche sa radio. Le *vallenato* et autres rythmes de la côte Caraïbe envahissent les couloirs tristes du centre de santé. Chacun s'agite, prépare son matériel. L'aide soignante part faire le tour des villages les plus proches pour avertir les habitants de la présence de l'équipe. Cielo tente de ranger quelques papiers administratifs. Quant au médecin, il râle contre les autorités qui l'ont obligé à venir ici, perdre son temps avec ces *Indios* dans ce sinistre baraquement entouré de « cabanes ». Malheureusement pour lui, il n'a pas le choix. En Colombie, cela fait partie du cycle de formation des étudiants. Ils se doivent de passer une année *al campo*, dans la campagne, pour aider les communautés les plus isolées ou les plus défavorisées. Ce qui a un sens, et qui peut être bien accueilli par les communautés paysannes ou des communautés indiennes déjà largement acculturées, n'est

1. Jil Purce, *La spirale mystique*, éditions du Chêne, 1974.

absolument pas adapté à la majorité des Kogis. Longues heures d'écriture, invention de nouvelles recettes de cuisine et découverte des environs proches du village rythment nos journées.

C'est le troisième jour que nous faisons connaissance avec Casimiro. Sans doute a-t-il observé notre arrivée, suivi nos allées et venues, mais, discret, il a préféré rester à l'écart. Avec ses frères et sa sœur, Casimiro fait partie du clan des Alimako chargé de « garder » le village de Maruamaké, de nourrir et d'entretenir sa « pensée ». Ce matin, timide, il est apparu les bras chargés d'un ananas et de magnifiques bananes. Mot après mot, il nous raconte sa vie, son histoire.

— Je m'appelle Casimiro Alimako Dingula. Je suis un enfant kogi. J'ai dix ans et je vis ici, à Maruamaké, dans la Sierra Nevada de Santa Marta. C'est une montagne très grande, située juste à côté de la mer.

Il nous a parlé de son école, celle des Blancs, « celle où on enseigne des choses des civilisés, de ceux de l'extérieur ». Dans cette école, on lui apprend à lire l'espagnol, à l'écrire, ainsi que quelques rudiments de calcul. Au bout de quelques minutes, comme pour illustrer ses propos, il nous a entraînés vers le jardin potager où les enfants apprennent à travailler la terre, à semer, préparer les récoltes, nous décrivant chacune des plantes semées depuis son arrivé à l'école, leurs usages.

— En fait, cela nous permet de produire à manger pour la cantine de l'école, finit-il par ajouter. Puis de renchérir après quelques secondes de réflexion : Beaucoup d'enfants viennent de loin, certains n'ont rien à manger, comme ça, ils peuvent manger, nous partageons ce que nous pouvons récolter.

Mais l'école qu'il préfère, c'est celle du mamu :

— C'est lui qui nous apprend toute la partie traditionnelle, spécifique à notre culture. C'est un Kogi très important qui enseigne aussi aux adultes. Il sait comment nous devons faire pour protéger la mère terre, pour qu'elle ne meure pas, il le sait et il nous l'apprend. Ces choses, nous les apprenons dans la nuhé. C'est une grande maison sacrée où se réunissent les gens du village pour parler de choses importantes avec les autorités. Chaque mamu a une nuhé où il peut enseigner aux gens.

De ses paroles se dégage à la fois une grande force et beaucoup de fierté. La tête penchée, Casimiro nous observe, curieux de comprendre d'où nous venons, pourquoi nous sommes venus sur ses terres. Je lui demande alors quel est son rêve, curieux de savoir ce qui occupe l'esprit d'un enfant kogi.

— Quand je serai grand, je veux apprendre à me servir d'un poporo, je veux être un Kogi, un Kogi important. Je veux savoir bien cultiver la terre, construire une maison, connaître les lois de nos ancêtres, celles de la nature pour parler avec elle, pour la protéger. Je voudrais avoir une famille et savoir la protéger.

Un instant, ses paroles s'arrêtent, comme suspendues, puis, le nez froncé, malicieux, il continue :

— Un jour, j'aimerais bien rencontrer des enfants d'une école des « civilisés » pour les connaître et échanger avec eux. Je pourrais leur parler un peu des Kogis, de notre monde, ils pourraient me parler de leurs maisons à eux.

Brusquement, il disparaît, pour revenir quelques minutes plus tard entouré des poules, cochons, chèvres et moutons dont il a la responsabilité. Sans nouvelle de Miguel, ni des Kogis avec lesquels nous devions travailler, nous acceptons son invitation et partons avec lui visiter son village. Du haut de ses dix ans, et malgré le peu de relations qu'il a avec le monde extérieur, il souhaite nous faire partager une expérience étrange à laquelle il avait assisté :

— J'ai l'impression que chez les civilisés, on ne vous apprend pas à bien cultiver la terre. Il y a des gens qui sont montés de la vallée pour planter des arbres, cela fait plusieurs années, j'étais plus jeune. Tous leurs arbres sont morts. D'autres gens sont revenus planter d'autres arbres, et ils sont morts aussi. Ils en ont planté beaucoup, et aujourd'hui, il y en a seulement deux qui ne sont pas morts. Ils ne savent pas planter leurs arbres. Chaque fois, ils ont amené des semences de l'extérieur, ils n'avaient pas l'air de savoir qu'ici ces arbres ne peuvent pas pousser. C'est normal qu'ils soient morts. Nous, quand nous plantons des arbres, ils ne meurent pas, car le Mamu nous explique quels sont les arbres que l'on peut planter, où et quand. Il fait toutes les offrandes nécessaires pour ne pas qu'ils meurent. Mais les Blancs, ils ne savent pas faire les offrandes, et ils ne savent pas non plus planter des arbres.

Fiscalito, venu en fin de journée nous apporter des nouvelles de Miguel, nous donnera quelques précisions sur cette histoire.

— Un jour, il y a plus de dix ans, des gens sont arrivés ici et nous ont dit qu'ils étaient chargés de protéger l'environnement. Ils ont essayé de faire pousser des arbres, qu'ils amenaient dans des sacs en plastique, sur le bout de terre, derrière le village. Il y avait des ingénieurs forestiers, des agronomes et beaucoup d'autres personnes toutes spécialistes, mais je ne me souviens plus de quoi. Seuls deux arbres ont survécu et l'un des deux, malade, va bientôt être abattu. Ce sont des arbres qui ne peuvent pas pousser dans cette région, nous le savons. Une fois, nous leur avons demandé combien de millions de pesos ils avaient été payés pour venir planter leurs deux arbres, dont l'un était en train de mourir. Mais les ingénieurs ne nous ont pas répondu, ils ne voulaient pas nous écouter. C'est comme s'ils avaient amené leurs enfants tout petits, à peine nés, et qu'ils les avaient laissés ici pour qu'ils grandissent !

Pour vivre, il faudrait qu'ils fassent comme les Kogis, autrement ils risquent de disparaître. Avec les arbres, c'est pareil : il faut faire les choses comme la terre le permet, autrement, tout disparaît.

Nous passons ainsi plusieurs jours reclus dans notre centre de santé. Sans aucun contact avec les Kogis, si ce n'est avec Fiscalito et Jacinto, les messagers que nous envoie Miguel. Invariablement, les messages sont les mêmes : pour notre sécurité, il nous demande d'attendre et de rester dans le centre de santé.

Au milieu du cinquième jour, alors que nous hésitons sur la poursuite ou non de notre voyage, Jacinto arrive très inquiet. Envoyé par Miguel, il nous prévient que la guérilla a investi le village de Guatapuri et qu'un commando risque de monter le lendemain matin pour nous séquestrer. Ils ont autorisé les médecins, mais pas les étrangers.

La situation devient très préoccupante. Nous devons repartir au plus vite, mais comment ? Et le film ? Et Miguel ? Miguel nous rejoindra plus tard, à La Luna. Nous continuerons les choses là-bas. Pour l'instant, nous devons partir. Mais par où ? Le seul chemin praticable redescend par le village. Et le seul véhicule disponible reste celui de Simón. Nous décidons d'envoyer Jacinto et son frère en éclaireur. Où sont les guérilleros, combien sont-ils, pensent-ils vraiment monter demain matin ? Simón est-il là-bas ? Lorsque les deux jeunes Kogis reviennent, il est près de trois heures du matin. Visiblement, ils ont bu. Mais ils ont aussi ramené les mules et nous proposent de partir tout de suite. Bravo !

— La guérilla ne savait pas que vous étiez là. C'est par hasard qu'ils ont appris votre présence, en venant faire la fête au village. On a bu des bières avec eux. Ce soir, à mon avis, ils sont soûls. Mais ils risquent bien de monter demain matin, il faut partir tout de suite !

Comme des ombres pâles, les tuniques blanches de plusieurs Kogis se détachent dans l'obscurité. Prévenus par Jacinto, ils sont venus nous escorter jusqu'au village en contrebas duquel Simón doit nous attendre avec son 4 x 4. Vite, regrouper nos affaires, faire nos sacs et charger les mules. Malgré le froid, je transpire, les Kogis sont nerveux. Dans la nuit, notre caravane s'ébranle doucement et s'engage sur le chemin de la vallée. Les sabots qui claquent contre les pierres me semblent faire un bruit terrifiant. La guérilla est-elle encore là ? Sont-ils partis ? À l'entrée du village, j'ai l'impression de retenir mon souffle. Sur le sol, en bordure du chemin, l'herbe rase étouffe nos pas. Dans l'ombre, je distingue les maisons. Une, deux, puis d'autres, alignées, silencieuses. Personne, le village semble endormi, un virage, et nous retrouvons Simón. Quelques heures de piste, des regards inquiets, puis San Juan, enfin... Passés, nous sommes passés. Ce voyage n'était pas le bon, mais nous avons eu de la chance. À part un barrage de l'armée, des militaires qui ne voulaient pas croire que nous revenions de la Sierra, nous n'avons rencontré personne.

Chapitre 3

La Luna

« L'expérience est comme une bougie qui n'éclaire que celui qui s'en sert. »

Confucius

De retour sur les terres de La Luna, sans autre projet que d'attendre des nouvelles de Miguel, je décide de mieux faire connaissance avec ce lieu, ces terres rachetées avec l'appui des membres de l'association, et qui, grâce aux Kogis, commencent à reprendre vie. C'était l'un de mes rêves. Pouvoir vivre ici, sans autres contraintes que les jours qui passent. Non pas tant pour « mieux comprendre » que pour sentir, voir et partager. Sentir une terre, ses odeurs. La voir vivre, se transformer, essayer de l'apprivoiser. Retrouver des liens, des racines. Le soir venu, lorsque la forêt s'anime, prendre le temps d'écrire les sensations, les idées qui s'entrechoquent dans mon esprit. Des moments privilégiés où l'écriture vous emporte. Au-delà du halo vacillant des bougies, la nuit profonde appelle la pensée. Nous qui consommons de plus en plus la vie, par petits morceaux épars, vite vendus, vite oubliés, ne savons plus ou ne pouvons plus vivre un lieu, investir un instant. Peu à peu, nous devenons des êtres « cérébraux », déconnectés du vivant, donc de nous-mêmes. Des êtres « flottants », comme disent les Kogis, sans ancrage, sans identité. Nous conceptualisons le monde, mais nous ne le vivons plus. Êtres déterritorialisés, c'est-à-dire non reliés à un lieu vivant, un territoire, nous nous enfermons dans des cocons protecteurs, où tout questionnement, toute remise en question est exclue, trop dérangeante, perturbatrice.

« Nous devenons ce que l'on pourrait appeler des "unités alvéolaires", expression qui donne le frisson, pour désigner l'être humain de notre temps, cet individu qui crée autour de lui d'autres alvéoles où il s'enferme, dans son appartement fonctionnel, dans la partie de travail limitée qui lui est confiée, dans son emploi du temps[1]. »

« Êtres bulles », « somnambules » narcissiques et solitaires, nous offrons au monde le spectacle de nos conflits, des plus mesquins et quotidiens aux plus monstrueux et destructeurs. Chaque « moi je », expression d'une singularité, est bien sûr persuadé de détenir la vérité, quand il ne se réclame pas d'une morale, la sienne, pour justifier le pire des comportements. La confrontation de ces « moi je », individus qui n'existent plus dans le regard des autres, oblige à toujours plus de singularité, de provocation et d'absurde, uniquement régulé par le lien marchand. Devenus des individus non reliés aux autres, au monde, nous sommes de moins en moins d'ici ou d'ailleurs, « dormeurs » de lieux avec lesquels nous ne partageons plus rien, référents de nulle part et de partout.

Dans la ville de Baranquilla, à deux heures de bus de la Sierra et des Kogis, vous pouvez déambuler dans les mêmes centres commerciaux qu'à Paris, Toronto ou Kuala Lumpur, acheter les mêmes produits et bénéficier des mêmes « procédures » d'accueil du client. Les mêmes

---

1. Ernesto Sabato, *op. cit.*

caissières vous font les mêmes sourires, les mêmes cadres dynamiques, soldats disciplinés de la modernité, vous vantent les mêmes outils : ordinateurs portables et téléphones cellulaires, symboles d'appartenance à cette société spectacle, tellement rêvée mais insidieusement destructrice.

La terre n'est pas uniforme, elle ne l'a jamais été. Selon les latitudes, les longitudes, elle est d'une incroyable diversité. Rien de commun entre les espaces brûlants des déserts et les forêts profondes d'Amazonie ; rien de commun non plus entre les versants abrupts des Alpes, soumis à de fortes variations climatiques et les îles Caraïbes. Dans chaque vallée, chaque espace, chaque recoin de notre magnifique planète, l'homme a dû et su développer des trésors d'imagination pour passer de la survie à l'autonomie dans des espaces difficiles, souvent dangereux. Le lien à la nature oblige à en respecter les règles. Ce n'est pas une question de choix, j'aime ou je n'aime pas, je suis d'accord ou non, c'est une simple question de survie. Face aux exigences de la nature, vous vous devez d'être autonome, vigilant, solidaire, respectueux et surtout humble.

On est touareg avec une culture, une identité, un savoir-vivre ensemble, car on vit dans le désert. On est inuit, car on vit dans un espace-temps polaire. Le contexte naturel, exigeant, rude, diversifié à l'infini forge les identités, nourrit les cultures, dans leurs richesses et leurs multiplicités. La nature est profondément civilisatrice. Elle oblige à la vigilance, à la solidarité, au dépassement de soi vers l'autre, vers le monde. La nature oblige à l'alliance des mondes ; une alliance fragile, éphémère, chaque jour renouvelée.

« S'il n'y a pas de limite, il n'y a pas d'identité et il n'y a pas d'altérité. C'est très intéressant d'être devant les autres, encore faut-il qu'ils soient des autres[1]. »

---

1. Chantal Delsol, professeur à l'université de Marne-la-Vallée, 2003.

Nous sommes en train de perdre, à une vitesse accélérée, notre lien individuel et collectif à l'espace et à la nature, donc à nous-mêmes. Nous les remplaçons par des liens « automatiques », informatiques, qui augmentent la distance aux autres. En perdant ce lien, nous avons perdu l'exigence que nous avions d'apprendre, tant bien que mal, à être humain ensemble.

« Seule la nature impose des limites légitimes à la liberté de l'individu, et inversement, celui-ci ne peut rester libre qu'à la condition de respecter l'équilibre du milieu naturel[1]. »

Les cadres sociaux — familles, éducation, religion, travail, grandes structures traditionnelles — que nous avions élaborés, pour essayer de donner un sens à nos sociétés modernes et pour tenter de nourrir une certaine forme sociale d'« être ensemble », sont peu à peu en train de se dissoudre, se disloquer.

« L'ère de l'hyperconsommation et de l'hypermodernité a signé le déclin des grandes structures traditionnelles de sens et leur récupération par la logique de la mode et de la consommation[2]. »

« La famille disloquée, l'école dépassée, le travail émietté, les partis politiques décrédibilisés, l'État-nation malade et la République patraque, il n'y aurait plus d'autres échappatoires que de revêtir l'armure de l'amour de soi, pour affronter le monde extérieur vécu comme hostile[3]. »

Sans règles partagées et acceptées pour réguler nos pulsions, sans mémoire de ces règles, nous risquons fort de

1. Élisée Reclus, *L'homme et la Terre*, La Découverte, 1998.

2. Gilles Lipovetsky, Sébastien Charles, *Les temps hypermodernes*, Grasset, 2004.

3. Éric Dupin, *L'hystérie identitaire*, Le Cherche Midi éditeur, 2004.

nous diriger vers des temps de barbarie, de chaos et d'extrêmes violences. Si nous n'y prenons garde, la « modernité » risque de se réduire à une juxtaposition de situations de violences, considérées comme légales ou illégales, selon le point d'observation et la légitimité réelle ou supposée des acteurs. Pis, les « capteurs » du monde moderne à même de nous alerter sur cette situation n'existent plus. Ils ne fonctionnent plus, car ils ne sont plus reliés aux réalités du monde, aux sensations de douleur — plaisir, aux enjeux de vie et de mort. Ils ne fonctionnent plus, car nous ne voyons pas (encore) les conséquences de nos actes, nous ne faisons (pas encore) l'expérience de nos comportements. L'illusion mortifère est là, qui laisse à penser que tout peut continuer, puisqu'il en a toujours été ainsi et que, visiblement (pour nous), il ne se passe rien de terrible. Notre conscience est morte ou non éveillée, car elle n'est plus reliée aux conséquences de nos actes.

« L'individu croit qu'il peut tout faire avec la terre, l'air et la nature, le monde lui apparaissant comme un "utilisable". Mais le réveil de cette chimère de domination rappelle aujourd'hui à l'homme qu'il n'est pas un sujet détaché du réel, que le réel n'est pas utilisable [1]. »

Cette modernité qui est la nôtre, produit de nos croyances et à laquelle nous appartenons, nous l'avons construite contre la nature, contre le vivant, contre nous-mêmes et contre le lien, la relation au monde, aux autres, à soi-même, qui interroge et qui ouvre aux voies de l'équilibre. Nous l'avons construite dans le prolongement de cette idée folle que nous devions nous extraire du vivant pour le dominer.

Pourtant, l'homme est un être éminemment religieux, au sens premier de *religare*, « relier » en latin. C'est un être

---

1. Miguel Benasayag, *Le mythe de l'individu*, La Découverte, 2004.

de liens, de relations, comme tout ce qui compose le vivant, relations physiques, intellectuelles, psychologiques, chimiques (attractions amoureuses), individuelles et collectives... de lui avec lui, de lui avec les autres, de lui avec le monde.

La difficulté n'est pas d'être ou de ne pas être religieux, mais de prendre conscience de ces liens qui nous unissent à nous, aux autres, au monde, d'en apprécier l'importance, afin de les nourrir et de pouvoir enfin les habiter. En fait, nous sommes de mauvais « religieux » obscurantistes, puisque nous méconnaissons, au risque de les déséquilibrer, puis de les détruire, les liens qui nous rattachent au monde. Or une société sans liens est une société malade, dans laquelle chacun cherche à se préserver.

« Il se pourrait qu'une maladie soit une rupture de [cet] équilibre, provoquée par une impulsion soit somatique, soit spirituelle, religieuse ou sociale, due aux déséquilibres que les techniques et les modèles sociaux contemporains ont introduits entre l'homme et son milieu[1]. »

Parce que nous avons déserté ces liens, nous n'habitons plus le monde, nous ne faisons que le traverser, fantômes, étrangers à eux-mêmes qui repoussent en se divertissant, dans d'éphémères spectacles, l'angoisse inexorable de la maladie, de la vieillesse et de la mort.

« N'oublions pas que les images sont des images et les moyens des moyens, souvenons-nous que le rapport à autrui, le lien social, le lien symbolique, passe avant tout, loin des images et des simulacres, par la relation entre les corps[2]. »

Seule compte la rencontre avec l'autre, avec le différent, non pas une rencontre aseptisée, comme le sont souvent les voyages organisés où l'on déplace, dans un autre contexte

---

1. Ernesto Sabato, *op. cit.*
2. Marc Augé, *Pour quoi vivons-nous ?* Fayard, 2003.

géographique protégé, nos coutumes, nos besoins, nos habitudes de vie, mais une rencontre qui questionne, déséquilibre, oblige à sortir de soi pour aller vers l'autre, à rétablir l'équilibre et négocier des alliances, à être humain ensemble, à en emprunter le chemin, question de survie. Mais aujourd'hui, l'espace déterritorialisé, déstructuré, devient décor et non plus réalité ; d'autant plus décor d'affiches, de magazines, de rêves, qu'il est de moins en moins réel. Plus nous détruisons les espaces naturels, plus ils apparaissent, illusions de paradis vierges, sur les affiches, dépliants et autres supports marketing. La nature est en passe de mourir, vive la nature. Parfois, certaines odeurs, certains paysages éveillent quelques souvenirs enfouis d'une mémoire lointaine, mémoire d'enfance nourrie lors de vacances familiales passées à courir les champs, à construire et déconstruire une multitude d'univers, mais ce sont souvent des souvenirs fugaces, traces lointaines d'un hier révolu.

Dans un hebdomadaire français, un article présentait un ouvrage à travers lequel son auteur segmentait la vie de l'homme moderne en trois phases : la première, durant laquelle il lui faut se préparer au travail, la deuxième, pendant laquelle il travaille, et la troisième, où enfin il peut se reposer. L'auteur expliquait que, d'après lui, l'une des solutions pour faire face au « déclin » annoncé de la société française, ou pour le moins la meilleure à ses yeux, nécessitait que nous puissions nous former pendant nos temps de loisirs pour améliorer nos performances au travail. « Dans le futur, disait-il, ne pourrions-nous pas consacrer une partie de nos loisirs à nous former pour améliorer notre productivité pendant les périodes d'emploi [1] ? » Nous ne serions donc là, sur cette terre, que pour « travailler », au sens strictement économique du terme... éviter de pen-

1. Frédéric Tiberghien, *Au travail !*, Jacques-Marie Laffont, 2003.

ser, de partager, nous n'en avons plus ni le temps ni l'énergie, mais travailler avec de plus en plus d'efficacité, de « performances », avec ce souci constant d'éliminer, de traquer toutes les zones de « vide », les possibles de rien, où nos esprits parfois s'égarent.

Le travail économique devient le concept clé unique autour duquel s'organise et se pense le monde, le nôtre, mais aussi celui de toutes les autres cultures qui tentent de survivre sur cette planète. Tout ce qui n'est pas nous est jugé, nié quand il n'est pas simplement ignoré. L'autre, ce qui sort d'un ordinaire, oblige à réfléchir, à s'interroger, sans doute à prendre position, pire peut-être à s'engager et à décider, à être responsable et autonome dans un monde où tout est fait pour que nous ne soyons plus ni responsable ni autonome. En niant l'autre, on s'interdit peu à peu de réfléchir, de douter, de comprendre. Et dire que l'on se croit libre, l'« esprit libre » comme nous le vantait, il y a peu, une campagne de publicité... Bien au contraire, ce sont nos derniers espaces de liberté que les technologies « nomades », dites de communication, sont en train d'investir et d'annihiler. Téléphones cellulaires, ordinateurs portables occupent les derniers espaces « vacants » où notre imaginaire, notre possible autonome pouvaient s'ennuyer, rêver, penser à autre chose, imaginer. Or c'est dans ces espaces, ces interstices que peuvent se développer le don de temps, d'énergie, de présence, l'attention à l'autre, le possible ensemble, hors du champ marchand...

Mais non ! connectés en permanence, emportés malgré nous, mais grâce à nous, dans une frénésie incessante, peu à peu nous ne pensons plus le monde, nous en sommes incapables. Il devient abstrait, lointain, hors de notre quotidien et de sa réalité. Parfois, une information nous questionne, nous rappelle que notre quotidien, ce spectacle virtuel permanent, n'est pas « le » monde, qu'il n'en est qu'une abstraction morcelée, fugitive. Des titres de presse nous interpellent, comme cet article sur les forêts tropicales paru en première page du *Monde* le 11 novembre 2003 : « Forêts tropicales : c'est fichu ». « En tant que spécialistes du monde tropical et des questions environnementales, il nous apparaît aujourd'hui de notre devoir de dire clairement : il est devenu impossible d'empêcher la destruction généralisée des forêts primaires tropicales. (...) Les lobbies, les contraintes économiques et même les représentations ou conceptions de la majorité des administrations ou techniciens des grandes institutions, concourent à accélérer leur dégradation à un rythme seulement égalé dans l'histoire par les grandes catastrophes d'échelle géologique[1]. » Un tel article a-t-il provoqué une réaction ? Non, bien sûr. Trois personnes, dont deux scientifiques, nous alertent sur la disparition accélérée des forêts tropicales... aussitôt publiée, une telle information disparaît, avalée par un tourbillon qui place sur un même plan la destruction de notre milieu naturel et les résultats du dernier match de football.

Dans le même ordre d'idée, on trouve aussi ce triste constat : « La biosphère est engagée dans un processus de dégradation continu et, à l'échelle historique, rapide. Plus stupéfiant encore est le constat parallèle : l'humanité dédaigne la crise écologique. Nulle part on observe de changements réels des politiques économiques intégrant ce phénomène, qui est, derrière le chaos des événements et des fureurs, un déterminant majeur de la phase historique qui est la nôtre. Nulle part on n'observe de réels changements des comportements collectifs[2]. »

---

1. Frédéric Durand, géographe, maître de conférences à l'université Toulouse II-Le Mirail ; Francis Halle, botaniste, spécialiste des forêts tropicales ; Nicolas Hulot, président de la Fondation Nicolas Hulot pour la nature et l'homme, *Le Monde*, 11 novembre 2003.

2. Hervé Kempf, *Le Monde*, 22 janvier 2004.

L'impression curieuse que cette réalité-là ne nous concerne pas, trop lointaine, trop abstraite peut-être. Nous finissons par croire « réelle » une construction quotidienne, faite de croyances et de représentations dans lesquelles nous nous enfermons, nous fuyant nous-mêmes. Inversion des urgences, où les vrais problèmes deviennent illusions et les illusions, notre réel.

« L'homme et la femme modernes arborent ce petit sourire en coin de la bouche, ce regard paternaliste et compréhensif à l'égard de ces “graves problèmes”, qu'ils sont les premiers à considérer comme très importants. Mais, mais, mais, il y a quand même le quotidien, ce qu'ils appellent, étonnamment, la “réalité”. De fait, l'homme moderne nomme “réalité” les gestes quotidiens à travers lesquels, justement, il fait abstraction de tout ce qui est le réel même de la vie de chacun de nous, voire de la vie tout court. (...) Triomphe de l'inversion qui fait que les gens nomment “réalités” un agencement d'abstractions virtuelles qui n'ont rien à voir avec le réel de leur propre vie, et ils qualifieront symétriquement d'“abstrait” tout ce qui a à voir avec le devenir et le réel le plus concret [1]. »

Un violent coup de tonnerre me sort de mes pensées. Je pose mon crayon et repousse le cahier que je couvre de notes depuis ce matin. En cette fin de mois d'août, la pluie revient sur les terres de la Sierra ; des orages brutaux dont la violence et la densité surprennent. Les premières minutes, la terre desséchée libère mille parfums, mille odeurs subtiles portées par le vent, puis l'humidité s'infiltre, la pluie gagne du terrain diluant les formes et les couleurs. Dans ces cas-là, il n'y a pas grand-chose d'autre à faire que de rêver, refaire le monde avec cette question lancinante,

1. Miguel Benasayag, *op. cit.*

obsédante. Pourquoi cette destruction effrénée ? Pourquoi cette incapacité collective que nous avons à vivre en paix, à nous respecter, à ne pas en vouloir à l'autre, cet éternel bouc émissaire ? Sur le toit de palmes, la pluie tambourine, plus forte, plus violente. Une énorme araignée, à l'abdomen jaune et noir, m'observe en silence. Habituée des lieux, elle déguste une bonne partie des moustiques et autres insectes indésirables. J'ai l'impression de la voir grossir à vue d'œil.

Je vais m'asseoir devant la petite hutte, construite sur les terres de La Luna pour accueillir les visiteurs sans que ceux-ci envahissent les Kogis. Regarder la pluie, rideau opaque qui éloigne du monde. Je me sens presque coupable d'être ici. Coupable de n'avoir à répondre de rien devant personne, si ce n'est devant moi et le monde. Ici, je ne suis pas en vacances, au sens où nous l'entendons habituellement, c'est-à-dire livré à un moment de repos ou de détente, entre deux périodes de travail. Je ne suis pas non plus en train de travailler, au sens économique du terme. Je peux faire ce que je veux du temps qui passe.

Il est étrange de pouvoir vivre sans cette idée obligatoire, structurante, dans nos sociétés dites modernes et développées, qu'il faut « travailler ». Bien sûr, sur les terres de La Luna, une multitude de choses est à faire : préparer les sols, retourner la terre, nettoyer une parcelle, accompagner les Kogis dans leurs tâches quotidiennes, réparer la passerelle au-dessus de la rivière, refixer un morceau de toit malmené par un coup de vent. La liste est presque infinie de toutes ces activités qui occupent les journées, mais la différence, et elle est de taille, c'est qu'ici il n'est nulle question de rentabilité... juste de vie.

Fuyant l'averse, Camilo, José et Vicente, qui terminent de remettre en place une grande terrasse, une de ces terrasses de pierres sur lesquelles vivaient leurs ancêtres, viennent se réfugier dans la maison. Depuis que j'apprends quelques rudiments de leur langue, les échanges sont plus simples. Un café chaud entre les mains, nous évoquons demain, plus tard, le futur de nos enfants, comment seront ces terres dans dix ans, vingt ans, les projets à venir. Puis nous ne disons plus rien, le regard perdu dans la profondeur d'un ciel qui déverse une pluie diluvienne. Profitant d'une accalmie, ils disparaissent en silence, avalés par l'ombre épaisse de la nuit qui s'annonce. Une bougie, une soupe rapidement réchauffée, puis je relis mes notes. L'impression d'avoir suffisamment écrit pour aujourd'hui. À force de réfléchir, de noter des idées, cela peut devenir ennuyeux. Disons que lorsque nous nous rencontrerons, vous et moi, pour le moins, cela nous donnera matière à échanger.

Depuis quelques jours, une information d'importance circule dans la vallée : une nouvelle terre serait à vendre. Il s'agirait de celle du vieux José, un veuf taciturne accroché à quelques hectares au-dessus de La Luna. Sur l'arête sombre qui domine la vallée, le vert pâle de récentes cultures de bananes plantains délimite un espace de quatre, peut-être cinq hectares. En valeur absolue, cette acquisition n'est pas indispensable. Il en va tout autrement d'un point de vue tactique et stratégique. Mitoyens des terres que nous avons restituées aux Kogis, ces quelques hectares représentent un point de passage obligé pour qui veut se rendre plus haut, là où se trouvent les autres terres restituées, les acquérir revient à garder le contrôle de cet accès. Mais le vrai problème est ailleurs. Ici, quand une terre est mise en vente, elle est immédiatement achetée par les narcotrafiquants, qui cherchent par tous les moyens à augmenter les surfaces affectées à la culture de coca. Depuis sept mois que je vis à La Luna, des pans entiers de forêts tropicales ont été rasés, puis remplacés par le vert tendre des pieds de coca. Aux périodes de récoltes, deux fois par an, les moteurs des « tondeuses à gazon », qui servent de broyeur dans le processus de préparation de la cocaïne, résonnent entre les versants abrupts de la vallée. Ne pas acheter reviendrait à prendre un double risque, celui de ne plus pouvoir accéder, ou plus difficilement, aux terres hautes de La Luna, mais surtout, celui de voir la culture de coca pénétrer comme un pied dans une porte, entre les espaces préservés actuellement occupés par les Kogis.

L'achat est donc indispensable, mais difficile. Il faut aller vite, nos concurrents ont les moyens d'acheter au prix fort et les « arguments » pour convaincre le vendeur, si celui-ci se montre récalcitrant. Il faut aller voir le vieux José, tout de suite.

Je préviens Gentil, perdu dans le champ de pastèques en contrebas de la maison, j'attrape une machette, outil autant qu'attribut indispensable dans la région, et me dirige vers le torrent furieux qui délimite les terres de La Luna. Il faut le traverser, contourner les quelques maisons construites par les Kogis, puis remonter une longue arête aride, exposée en plein soleil. La trace monte droit dans la pente, difficile de faire plus raide. Mais la peine est largement compensée par les paysages tourmentés qui, peu à peu, se dévoilent et apparaissent dans leur ensemble.

Cent vingt hectares que je commence à peine à découvrir, et dont chaque recoin recèle un univers. L'impression d'une île, d'un morceau de nature prélevé à la folie des hommes. C'est à la fois immense et ridicule, je le sais. Ridicule, car que représentent cent vingt hectares, même si l'on y ajoute les mille deux cents achetés plus en altitude, au regard des milliers détruits chaque jour ? Rien. Et pourtant, c'est immense, car il n'y a pas un arbre, une pierre ou un coin de forêt qui ne soit relié à l'un des trois mille donateurs de l'association dont vous faites peut-être partie. Par leur geste, leurs dons lointains et anonymes, ils ont permis que cette utopie prenne vie, ici en Colombie. Hectare après hectare, arbre après arbre, vous avez fait grandir un rêve, et ce rêve, il est là, sous mes yeux, magnifique. Soyez-en mille fois remercié. Jamais le fameux proverbe « les petits ruisseaux font les grandes rivières » ne m'a semblé aussi juste, aussi nécessaire.

En haut de l'arête, je retrouve le chemin, sorte de colonne vertébrale qui sillonne les hautes vallées de la Sierra et qui relie ses habitants au monde « extérieur ». En passant, je ramasse quelques avocats tendres et ventrus. Plus loin, il y a un manguier dont les fruits parsèment encore le sol. Puis un arbre à pain dont la chair ressemble à nos pommes de terre. Les *maracuyas* (fruits de la Passion), eux, poussent devant la maison. Le bruit sec de leur chute résonne comme un signal. Toc ! Comme s'ils prenaient la peine de nous prévenir. On dirait que la nature, dans son infinie générosité, éprouve un malin plaisir à proposer ce qu'elle a de meilleur. C'est un concours de goûts, de matières, de couleurs, de textures onctueuses, sucrées, salées. C'est un plaisir d'enfant que d'aller entre les arbres ramasser quelques fruits, des citrons ou un régime de bananes. Tout est là, à portée de main, il n'y a qu'à ramasser, cueillir ; une évidence précieuse, presque rare. Encore quelques oranges, un ananas, et mes deux mochilas sont pleines. Je les accroche à l'ombre d'une branche basse où elles attendront mon retour.

Perdu dans mes pensées, je ne vois pas les cavaliers qui surgissent devant moi. Ils sont quatre, armés, tendus. Ne pas leur laisser la parole. Prendre l'avantage, leur demander qui ils sont, d'où ils viennent et où ils vont, comme si c'était moi qui me trouvais sur mes terres et eux qui étaient étrangers. Surpris par mes questions, le premier, plus nerveux, fronce les sourcils. Puis il me répond sur un ton saccadé. Ils viennent d'un village plus haut, et ils doivent descendre dans la vallée, ordre du « patron ».

— Jusqu'à quand ?
— Jusqu'à demain...
— Vous êtes sur mes terres ici... mais vous pouvez passer, il n'y a pas de problème.
— Merci.

Les regards se croisent. Le cavalier de tête semble hésiter. Instants suspendus, emplis de mouches et de chaleur... Puis le claquement d'une langue qui résonne comme une délivrance. Un dernier coup d'œil et la caravane s'éloigne. Ce jour-là, je compterai une dizaine de mules, toutes chargées des produits nécessaires pour la fabrication de la cocaïne. Ce genre de rencontre est fréquent dans la région, entièrement contrôlée par les paramilitaires. Au bout de quelques semaines, elles deviennent presque banales, on s'habitue. Caché sous les branches basses d'un arbre vénérable, un campement de fortune, puis un autre plus loin sous une arête. La région est quadrillée par un maillage serré de milices. Impossible de faire un pas sans être surveillé. L'État colombien est loin, très loin.

Lorsque j'arrive devant le mur de torchis fatigué et les quelques tôles qui abritent son univers, le corps sec, perdu dans une chemise élimée, José sirote un café. Il a les yeux doux de celui qui a travaillé toute sa vie, et qui n'aspire à rien d'autre qu'à un peu de tranquillité. On lui prête le pouvoir de guérir les morsures de serpent, un don précieux qu'il tiendrait de son père. Oui, il est d'accord pour vendre sa terre, me confirme-t-il dans un demi-sourire, pour huit millions de pesos. Il veut s'en aller chez sa fille, il en a assez d'être là. « Bien sûr que j'ai les papiers », me dit-il en tapotant un vieux plastique à travers lequel on devine quelques papiers jaunis. Le problème est d'aller vite, avant qu'il n'oublie sa promesse et vende sa terre à un autre, et « l'autre », ici, il y a de forte chance qu'il plante de la coca. Ce jour-là, on va parler de sa vie, des caravanes de mules chargées de coca qu'il a longuement convoyées dans la région. Des sacs de billets qu'utilisaient les trafiquants pour le payer. « Je ne savais pas compter, et ceux avec qui je travaillais non plus, alors on faisait des tas et on se payait par poignée... c'était comme ça. À cette époque, il y avait vraiment beaucoup d'argent, mais maintenant, c'est devenu trop dangereux. » Les heures passent, et il ne me donne toujours pas formellement son accord. Alors je me lance.

— Bon ! Je descends en ville mardi prochain, c'est bien pour toi ? Je pourrai te payer la moitié, et te donner l'autre moitié à la signature des papiers... Ça te va ?

— O.K. ! À mardi...

Une poignée de main scelle enfin la vente.

En descendant, je retrouve Gentil, avec qui je partage la bonne nouvelle. Nous devrions bientôt pouvoir ajouter cinq hectares aux cent vingt qui composent déjà les terres basses de la Luna. Nous décidons de sortir notre dernière bouteille de rhum pour fêter dignement l'événement. Chaque petit bout de terre racheté, chaque bouquet d'arbres préservé me semble une victoire, un petit miracle chaque fois renouvelé. Et c'est bien une sorte de miracle qui prend forme sur ces terres de La Luna. Une sorte d'« arche de Noé » de la paix et de la tranquillité, au cœur de l'un des pays les plus violents de la planète. Sur quelques hectares « volés » à la modernisation, les Kogis sont en train de reconstituer un monde, leur monde.

C'est souvent cela qu'il nous est difficile d'appréhender, à nous qui vivons le plus souvent en ville. Le monde kogi n'est pas un monde abstrait parmi d'autres, une sorte d'invention de l'esprit, une de plus, née d'un imaginaire fertile et exotique. Il est l'expression de la nature, du vivant. Il est le prolongement, sous forme humaine, puis sociale et politique, des règles et logiques structurantes qui fondent le vivant. De fait, la créativité ne s'applique pas dans la transformation de la matière, mais dans la façon de donner forme au vivant, de le faire vivre, d'en transmettre les règles fondamentales, intangibles, même si leur expérience reste l'expérience unique et personnelle de chacun des membres du groupe. Aller à la rencontre d'une telle société, ce n'est pas rencontrer un modèle parfait, c'est s'ouvrir à une autre façon d'habiter le monde, pour retrouver les bases de toute société humaine, ces bases qu'il faut pouvoir intégrer, comprendre, et desquelles nous nous sommes éloignés. Ces bases, réinvesties à travers notre modernité, devraient pouvoir nous fournir les éléments indispensables d'un futur acceptable.

« La modernité, dont nous sortons, était négatrice, la supermodernité est intégratrice. Non plus la destruction du passé, mais sa réintégration, sa reformulation dans le cadre des logiques modernes du marché, de la consommation, de l'individualité [1]. »

Bien sûr, les transformations, voire même les métamorphoses en cours sur ces nouvelles terres ne sont pas immédiatement visibles. Un visiteur de passage ne discernerait sans doute rien de particulier. Des arbres, une végétation tropicale comme on peut en rencontrer ailleurs, quelques espaces cultivés et des huttes regroupées sur une petite colline. Il faut du temps, le temps de la nature, des jours qui passent pour commencer à voir et sentir que les paysages changent, que des plantes qui avaient disparu refont leur apparition. Que l'arbre énorme et solitaire qui délimitait la partie haute du terrain est maintenant rejoint par d'autres, eux-mêmes encerclés par un tissu de végétation dense qui regagne du terrain. Il faut du temps et de la patience. Depuis deux ans, de nombreuses plates-formes, saccagées par les pilleurs de tombes, ont été récupérées et restaurées. Une dizaine de maisons ont été construites, les systèmes de polyculture remis en place, toutes les plantes

1. Gilles Lipovetsky et Sébastien Charles, *op. cit.*

traditionnelles commencent à réapparaître. Depuis deux ans, La Luna redevient kogi, La Luna redevient terre de nature.

À l'origine, La Luna, c'est le nom que portait la première terre que nous avons achetée et restituée dans cette région en 2000, la première terre située en zone chaude. Lorsque Gentil m'a appris la nouvelle, j'ai voulu la connaître. Je me suis précipité pour la parcourir en tout sens, heureux comme un enfant à qui on vient d'offrir un cadeau dont il n'osait même pas rêver. J'ai découvert deux sources, parcouru les îlots de forêt tropicale qui avaient miraculeusement résisté au déboisement effréné des anciens propriétaires. Je suis monté jusqu'à l'arête, coiffée de magnifiques palmiers, découvrir la vue sur la mer, à trois ou quatre kilomètres, et l'ombre profonde des vallées environnantes. Après quelques heures passées à parcourir ce qui me semblait être un petit paradis, j'avais le corps couvert de *garrapatas*. Grosses comme une tête d'épingle, les bestioles referment leurs pinces acérées sur votre peau pour ne plus s'en détacher. Il faut attendre que les joyeux animaux soient gorgés de sang pour que, repus, ils tombent sur le sol. Si vous tentez de les enlever avant, la démangeaison est garantie. Pendant trois jours, je n'ai cessé de me gratter sous le regard hilare de Gentil. Sans doute l'attrait de la nouveauté, car sur lui les bestioles semblaient n'avoir aucun effet.

Depuis ce jour, par extension, La Luna, c'est le nom que nous avons donné à l'ensemble du processus de récupération des terres initié depuis maintenant six ans. Localisé sur l'un des territoires ancestraux des Indiens Tayronas, l'ensemble de ces terres abrite de nombreuses plates-formes archéologiques, témoignages précieux de ce qu'ont été les systèmes de construction, d'irrigation et d'exploitation agricole des ancêtres des Kogis. La Luna, c'est aussi un mot très proche du mot kogi Aluna, qui signifie, on l'a vu, la pensée, l'énergie. On peut dire que c'est une forme de récupération de leur pensée.

Un autre point important, c'est leur localisation à quelques kilomètres de la mer, un accès fondamental qui permet aux Kogis de pratiquer leurs rituels et de transmettre leur culture aux plus jeunes. Autour de la principale terre de La Luna, deux grandes et trois plus petites ont été rachetées et restituées, elles aussi d'une grande valeur culturelle. Quand les Kogis ont décidé de reprendre possession des terres de La Luna, il ne s'agissait pas pour eux de les occuper immédiatement, mais bien de réinitier tout un processus de récupération territoriale, un processus qui passe par des étapes précises. La première étape consiste à envoyer un sage, un mamu, accompagné en l'occurrence par trois familles chargées de l'assister. Leur mission est de nettoyer spirituellement ces nouvelles terres, les purifier et les remettre en équilibre avec la mère nature. Un travail long et difficile, à travers lequel ils doivent mener un inventaire précis de toutes les richesses « culturelles » de leur nouvelle terre : pierres, plantes, insectes, animaux, nécessaires à la communauté. Ce n'est que dans la seconde étape qu'ils vont tenter de résoudre les problèmes, traiter les déséquilibres qu'ils auront identifiés.

Parfois, devant l'ampleur de la tâche, je me prends à douter. Et si tout cela ne servait à rien ? Et si nous étions totalement à côté de la plaque ? Un soir, je me souviens avoir craqué, trop de tensions, de solitude, trop de décalage aussi entre le monde kogi et le nôtre. J'ai pleuré longtemps, comme si quelque chose lâchait, ultime résistance avant d'accepter enfin les choses et les gens tels qu'ils sont, avant d'apprivoiser le temps et les énergies. Lutter toujours, contre les paramilitaires, la guérilla, l'administration tatillonne, la bêtise méchante, de celle qui juge sans savoir, qui condamne sans comprendre, tenter encore et toujours de nourrir ce chemin, de chasser cet « à quoi bon » qui parfois me gagne. Accepter ce qui est, n'est-ce pas le premier pas vers la liberté ? Ce jour-là j'ai compris que je ne pourrais plus jamais revenir. Non pas en Europe, un « revenir » n'est pas strictement géographique, mais dans notre façon quotidienne d'habiter le monde, j'étais allé trop loin.

Quelque part au fond de moi, je sais bien que ce chemin est loin d'être une utopie, qu'il est peut-être l'un des seuls à avoir un sens. Avec les Kogis, nous sommes dans un « agir » au service du vivant, à ses côtés, et sans doute plus très loin de nous-mêmes, en lien avec un passé qui nourrit le présent, qui lui-même donne corps au futur. Lorsqu'il m'a vu pleurer, Gentil est venu s'asseoir avec une bouteille de vieux rhum, et nous avons parlé. J'avais besoin de l'entendre me dire que cette histoire n'était pas complètement folle, qu'elle avait un sens, qu'il n'y avait pas que nos amis les crapauds pour s'y intéresser. Le lendemain, j'ai noté les propos que nous avons échangés, perdus, comme sur une île, dans la nuit profonde de La Luna.

— Bien sûr, cela peut apparaître comme un processus un peu utopique, dire que nous voulons tenter de récupérer la nature avec les Kogis. Mais cela me semble l'unique façon de pouvoir survivre. Si la nature disparaît, l'homme ne pourra plus rien faire, il disparaîtra avec elle. Imaginer que quelque part il y a des gens, des hommes et des femmes qui pensent que la nature doit et peut être réinvestie, ou que, pour le moins, cela vaut la peine d'essayer, et que nous, nous avons la possibilité de les aider, comme c'est le cas pour les Kogis, non, cela ne me paraît pas utopique. De toute façon, ce que nous sommes en train de faire avec eux, c'est aussi pour nous. Travailler pour les Kogis, les aider à récupérer des terres, cela va nous servir à tous ! Et finalement, s'aider soi-même, cela ne me semble pas quelque chose d'utopique, au contraire.

— Mais, quand les Kogis disent qu'ils essayent de récupérer la nature, que veulent-ils dire exactement ?

— Ce qu'ils doivent faire en premier lieu, c'est renouer une relation avec le lieu qu'ils réinvestissent, tenter de « parler » avec la nature, c'est pour cela qu'ils doivent construire une *kankurua,* une nuhé. Un lieu où se construisent la pensée, les connaissances liées à la nature, le point de départ de la récupération de la terre et d'une relation plus équilibrée entre l'homme et son environnement. Les Kogis considèrent que tout ce qui vit a une pensée, et parmi ce qui vit, il y a l'homme, le kagaba, « les gens » comme ils disent. Pour eux, la mère nature a aussi une pensée, qui se retrouve à travers toutes les formes de vie. Réussir à récupérer ces sites archéologiques, toutes ces plates-formes laissées par les Tayronas, c'est une façon de récupérer Aluna, la pensée de la nature. Pour l'homme moderne, occidental, sans doute plus pour les catholiques, on parlerait de l'âme. Les Kogis parlent de la pensée, mais c'est sans doute la même chose dite avec des mots différents. Tout ce qui vit à une âme... nous avons une âme. Et le fait de récupérer peu à peu l'âme de la nature qui disparaît, ou plus exactement que nous sommes en train de détruire, c'est une manière de l'aider se régénérer. Pour comprendre ce qui est en train de se passer ici, il ne faut pas regarder les Kogis comme étant d'un côté, et la nature de l'autre, il faut les voir comme un tout, une sorte de système global, en équilibre fragile. Si la nature retrouve son équilibre, alors les Kogis retrouveront aussi un équilibre, les gens iront bien, les relations seront meilleures et il n'y aura pas de maladies.

— De quoi ont-ils besoin pour faire ce travail ?

— Ils ont besoin de connaître ces terres, de se les réapproprier. Un peu comme quelque chose que l'on redécouvre après de longues années d'absence. Cela fait longtemps que les Indiens ont quitté ces terres, longtemps qu'ils en ont été chassés. Maintenant qu'ils sont revenus, ils doivent essayer de purifier la terre qui a été profanée, abîmée par les non-Indiens. C'est une étape indispensable avant qu'ils puissent, de nouveau, avoir un dialogue avec elle. Et ici, à La Luna, c'est ce que les Indiens font. Ils sont en train de réveiller la nature. Ils font tout le travail pour repurifier les terres qui ont été abîmées, ils essayent de corriger, de compenser les déséquilibres causés par les non-Indiens afin de retrouver une relation claire, équilibrée avec la nature.

— Ce n'est pas une lutte perdue ?

— À la vitesse où nous allons dans nos destructions, on pourrait penser que c'est une lutte perdue. Depuis l'arrivée des Espagnols, la colonisation ne s'est jamais interrompue. Elle est violente, dure, insidieuse. Pour les Kogis et les autres communautés indiennes, la colonisation est un phénomène qui ne s'est jamais interrompu depuis cinq siècles, pire, il s'est aggravé. Mais le plus grave serait de ne rien faire. Si les Indiens s'asseyaient en attendant leur mort, leur mort culturelle, ce serait pire que tout. Maintenant, si les non-Indiens commençaient à prendre conscience, un tout petit peu conscience, de ce qui est en train de se passer, je pense que cela ne serait plus totalement une lutte perdue...

— Partout, ceux que nous appelons les Indiens sont condamnés par nos sociétés. Tu penses vraiment qu'ici on peut changer quelque chose ?

— De toute façon, cette culture et d'autres, nous les avons déjà condamnées à disparaître. Nous les conduisons vers leur disparition. C'est un processus inexorable que nous avons initié et dont nous sommes responsables. Mais quoi, est-ce que cela veut dire que nous ne devons rien faire ? C'est un peu comme avec un malade. En Colombie, l'euthanasie est interdite, il faut soigner tout le monde, y compris les personnes mourantes. Ce serait une forme d'euthanasie culturelle de ne rien faire. Plus sérieusement, je pense vraiment que c'est une obligation que nous avons d'essayer de comprendre ce que représente une telle culture, de l'aider, de la soutenir. Les Kogis disent qu'il faut protéger la nature, la récupérer, qu'il ne faut pas l'exploiter, qu'il faut essayer d'engager une relation avec elle, que la nature ne peut être considérée comme une simple « ressource naturelle » que l'on pourrait exploiter à outrance. Pourquoi ne pas écouter de tels propos, pourquoi ne pas y faire attention ? Pourquoi ne pas essayer au minimum de leur permettre de faire ce qui leur paraît important... protéger la nature ? Pourquoi ? Ils ne sont pas en train de nous dire : « Viens ici, assieds-toi et parle avec cet arbre. » Ils savent très bien que ce genre de discours est impossible à entendre chez nous, nous ne pouvons pas le comprendre. Mais si, au moins, on leur laisse l'opportunité de le faire, de le vivre, et si nous, nous essayons de faire quelque chose dans ce sens, eh bien, pourquoi ne pas y croire ?

— Tu penses que nous ne leur permettons pas de faire ce qu'ils voudraient ou devraient faire ?

— Je pense qu'ils ont toujours essayé, et qu'ils continuent, de faire beaucoup de choses en faveur de la nature, de la vie. Mais nous, les « civilisés » comme nous nous sommes autoproclamés, avec la vision à courte vue que nous avons, nous ne leur permettons pas de faire cela. La colonisation ne leur permet pas de faire ce qu'ils devraient pour la nature, la préserver et donc nous préserver.

— Que pourrais-tu nous dire, nous donner comme exemple, qui illustre cela ?

— Ici, la colonisation est multiple. Elle prend plein de formes différentes : la musique, l'électricité, les biens de consommation, les vêtements, l'alimentation, la télévision. Ils sont colonisés par la société de consommation, mais aussi à travers tous les problèmes qu'il y a dans la région : le narcotrafic, la guérilla, les problèmes d'ordre public, les pilleurs de tombes, etc. Le développement en général, et tout ce qu'il entraîne, c'est un problème pour eux, car cela crée une distance entre eux et la nature, cela ne permet plus aux Kogis de se mettre en relation avec leur environnement. Du fait de notre méconnaissance de la nature et du vivant, nous imposons aux Kogis des logiques de vie (déforestation, abandon du nomadisme, commerce, argent, scolarisation...) qui vont contre cette relation qu'ils entretiennent avec le vivant.

— De quels éléments concrets auraient-ils besoin pour travailler ?

— En matière de dégradation environnementale, la situation est devenue tellement difficile que les Kogis ne peuvent plus avoir accès aux matériaux de base dont ils ont besoin pour leurs rituels et leurs cérémonies. Cela les oblige à aller très loin, à voyager pendant plusieurs jours, dans d'autres régions de la Colombie, pour retrouver ce matériel. Les plumes, par exemple : ils ont besoin de plumes, des plumes qu'ils trouvaient dans la Sierra, ce qui n'est plus possible aujourd'hui, puisque de nombreuses espèces d'oiseaux ont disparu. C'est le cas des *guacamayas,* ces grands perroquets de couleur, dont ils utilisaient les plumes dans de nombreux rituels. Aujourd'hui, c'est un animal qui a quasiment disparu de la Sierra, non pas tant parce qu'ils auraient été exterminés par les Blancs, les colons, mais, plus simplement, parce que leur habitat a été détruit. En faisant disparaître une bonne partie des forêts tropicales qui encerclaient la Sierra, les colons ont fait disparaître l'habitat privilégié du guacamaya, qui a été obligé d'aller survivre ailleurs, un ailleurs qui n'est pas forcément accessible, du fait des problèmes d'ordre public qui existent en Colombie. Il y a des régions où il serait possible de retrouver des plumes, mais bien souvent, contrôlées par la guérilla ou les paramilitaires, elles sont inaccessibles. Cela paraît simple, trouver des plumes, mais pour les Kogis, c'est très compliqué, compliqué et vital...

— Ce qui se passe, ce qui se développe ici te semble important ?

— Ce qui se passe ici me semble tout à fait important. Rétablir, réveiller ces sites qui furent les berceaux de la civilisation tayrona, une civilisation particulièrement développée en son temps, au moins aussi développée que l'ont été celles des Incas ou des Mayas, pouvoir « réveiller » cela, c'est bien plus que simplement récupérer quelque chose d'ancien ou quelque chose exotique. Non, en fait, la démarche devrait venir des deux côtés. Il faut que les Indiens puissent récupérer leurs sites et leur culture et que les non-Indiens fassent l'effort de la comprendre, de comprendre ce qui se passe. Tant que nous ne ferons pas cet effort, tant que nous n'arrivons pas à comprendre ce qui se passe, il nous sera difficile de voir cela comme quelque chose d'important. En revanche, quand on comprendra que les Indiens récupèrent leur culture, leurs sites sacrés pour essayer d'améliorer les relations de l'homme avec la nature, alors cette démarche nous apparaîtra comme totalement vitale. Autrement, cela restera quelque chose d'utopique qui ne marchera pas. Il faut essayer de comprendre que les Indiens ont une réelle relation, une relation profonde avec la nature et que cette relation précieuse peut aussi nous être utile.

— Comment regardes-tu l'avenir de cette démarche ?

— Nous devons regarder tout cela depuis deux points de vue différents. Le premier est celui des Indiens ou, plus exactement, celui de notre propre capacité à comprendre ce que les Indiens sont en train de faire. L'autre point de vue est purement pragmatique : pourront-ils réellement développer leur travail, leur vie quotidienne avec la nature ? Si nous comprenons clairement cela, si nous leur permettons de le faire, alors l'avenir de cette démarche sera très positif. Espérons que la situation en Colombie s'améliore un peu et espérons que les non-Indiens puissent comprendre un tant soit peu la pensée des Indiens. Qu'ils sachent fournir cet effort. Bien sûr, on peut nous regarder comme des fous qui donnent des terres à des sauvages. Les gens peuvent même rire et se moquer, nous traiter de tous les noms, considérer que c'est idiot, sans fondement et que sais-je encore — pour critiquer, l'homme est toujours très fort. Mais j'invite les non-Indiens à faire l'effort de comprendre, pour qu'ils se rendent compte réellement de ce qui est en train de se passer ici. Il ne s'agit pas simplement de réinvestir une terre qui pourra ou non servir pour l'agriculture, ce n'est pas comme cela que les Kogis pensent une telle démarche. Leur projet n'est pas de récupérer des terres pour devenir riches, mais pour renouer des relations avec la nature. Et ce terme, il faut vraiment l'entendre au sens premier. Les Kogis cultivent ce dont ils ont besoin, ils utilisent les techniques agricoles traditionnelles, notamment les systèmes de polyculture, auxquels ils associent un contrôle biologique particulièrement élaboré. Ils produisent de tout. Leurs terres peuvent être considérées comme des sortes de silos sur pied, où ils conservent juste ce dont ils ont besoin. Ils ne pensent pas à exploiter la terre pour gagner de l'argent. Cela ne leur viendrait pas à l'idée. Ce qui serait vraiment bien, c'est que nous puissions, que nous arrivions à comprendre de quoi il s'agit fondamentalement... ce serait une condition vitale pour que ce processus puisse perdurer et se développer.

— Finalement de qui, ou de quoi, dépend l'avenir d'une telle démarche ?

— De nous bien sûr, uniquement de nous, les non-

Indiens. Que nous permettions aux Indiens de faire ce qu'ils considèrent devoir faire, c'est-à-dire avoir une vraie relation avec la nature. L'unique difficulté, et elle est de taille, c'est que nous ne leur permettons pas d'avoir cette relation. Nous ne leur permettons pas de vivre comme ils le souhaitent, puisque nous ne voulons pas comprendre pourquoi ils doivent et veulent vivre ainsi.

— Malgré tout, tu as confiance dans le futur ?

— Oui, je le sens comme ça. Ceux dans lesquels je n'ai pas confiance, ce sont les non-Indiens, les « petits frères », comme ils nous appellent. Mais je ne désespère pas que nous finissions par comprendre.

— Comment faire pour les aider à comprendre, pour nous aider à comprendre ?

— C'est compliqué, il faudrait que les non-Indiens aient le courage de faire une sorte d'examen de conscience, qu'ils s'interrogent sur cette idée de sauvage, pour savoir qui sont vraiment les sauvages et ce que cela implique. Est-on sauvage parce qu'on vit dans la forêt ? Est-ce qu'une forêt ne peut pas aussi être constituée de béton, avec des tours, des voies rapides, des trains, des souterrains ? Est-ce que ce n'est pas aussi une forme de forêt ? Les gens qui vivent dedans sont peut-être des sauvages. Et je pense que ce sont des sauvages. Alors, ou nous nous entendons entre sauvages, et nous commençons à dialoguer entre civilisations, la civilisation kogi et la civilisation occidentale, et chacune mérite le respect, ou nous nous détruisons, ou, plus exactement, une civilisation détruit l'autre. Qu'est-ce qui est le plus important finalement, le fait de savoir si l'on est sauvage ou non, ou de savoir si l'on est capable d'avoir du respect l'un pour l'autre ? Et comment acquérir ce respect ? Apprendre à respecter et à se respecter, ça, c'est sans doute fondamental.

Il est vingt heures, peut-être vingt et une heures. Un petit groupe de personnes surgit brusquement de la pénombre. Je reconnais Juan et sa femme, nos plus proches voisins. Il y a Jorge, aussi, armé d'un vieux fusil tout juste bon pour tuer quelques singes. Ils ont peur, ils viennent nous demander conseil, se rassurer. Des voisins les ont avertis de l'arrivée prochaine de milices armées. « Ils vont piller nos maisons, si nous restons, ils vont nous tuer, m'explique Juan. Les habitants du village commencent à s'en aller, ils s'enfuient vers la route, que faut-il faire ? » La tranquillité trompeuse de La Luna vient d'être rompue. Une autre rumeur, plus sinistre, nourrit un murmure inquiétant. Un parti de paramilitaires n'aurait pas réglé une dette à un autre parti. Envolées selon certains, subtilisées selon d'autres, les sommes seraient importantes. La tension monte. Un troisième parti, national celui-là, envisage de venir remettre de l'ordre dans la région. La menace d'un conflit généralisé entre bandes rivales se précise. De hameau en village, on ne parle plus que de cela. La question n'est pas de savoir si des combats vont avoir lieu, mais plutôt quand et où...

Cette nuit-là, nous dormirons tous dans la même maison, Juan, sa femme, ses enfants et les autres familles arrivées dans la nuit. Allongé par terre, recroquevillé sur un maigre matelas, chacun tente de se rassurer comme il peut. Assis contre le mur, Jorge est inquiet, le moindre bruit semble l'effrayer. La Luna est devenue terre d'accueil pour les Kogis, et ce soir pour tous ceux que la violence poursuit sans répit.

Au petit jour, chacun retourne chez soi, mais la peur est là, comme une inquiétude sourde qui tenaille le ventre. On ne sait pas, on ne sait jamais... Ici tout est possible. Les paysans commencent à se passer le mot : « il faut abandonner les maisons, quitter les terres. Les paras arrivent » — *Los paracos, ya llegan*. Chargées de maigres baluchons et de quelques effets personnels, ce sont bientôt des centaines de familles qui commencent à rejoindre la route nationale. Villages et bas-côtés sont envahis par des milliers de déplacés, encore une fois chassés par la violence aveugle qui gangrène le pays. En Colombie, depuis trente-huit ans que dure ce conflit de l'ombre, ce sont plus de deux cent mille personnes qui ont trouvé la mort et deux millions qui ont été déplacées.

Quelques chars Cascabel de l'armée colombienne viennent prendre position, ce qui ajoute à la confusion et aux craintes de la population. Des camps de toile apparaissent. Seuls les Kogis semblent rester insensibles, imperméables à cette agitation. Un mois plus tard, la rumeur dira que les paramilitaires ont réglé leurs affaires plus haut, au sud. Au bout de quelques semaines, la situation va s'apaiser aussi vite qu'elle s'est dégradée. Un ordre, dont il est impossible de savoir qui l'a donné, et les familles commencent à regagner leurs villages. À La Luna, rien ne semble avoir bougé. La maison a été fouillée, quelques affaires ont disparu, mais le pire a été évité. Avec la région qui retrouve son calme, le moment est venu de faire une nouvelle tentative vers les hautes terres de la Sierra, vers Tchendukua et le clan de Miguel.

Chapitre 4

Tchendukua

« Tu verras ce qui existe et tu te saisiras de ce qui te convient... »

Mamu Joaquín

De nouveau, nous partons vers le nord, à travers le désert de la Guajira, avant de descendre vers San Juan. Nous retrouvons Simón sous son manguier, puis les longues pistes poussiéreuses qui traversent le territoire des paramilitaires vers Atanquez et Guatapuri. À Maruamaké, notre centre de santé est toujours là, vide. L'équipe médicale a déserté les lieux. Ne restent que quelques affiches, carnets de santé oubliés dans la salle de consultation. Un sentiment de tristesse et de délabrement se dégage de ce bâtiment incongru, au milieu d'un ailleurs. Seul avantage du passage de l'équipe médical, deux lits, tout à fait confortables.

Cette fois-ci, notre attente est de courte durée. Dès le lendemain, nous sommes autorisés à monter vers Tchendukua, deuxième étape choisie par les Kogis pour leur film et ce travail de mémoire que nous réalisons avec eux. Dès cinq heures du matin, deux mules sont là, prêtes à être chargées. La présence des mules est un excellent indicateur de l'état d'esprit de la communauté. Elles indiquent que les Kogis ont discuté de notre venue, qu'ils se sont mis d'accord sur un jour précis : nous pour monter, eux pour nous accueillir, et qu'ils ont désigné, parfois un, souvent deux Kogis qui disposent de mules pour venir nous chercher et nous accompagner à travers leur territoire.

En temps normal, il ne faut guère plus de deux à trois heures de marche depuis Maruamaké pour se rendre à Tchendukua. Allez savoir pourquoi, ce jour-là, ni Gentil ni moi n'arrivons à marcher convenablement. Difficultés respiratoires pour l'un, courbatures et douleurs abdominales pour l'autre, c'est à croire que les dieux se sont ligués contre nous pour nous empêcher de continuer notre chemin. Après deux heures de marche, nous n'avons pas fait la moitié du trajet. Malgré mes efforts pour le dissimuler — on a sa fierté —, Gentil s'est rapidement rendu compte de mon état. Malgré ses efforts, je me suis rapidement rendu compte du sien. Il ne nous reste plus qu'à éclater de rire. L'un et l'autre, mais pour des raisons différentes, nous avons les mêmes problèmes. Si quelqu'un avait pu nous voir ce jour-là, sans doute aurait-il eu l'impression de croiser deux ivrognes hilares dont le pas mal assuré semblait les conduire droit vers le ravin. Il nous faudra finalement plus de quatre heures pour atteindre notre destination, l'un des cinq villages capitales de la société kogi, presque une expédition. Nous retrouvons nos affaires déchargées sous les plates-formes du village par nos guides arrivés plusieurs heures avant nous.

En règle générale, il est interdit de pénétrer dans cette vallée avec des objets ou des aliments en provenance de l'extérieur. Tout doit provenir *del monte*, de la montagne. Une règle qui, si elle n'est pas respectée, peut générer de graves déséquilibres pour le groupe et la société kogi dans son ensemble. Que nous soyons une fois de plus autorisés à séjourner dans ce lieu sacré, à apporter nos objets, nos habitudes, témoigne de la confiance accordée par les Kogis. Cela prouve aussi que cette histoire leur tient à cœur, qu'elle est jugée suffisamment importante pour qu'ils aient fait tous les rituels et le travail spirituel nécessaires pour préparer notre venue. Pour cela une vingtaine de familles, depuis plusieurs jours, ont investi les lieux, nettoyé les abords et ouvert les deux nuhés mâle et femelle, au centre du village. Celui-ci est composé d'une trentaine de maisons accrochées à flanc de montagne au pied d'une impressionnante falaise de granit. On dirait une vallée secrète, comme une anse discrète creusée dans la côte pour protéger un port ou un village de pêcheurs, un abri. Lors de notre arrivée, pris par une importante réunion, ils nous envoient un jeune Kogi. C'est lui qui va nous indiquer l'endroit précis où nous pouvons nous installer. Il restera longtemps en retrait comme s'il craignait quelque chose.

« Le salut traditionnel des Kogis, lorsqu'ils rencontrent un étranger, reflète la peur toujours présente d'une contamination de leur vie par des influences extérieures indésirables et irrespectueuses. Ils accueillent souvent le visiteur imprévu par ces paroles : Quand partez-vous[1] ? »

Depuis trois ans, depuis mon dernier passage, la vallée semble s'être transformée. C'est une impression fugace, rien de vraiment précis. De nouvelles maisons ont été construites, un pont a été refait, des plates-formes nettoyées, une harmonie subtile semble s'être développée entre le lieu et ses visiteurs. Alors que nous terminons de monter notre tente et d'installer un campement sommaire, Miguel s'approche. Les mamus de Tchendukua ont décidé que nous pourrions rester une semaine, nous dit-il, pas un jour de plus.

— Pendant sept jours, tout le monde sera là, présent

1. T.C. McLuhan, *L'esprit de la Terre*, éditions du Rocher, 1994.

pour travailler avec vous, nous vous montrerons les choses.

Une semaine pendant laquelle deux façons d'habiter le monde, celle des Kogis et la nôtre, vont dialoguer, discuter, tenter de se comprendre, de se connaître et de se respecter. Une semaine pendant laquelle les Kogis vont entrouvrir leur monde, tenter de nous faire percevoir leur expérience de la nature. Une semaine hors du temps, que vont partager petits et grands frères, simplement. Les Kogis sont là pour le film, pour nous expliquer ce travail de mémoire. Nous sommes là pour les écouter, tenter de comprendre. Une sorte d'« université d'été », un peu particulière, une université à ciel ouvert. Plusieurs mamus de la communauté ont été sollicités pour participer aux travaux. C'est à eux que revient la responsabilité de notre présence, de ce que nous sommes autorisés à faire, à filmer ou non, les endroits où nous allons nous rendre, les sujets que nous pourrons aborder. La première séance est prévue au lever du jour.

Dès le lendemain matin, lorsque les premiers rayons effleurent les toits encore humides de la nuit, Miguel, accompagné de plusieurs Kogis dont deux jeunes mamus, nous attend devant la tente. Nous sommes invités à nous rendre au-dessus de Tchendukua, sur une arête qui surplombe la vallée, un point d'observation privilégié pour embrasser le territoire kogi, en observer toute la richesse et la diversité. Nous traversons le village pour rejoindre un chemin qui se resserre et disparaît un peu plus loin, comme avalé par l'épaisseur de la forêt tropicale. Discrets, presque invisibles, les Kogis progressent en silence. Le pas est sûr, précis. Les pieds nus ne laissent aucune trace. Les passages deviennent étroits, sorte de tunnels aux verts denses, qui vous happent dans les profondeurs de la terre. Baisser la tête, éviter les lianes et les troncs moussus qui enserrent. Marcher.

Lorsque nous débouchons enfin sur l'arête, le spectacle est saisissant. À perte de vue, un moutonnement régulier de montagnes abruptes et de vallées profondes, le territoire des Indiens Kogis est là, sous nos yeux. C'est Fiscalito qui s'exprime le premier. Élève de Miguel, c'est un jeune mamu, un *mamito*, comme disent les Kogis.

— Ici, c'est notre territoire. Il est délimité par une ligne imaginaire, que nous appelons la « ligne noire ». C'est une ligne qui entoure la Sierra au niveau des terres basses. Elle s'articule autour de quatre points principaux, symboles des points cardinaux, Taganga, Dibulla, Camperucho et Pozo Hurtado, et toute une série de lieux, sommets, embouchures de rivières, lacs répartis entre la côte et les sommets les plus élevés dont le pic Bolívar qui culmine à 5 720 mètres. C'est un peu comme une maquette du globe terrestre, à plus petite échelle. C'est pour cela que nous la délimitons avec un cercle. On y trouve la mer, les déserts, une topographie variée et accidentée, la neige, des zones d'altitude, des zones tempérées et une très importante diversité naturelle. Il ne s'agit pas seulement de l'endroit où nous vivons, mais aussi du lieu à travers lequel nous avons accès à tout ce qui nous est nécessaire pour vivre. Sur ce territoire, nous sommes libres de circuler depuis la mer jusqu'aux sommets, ce qui nous permet d'être en relation avec toutes les formes de vie, tous les êtres vivants. Quand des familles s'installent, elles doivent pouvoir disposer d'une grande diversité de productions agricoles liées aux différentes altitudes et aux différents climats que l'on rencontre dans la Sierra. Il faut aussi qu'ils puissent accéder aux lieux sacrés, aux plantes médicinales traditionnelles et aux connaissances qui leur sont associées. De fait, pour nous, l'idée de territoire recouvre les sols, leur composition bien sûr, mais aussi les climats que l'on peut rencontrer dans telle ou telle vallée, les vents dominants, selon les saisons et les altitudes, les étages thermiques et tout ce qui vit, pousse et se déplace. Mais toutes ces montagnes, ce n'est pas seulement notre territoire ancestral, ce n'est pas seulement un territoire physique, pour nous, c'est le cœur du monde, de la vie. Il est doté de fonctions spécifiques. Comme un corps, c'est un espace vivant. C'est là que l'on peut faire les rituels et notre travail spirituel. Si on ne fait plus ce travail traditionnel, tout va s'arrêter. Si nous faisons comme les petits frères, si nous commençons nous aussi à abîmer la nature, couper les arbres, l'eau va disparaître, tout va brûler. Ce n'est pas possible, nous devons continuer à protéger le cœur du monde. À l'extérieur de ce territoire, les autres Indiens, nos frères, sont en train de tout abandonner. Ici, c'est toujours la nature qui nous guide, grâce à elle notre travail spirituel est vivant. Le travail spirituel, c'est le travail de l'esprit, de la pensée, entretenu par le rituel. Chez vous dans les villes, tout est mort, il n'y a plus rien. Il ne reste que des voitures, des maisons, du ciment partout. La mère est morte, et vous ne vous en rendez pas compte. Ce territoire, pour nous, c'est comme une personne, nous devons être auprès d'elle. Ce n'est pas juste de la matière, mais vous, vous ne voyez rien, vous ne voulez pas voir les choses. C'est pour cela qu'il y a des inondations, des avalanches, des problèmes partout, car la terre tombe malade comme une personne. Pourquoi ? Simplement, car vous ne la respectez pas. Vous la maltraitez, alors elle meurt. Vous ne l'entendez même plus. Notre travail à nous, c'est de protéger la terre, nous ne pouvons pas laisser faire cela, nous ne pouvons pas.

Puis c'est au tour de Miguel. Sa voix est douce, profonde, étonnamment habitée.

— Les petits frères sont en train de détruire la Sierra. Ils tuent le cœur du monde, ils détruisent la terre et la vie. Ils lui enlèvent son sang. Le sang, c'est un peu comme l'eau des torrents, elle vient des sommets, comme le sang qui vient du cœur. Si nous ne faisons rien, bientôt il ne restera plus qu'une peau vide et quelques os. Nous ne pouvons pas la laisser mourir, nous devons la sauver pour nos enfants, nous devons étudier et étudier encore pour apprendre, pour savoir comment réparer ses blessures. Si on laisse entrer les gens de l'extérieur, alors nous allons perdre notre force, notre énergie, nous risquons de perdre notre culture. Alors, on acceptera les maisons en ciment, les toits en tôle, les écoles en ciment, et nous disparaîtrons... Tout est connaissance, tout peut être étudié. Pour nous la nature est comme vos livres, tout y est écrit. Si nous perdons ces connaissances, si les jeunes n'apprennent plus, ils vont devenir sourds et aveugles, ils ne sauront plus parler avec la nature. Pour parler avec la nature, il faut connaître les noms. Toutes les choses ont un nom, les plantes, les arbres, les pierres. Qui a dit cela ? Notre père, Serankua, c'est lui qui a nommé toutes les choses. Aujourd'hui, nous sommes en train de perdre cela. On dit seulement : c'est un arbre ou une pierre. On ne peut pas parler avec une personne qui n'a pas de nom. C'est comme les pierres avec lesquelles nous travaillons, elles ont un nom. Si elles n'ont pas de nom, alors on ne peut pas travailler. Toute chose a un nom, car chaque chose a un rôle précis, une fonction. Cela permet aussi de savoir d'où elles viennent, avec qui elles sont mariées, en relation. Si nous ne pouvons plus nommer les choses, nous risquons de ne pas pouvoir les utiliser correctement, alors cela crée des déséquilibres, les problèmes arrivent et tout s'abîme. Pour éviter cela, il faut écouter la nature, alors nous retrouverons la mémoire... Depuis l'arrivée des Espagnols tout s'abîme. C'est de plus en plus difficile de continuer à faire les choses, pourtant nous les Kogis nous continuons, nous faisons encore tout le travail spirituel. Tout cela, nous le faisons pour maintenir l'équilibre, la justice, pour la nature. Sans équilibre entre les choses, nous sommes perdus, nous ne serons plus kogis. Grâce à notre travail, pour l'instant, notre territoire n'a pas trop de problèmes, il y a de l'eau, des arbres, de bonnes récoltes. Les petits frères ne savent pas ce que signifient la justice, l'équilibre. Ils font des trous, ils causent des dégâts partout, ils coupent les arbres, sans savoir, sans comprendre. Ils sont aveugles. Ils ne voient pas et n'entendent pas... alors les problèmes arrivent, les enfants sont malades, les animaux commencent à mourir. Sans justice, nous ne pouvons pas vivre bien. Tout doit être fait avec la justice. Les petits frères nomment des chefs, des capitaines, mais ils se font la guerre, ils se tuent, ils se disputent en permanence, pourquoi ? Parce qu'ils vivent seuls, sans règles, sans personne avec qui partager. Nous, nous avons les mamus qui savent faire les offrandes, ils peuvent nous dire ce que nous devons faire. Ils savent parler avec la nature, la mère. Si nous n'avions pas la justice, nous pourrions tomber malades, nous aussi, nous abîmerions tout... Le petit frère ne comprend pas la nature, il ne voit que le pétrole qu'il peut sortir, l'eau, le gaz. Il abîme tout et la terre devient malade... alors le petit frère devient malade. Essayez de comprendre que la mère terre, c'est la justice, Seiwa est la justice, c'est à la fois l'énergie et l'équilibre. Si nous ne respectons pas les règles, nous devenons comme des enfants perdus.

Lors de notre retour vers Tchendukua, de larges bancs de nuages commencent à masquer les formes et les couleurs. L'orage éclatera dans l'après-midi, brutal. Gorgée d'eau, la terre devient boueuse, glissante. La journée se terminera pour nous cloîtrés sous la tente à tenter de limiter les infiltrations d'eau qui gagnent notre abri. Pour recharger les batteries de la caméra, nous avions emmené un petit panneau solaire et une ampoule. Ce soir-là, incongrue, une lumière électrique brillera à Tchendukua, sans doute la première et la dernière.

Autour d'une soupe, encore une fois, nous parlerons des Kogis, des agressions incessantes qu'ils subissent de la part des paramilitaires ou de la guérilla, du gouvernement colombien, de ses mensonges, de ses manipulations et de son incapacité à respecter les communautés indiennes pour ce qu'elles sont[1]. Même si, comme nous l'a rappelé Miguel ce matin, leurs derniers territoires d'altitude sont encore préservés, d'après Gentil, les menaces qui pèsent sur leur société se font chaque jour plus prégnantes.

— Au-delà des assauts incessants de la société moderne, commerçants, touristes, pilleurs de tombes, colons, les Kogis sont confrontés à une nouvelle difficulté. Ils n'arrivent plus à accéder aux matériaux traditionnels dont ils ont besoin pour faire leur rituels. Non seulement des plumes de guacamayas, mais aussi les carapaces de tortues avec lesquelles ils fabriquent des instruments de musique. Les espaces humides où vivent ces tortues ont été détruits, transformés en pâtures d'élevage, propriétés de grands éleveurs de la région. Pour l'accès à la mer, la situation n'est pas plus encourageante. Les Kogis ont besoin d'accéder à la mer pour collecter une multitude de petits objets marins nécessaires pour faire leurs offrandes. Les lieux, considérés comme sacrés où ce matériel pouvait être ramassé, sont devenus quasiment inaccessibles. Certains ont été transformés en sites touristiques, d'autres sont devenus des propriétés privées auxquelles les Indiens n'ont plus accès. C'est vrai que, sur les terres hautes, cela va encore, mais sur les terres basses ou intermédiaires, il leur est devenu quasiment impossible d'avoir accès aux plantes médicina-

1. Un comportement dont le gouvernement colombien n'a pas l'exclusivité, bien au contraire. En matière de droits indigènes, la nouvelle constitution colombienne offre une large autonomie aux peuples racines, une autonomie beaucoup plus large que dans bien d'autres pays. C'est l'application de ces textes qui pose problème.

les ou aux ressources agricoles qu'ils utilisent habituellement. Pour l'essentiel, ces terres ont été converties en zones d'élevage, bananeraies ou rizières. Les quelques plantes qui survivent le long des rivières ou dans les derniers espaces non cultivés sont souvent contaminées par les insecticides, fongicides et autres produits chimiques utilisés dans les grandes plantations. On dénombre dans la région des taux de malformations humaines largement supérieurs aux chiffres normaux. De toute façon, les risques seraient beaucoup trop grands si les Kogis tentaient malgré tout de pénétrer dans des propriétés privées pour chercher ces plantes. Non seulement, il n'y a plus beaucoup d'endroits où elles poussent, mais ils sont interdits. Je crois que c'est l'un des problèmes qui préoccupent le plus les Kogis.

Le lendemain matin, Miguel vient discrètement s'asseoir devant notre tente. Silencieux, il attend notre réveil, sans doute aussi un café. En bas du village de Tchendukua, devant la tente, une sorte de rituel va peu à peu s'installer. Chaque matin, Miguel va nous attendre, partager un café. Puis il va nous expliquer ce qui a été décidé par les mamus lors de leurs échanges nocturnes, ce que sera notre travail. Plus tard, vers deux heures de l'après-midi, lorsque les nuages commencent à envahir la vallée, prélude aux pluies froides de l'après-midi, il reviendra prendre de nos nouvelles, s'enquérir de notre confort, dans notre curieuse maison en toile. Dans ces instants-là, Mamu Miguel Dingula, l'une des autorités spirituelles les plus respectées de la Sierra, devient Miguel. Curieux, il s'asseoit au milieu de la tente, regarde, interroge, essaye. Il se moque de notre « nuhé pliante » à l'intérieur de laquelle il n'est même pas possible d'accrocher un hamac. Nous, nous nous moquons de sa grosse nuhé en bois qu'il ne peut même pas démonter pour aller vers un autre village. Imperturbable, Miguel écoute l'argument, semble en évaluer la validité, la pertinence, puis de renchérir :

— Peut-être, mais la vôtre est ridicule, on ne peut même pas y faire de feu.

— C'est vrai, mais la tienne, on ne peut pas la charger sur une mule.

On a presque l'impression d'une discussion entre amis qui se connaissent suffisamment pour se permettre d'être sans paraître. Je suis toujours impressionné par le savoir-faire de Gentil pour nourrir ces instants à la fois chaleureux et respectueux. Il m'a suffi de l'écouter un peu pour comprendre son secret : l'écoute justement. Il écoute, fait parler l'autre, puis écoute encore, une façon humble d'apprendre le monde. Les questions posées sont souvent simples, presque banales — qui es-tu ? d'où viens-tu ? —, mais peu à peu elles permettent de remonter une histoire, dénouer les fils obscurs d'un conflit... Une technique très chamanique, mais Gentil n'a-t-il pas passé plusieurs années auprès de Mamu Don Juan, un autre mamu ?

Pour notre première journée de travail, les mamus ont décidé de nous reparler de leur territoire et de la notion de justice qui lui est associée. Sans territoire, il ne peut y avoir de justice, d'où l'importance de la démarche de récupération de terres que nous avons engagée. D'où, aussi, leur incompréhension de voir à quel point nous nous éloignons de la terre et du vivant, ce qui, d'après eux, revient à s'éloigner de la justice.

Lorsque nous quittons la tente pour remonter vers la place centrale du village, je suis à la fois ému et excité. Que vont-ils nous dire ? Comment va se passer la rencontre ? Que voudront-ils que nous filmions ? Qui sera présent ? Un dernier raidillon, quelques marches de pierre et nous débouchons sur les grandes plates-formes qui séparent les deux nuhés mâle et femelle. Une trentaine de

Kogis sont là, silencieux. J'en reconnais certains, leurs visages me sont familiers, mais ils n'expriment aucune émotion. Les autres ont dû venir d'une autre vallée, d'un autre clan, invités par Miguel. Tous sont debout. Seuls les mamus sont assis sur de grands sièges de pierre dressés autour de la place. C'est sur le plus grand, au centre, que Miguel s'installe. L'instant est solennel, presque grave. Pour les mamus, il s'agit d'une sorte d'apprentissage de leur monde qu'ils nous proposent, un véritable travail qui, comme tout travail, demande effort, écoute et attention.

L'instant n'est pas anodin, les Kogis nous font suffisamment confiance pour se donner à voir et à comprendre. Ce ne sont pas seulement quelques images ou quelques propos qu'ils vont laisser partir, non, c'est un processus qu'ils nourrissent, une responsabilité qu'ils appellent. Par le partage de mots, d'expériences, « vous devenez responsables avec nous », semblent-ils nous dire. Et la responsabilité appelle l'engagement. Cet engagement je le reçois dans l'estomac, je sais ce qu'il nécessitera, une fois de retour en France.

Je suis déjà venu à Tchendukua. À deux reprises, j'ai été autorisé à y rencontrer les Kogis, et même à filmer. Pourtant, je reste chaque fois impressionné par ces rencontres, ces instants où ils semblent habiter le monde. Il est difficile de mettre des mots sur ce qui relève de la présence et de l'expérience physique, mais l'effet reste toujours aussi saisissant. Miguel se lève doucement et commence un long monologue en kogi. Parfois, il explique quelques points en espagnol ou se fait traduire par l'un de ses assistants. Mais, pour l'essentiel, il parlera dans sa langue. Des propos que je ne pourrai complètement comprendre et traduire que plus tard, grâce à Juan, un jeune Kogi qui a appris l'espagnol dans une mission.

— Pour nous, la Sierra est comme une petite planète, avec toutes ses composantes, c'est la mère nature. Elle comporte tout ce qui est nécessaire à la vie, y compris la mort. Pour nous, le territoire n'est pas une donnée strictement physique, mais aussi psychologique, à travers la connaissance de tout ce qui existe dans un lieu. Dans ce contexte, dans cet esprit, l'idée de justice est liée à l'usage bon ou mauvais que l'on peut faire des ressources offertes par un territoire. On peut dire qu'un territoire a quatre composantes essentielles, qu'il peut se comprendre à travers elles : la terre, sous-entendu l'agriculture, l'éducation, la santé et la justice. Si un homme, ou une communauté, dispose de terre, d'éducation (de connaissances pour travailler cette terre), il disposera de la santé et d'une bonne production entendue au sens de la production agricole mais aussi sociale ; alors la justice sera présente. Mais il faut comprendre que cette idée de justice est rattachée au plus ou moins bon usage que l'on peut faire de ces différentes composantes. En fait, la justice apparaît à travers la qualité et les quantités de ressources produites. Si un homme n'a pas de terre, il n'a pas de lieu où apprendre, où se former et où former ses enfants, l'éducation n'est donc pas présente ; s'il ne peut pas apprendre, se former, il est incapable de cultiver et d'avoir une récolte ; sans récolte, sans le minimum de ressources alimentaires, sa santé risque d'être mauvaise. C'est comme cela qu'une communauté, ou une personne, peut risquer de perdre le sens de la justice et donc ne plus pouvoir vivre en équilibre. Lorsqu'un homme enfreint la loi, les règles de la communauté, il n'est pas regardé comme un coupable. En fait, les mamus vont tenter de rechercher les causes, les raisons ou l'origine de ce non-respect. Dans de nombreux cas, le plus coupable est sans doute celui qui n'a pas enseigné ces lois ou qui ne les a pas enseignées correctement, ceux qui n'ont pas veillé au bon équilibre de la communauté ou de l'un de ses membres... En fait, celui qui a transgressé la loi apparaît comme l'instrument, l'illustration, la manifestation de la nature qui informe les hommes de l'existence d'une injustice ou d'une mauvaise transmission du sens de la justice. La mère nature est la loi, elle porte les règles, c'est aussi la justice, et toute transgression de la loi nécessite réparation, car l'homme aussi est un être de nature, et c'est la nature dans son ensemble qui peut être affectée par une injustice.

Comme une sorte d'écho qui deviendrait prière, le monologue de Miguel sera repris à plusieurs reprises par les autres mamus, une manière de se conforter dans leurs propos, de nourrir leurs pensées, une façon de se tester aussi. Ce jour-là, les mamus ne nous en diront guère plus. Sans doute était-ce une simple journée d'observation, une journée pour s'accorder au lieu. C'est plus tard, le troisième jour, que nos échanges vont changer de nature.

Après notre café matinal, de nouveau nous montons vers la plate-forme centrale retrouver les mamus. J'ai l'impression qu'il y a plus de personnes que la veille. Derrière le village, la montagne s'illumine doucement, magnifique décor pour cette rencontre. Miguel reste un long moment debout, silencieux, puis, d'un geste brusque, il désigne un jeune mamu derrière lui. Ce dernier se glisse dans l'obscurité profonde de la nuhé masculine. Les Kogis semblent inquiets. Au bout de quelques minutes, il ressort de la hutte. Dans ses bras, une étrange couronne de bambou et de grandes plumes multicolores qui oscillent doucement. Quelques pas, son regard semble chercher un acquiescement, un signe. Faut-il montrer ces objets ? Puis, après avoir posé sur le sol un carré de roseaux tissés, précautionneusement il y installe la couronne. Un autre regard, et lentement, avec une infinie prudence, une à une, il dispose les plumes. Chacune vient prendre sa place dans les orifices prévus sur la couronne. Le jeune mamu se redresse et recule doucement vers le rebord de la terrasse où il s'immobilise. Un autre geste de Miguel, et quatre jeunes garçons s'avancent. Debout dans leurs tuniques d'enfant, ils sont concentrés, attentifs. Les sourires qui les habitaient ce matin, lorsqu'ils jouaient avec deux étranges oiseaux au plumage vert, ont disparu. L'instant semble aussi important pour eux que pour nous.

— Aujourd'hui, nous n'avons plus que treize plumes. Avant nous en avions quinze. Pour deux couronnes il faut trente plumes. Il nous manque beaucoup de plumes pour pouvoir réparer et refaire les couronnes. Nous sommes obligés de nous prêter les couronnes entre les villages. Nous ne sommes pas responsables, mais les guacamayas, les perroquets ont disparu, alors il n'y a plus de plumes. Sans plumes, cela devient plus difficile pour enseigner les chants et les danses. Nous savons comment apprendre ces choses, les danses. On utilise les flûtes *(quizi),* les tortues *(kuiiguba),* les tambours *(kaja).* Les instruments sont importants pour le travail spirituel. Il y a quatre danses et quatre chants importants, mais chaque mamu peut avoir ses propres chants. On fait aussi des danses particulières pour les mariages, les baptêmes, pour la mort aussi. Pour chaque activité il y a des chants et des danses particulières, et pour les danses il faut des plumes.

Miguel se tait, songeur. Autour de lui, les quatre enfants kogis observent le mouvement délicat, fragile, des plumes colorées. Face à la guérilla, aux paramilitaires, aux colons, face à tous les dangers qui menacent les Kogis, Gentil avait raison, la question des plumes est bien l'une des questions essentielles qui les préoccupent. Les guacamayas sont si importants que leur disparition met en danger les fondements de leur culture. Mamu Miguel Dingula le sait :

— Notre mémoire est encore là, vivante à travers les connaissances et les savoirs des mamus. Mais comment faire vivre ces connaissances, comment les transmettre aux jeunes, si nous ne disposons plus des éléments traditionnels et du matériel nécessaire pour le faire ?

L'instant est presque pathétique. Je me souviens d'avoir filmé ces plumes en gros plan. Dans le viseur, je voyais les quelques duvets accrochés sur le haut des plumes multicolores tournoyer doucement sous l'effet de la brise. Le regard de Gentil croise le mien. Je connais son interrogation, il connaît ma réponse. Nous nous sommes mis au service d'une culture, d'une façon d'habiter le monde. Ce n'est donc pas à nous d'apprécier s'il faut ou non répondre à cette demande, en revanche, on peut sans doute proposer une solution pour tenter de retrouver des plumes. Lorsque Gentil prend la parole, j'ai l'impression de connaître la teneur de ses propos.

— En Colombie, il y a une région qui s'appelle Araracuara. Araracuara, en langue indienne, cela veut dire « Nid de guacamayas ». Il y a plusieurs années, j'ai travaillé là-bas. C'est une zone où vivent des milliers et des milliers de guacamayas. Peut-être pourrions-nous y aller pour chercher des plumes. Je ne pense pas qu'il y ait de problèmes avec les Indiens Witotos et les Indiens Andoques. Je les connais, ils nous aideront à trouver des plumes...

Un voile d'émotion apparaît sur le visage de Miguel. Et Gentil de poursuivre :

— Si c'est nécessaire, nous pouvons organiser un voyage et emmener quelques représentants de la communauté, cela peut être une occasion pour rencontrer d'autres communautés en Amazonie, qu'en penses-tu ?

Miguel semble réfléchir.

— C'est loin, Araracuara ? Comment faudrait-il faire pour nous rendre là-bas, et qui pourrait y aller ?

— Oui, c'est loin, il faut prendre l'avion jusqu'à Bogotá, et de là un petit avion qui nous emmène dans la forêt, c'est un long voyage.

Pour organiser au mieux ce voyage, nous expliquons à

Miguel qu'il serait nécessaire que Gentil puisse aller sur place en reconnaissance. Il pourrait solliciter les Indiens qui vivent dans la région, leur soumettre la demande des Kogis et se mettre d'accord sur une date qui conviendrait pour ce travail.

— Et tu es sûr que nous pourrions trouver des plumes ?

— Certain !

C'est ce jour-là qu'est née cette étrange idée, ce projet d'organiser un voyage en Amazonie. Pendant que Miguel traduit les propos de Gentil, nous sortons la carte d'état-major que nous avions amenée. Gentil commence par expliquer ce qu'est une carte, son usage, à quoi servent les symboles qui sont utilisés : le vert pour la forêt, le marron ou le jaune pour les régions plus désertiques, le trait pour les routes, les courbes de niveaux pour l'altitude et le relief. D'abord timides, puis de plus en plus curieux, les Kogis se rapprochent pour regarder l'étrange document et écouter les explications de Gentil. Nous présentons aux Kogis ce qui nous semble une évidence, un résumé de quatre mille ans de notre histoire. Nous sommes en train de « dire » notre monde.

Pendant plusieurs minutes, les Kogis s'interrogent sur notre carte. Ils cherchent à localiser Tchendukua, les lacs sacrés, perdus plus haut en altitude. Ils posent des questions sur la façon de les penser, puis de les fabriquer. Ils sont curieux de notre monde. Puis Miguel, un léger sourire aux lèvres, déplace légèrement la couronne de plumes, avant de s'asseoir devant le carré de roseaux tissés, d'une taille approximative de quatre-vingts centimètres de côté. Lorsque le jeune mamu l'a sorti de la nuhé, je pensais que ce n'était rien de plus qu'un support pour éviter que la couronne ne touche le sol. J'étais loin de me douter...

— Regardez, pour nous, ceci est une carte, ici, nous pouvons voir le monde...

Doucement, Miguel commence à nous montrer chacune des composantes de cet étrange document.

— Là ce sont les montagnes, ici et ici les rivières, ça ce sont les lacs, et là c'est la ligne noire qui délimite notre territoire. Tout ce que nous ont dit les anciens est là, vivant, écrit sur cette carte. Ce qu'il y a d'écrit ici, c'est la même chose que ce qu'il y a sur la pierre de Duanama.

Je reste un instant dubitatif. L'étrange document, sorte de « set de table » tressé, que nous présente Miguel serait une carte. Je m'approche pour essayer d'en comprendre la logique. À y regarder de plus près, le tissage de roseaux est extrêmement régulier, précis. Régulier, mais absolument pas répétitif. Chaque motif est légèrement différent du précédent.

— Mais sur votre carte, on peut voir réellement les vallées et les montagnes, comme sur les nôtres ?

— Bien sûr !

— Alors, où est Tchendukua par exemple ?

Miguel pose le doigt sur sa carte, remonte une suite de motifs, et m'indique un endroit précis où il pose un objet en or, symbole de la fonction que représente le village de Tchendukua.

— Le village est là. Mais, pour nous, cette carte n'est pas seulement une carte de la Sierra avec tout ce qui existe. La Sierra est le cœur du monde, et un cœur qui n'est pas relié aux autres organes, aux organes de ce grand corps qu'est la terre, ne pourrait pas vivre, fonctionner. Si nous nous limitions seulement à la connaissance et à la représentation du cœur, nous ne pourrions pas réellement comprendre son fonctionnement. C'est un peu comme vos médecins, cela ne leur est pas suffisant de connaître le fonctionnement de la tête, ils doivent aussi comprendre comment fonctionnent les pieds et comment les deux sont reliés, non ? Nos cartes représentent beaucoup plus que cela. Par exemple sur cette carte, apparaissent aussi des danses, celle de la « Casa maria », c'est une danse qui représente le monde avec l'ensemble de ses composantes, les sommets, l'eau, le vent, l'air, les gens. C'est pour sa réalisation que nous avons besoin de matériel spécifique, et notamment des plumes. C'est une danse qui doit être réalisée avec des masques en or, des couronnes faites en plumes de guacamayas et d'autres oiseaux. Nous devons utiliser des instruments construits avec les carapaces de tortues particulières. Or, on ne trouve plus ce matériel, c'est comme si on empêchait notre mémoire de vivre.

En écoutant Miguel, je ne peux m'empêcher de regarder leur carte et d'essayer d'imaginer comment autant d'informations peuvent s'y trouvées représentées. Si je comprends bien ce qu'il explique, il doit y avoir plusieurs niveaux d'information, d'ordres symboliques différents, imbriqués les uns dans les autres.

Et Miguel de continuer :

— Sur cette carte, se trouve aussi écrit ce que nous a laissé Kalguacha, l'histoire, les règles que nous devons suivre, ce que nous devons faire. Cette carte nous indique le travail. Pour chaque chose, tout commence au cœur, depuis le centre, après il y a les quatre chemins qui partent dans les quatre directions. Nous avons encore la mémoire pour suivre ces chemins et faire les choses. Par exemple, lorsque nous faisons une mochila ou un goro (chapeau), nous devons toujours partir du cœur, et ouvrir peu à peu, élargir. Comme la Sierra, c'est la même chose, il faut partir du cœur, des sommets et élargir peu à peu avec les rivières, les vallées. Les maisons et les temples kogis ont aussi cette signification. La partie située en haut de la maison, la pointe, c'est comme les parties hautes, le cœur de la Sierra. L'eau descend de la Sierra comme elle descend du toit de la maison, vers la mer. Une maison, c'est comme la Sierra.

Le toit est en palmes, dans la Sierra il y a les arbres. Dans une maison, nous devons penser bien les choses, pour écouter, apprendre, enseigner justement, comme dans la Sierra. Une maison, c'est comme la Sierra, la mère. La porte de la maison et chacun des morceaux de bois utilisés représentent les sommets, les vallées. Chaque maison a un nom, une pensée, comme une personne, avec toutes ses fonctions. Nous aussi nous sommes comme cela. Au début, nous sommes petits, enfants, peu à peu nous devenons grands, puis nous finissons par revenir vers la mère pour mourir. C'est la même chose pour le travail spirituel, au début ce n'est rien, de la pensée, puis peu à peu, nous apprenons le travail, il se développe, il prend une direction comme un chemin qui mène vers la terre. C'est aussi la même chose pour les vêtements, ils ont un cœur, une vie, ils grandissent, puis ils meurent. Notre dieu nous a laissé cette carte pour que nous puissions faire les choses. C'est à la fois une carte naturelle, mais aussi une sorte de carte spirituelle. Il y a un peu les mêmes informations que sur vos cartes, mais en plus, pour nous, c'est une carte spirituelle qui guide notre pensée. En fait, elles se ressemblent.

Miguel n'est pas seulement en train de nous expliquer l'anatomie, la structure du monde, il est en train de mettre à mal nos propres connaissances en matière de cartographie et de représentations spatiales. Notre carte ne contient pas dix pour cent des informations structurées contenues sur celle que nous présentait Miguel. Là, il est possible de localiser les rivières, les sommets, les étages thermiques, les villages, les lieux de rituels et leur nature, mais aussi de connaître la luminosité de chacun des versants de la Sierra selon la position solaire, la biodiversité liée à chacun des étages thermiques et à leur ensoleillement. Non seulement, les Kogis disposeraient d'une forme d'écriture, à travers laquelle ils auraient gardé inscrites des centaines d'années d'histoire, mais en plus, cette écriture symbolique recélerait des connaissances, des représentations et un chemin d'expérience permettant d'accéder à une posture au monde liée aux règles du vivant. C'est cet incroyable savoir et le potentiel qu'il renferme que les Kogis ont choisi de partager avec nous. Si besoin était, cette découverte me renvoie une fois de plus à notre incroyable arrogance, à ce manque d'humilité qui nous rend aveugles au monde. Les Kogis viennent de nous présenter un système cohérent, autonome, de stockage et de transmission d'informations, un système vivant, à même de nous permettre de découvrir, de l'intérieur, l'une des dernières sociétés précolombiennes encore en état de fonctionnement. La découverte est de taille.

Les mamus nous regardent, à la fois pensifs et dubitatifs, l'air de se dire : « Vont-ils comprendre ? Vont-ils pouvoir accepter ce que Miguel est en train de leur dire ? » Je ne crois pas qu'il y ait de jugement, mais seulement de l'inquiétude, en fait une inquiétude qui concerne plus notre capacité d'acceptation que de compréhension. Ce qu'ils nous expliquent est finalement assez simple. La seule limite provient encore et toujours de ce que nos représentations, nos croyances nous permettent de reconnaître comme possible. Que l'on s'entende bien, il ne s'agit pas, pas encore, de savoir si ce qui nous est présenté est vrai ou juste — quelle importance ? — mais simplement d'accepter ce que cela représente conceptuellement et en valeur absolue pour la société qui l'a conçu et élaboré, puis, peut-être, ce que cela ouvre comme piste de réflexion dans la compréhension du monde. Imperturbable, Miguel poursuit ses explications :

— De nombreux mamus portent sur eux certaines parties de cette carte générale tissées sur leurs mochilas. Pour nous, les mochilas présentent une sorte d'écriture qui permet de transmettre des messages, conserver une information, sur des thèmes aussi variés que la musique, la danse, certaines danses spéciales qui nous permettent d'entrer en relation avec la nature. À chaque étage thermique, chaque rivière, chaque sommet correspondent des danses, des musiques spécifiques, une sorte de langue spéciale adaptée à un contexte particulier qui évolue et se transforme selon les lieux géographiques. Dans chacun de ces lieux, se trouvent une faune et une flore particulières, auxquelles correspondent aussi des rythmes et des danses. C'est toutes ces informations que nous avons là, écrites sur nos cartes.

Pendant toute la durée de ce « cours magistral », plusieurs Kogis sont venus nous rejoindre sur la plate-forme centrale du village. Ce sont maintenant plus de cinquante personnes qui nous observent en silence. Parfois un regard sombre nous rappelle qu'ici notre présence n'est que tolérée. L'apparente légèreté de l'instant ne doit pas nous faire oublier la réalité. C'est une trêve d'une semaine qui a été négociée, pas un jour de plus.

La veille, les mamus nous ont fait savoir que nous allions être exceptionnellement autorisés à assister à la construction d'un pont. Un travail collectif qui doit réunir l'essentiel des familles de la vallée, sans doute plus de deux cents personnes. Un tel projet a été discuté, analysé pendant de longues heures dans l'obscurité protectrice de la nuhé. Des échanges qui peuvent durer plusieurs jours, avant que les mamus demandent l'« autorisation » spirituelle de réaliser les travaux. Ce sont encore les mamus qui, le travail une fois terminé, devront faire les offrandes nécessaires pour réparer les dégradations et les dommages que la nature aura été amenée à subir. En bon professeur chargé de notre éducation, Miguel nous explique la signification d'un tel travail, de sa dimension collective, au sein de la communauté.

— La réparation des chemins, la construction d'un

temple, d'une nuhé, la construction d'un pont, ou l'entretien général des espaces d'habitation ou des zones de cultures communautaires font partie des activités qui doivent être réalisées collectivement. Mais aucune de ces tâches ne peut être envisagée sans qu'aient été sollicitées, dans la nuhé, les autorisations et les offrandes spirituelles nécessaires pour réparer les agressions que nous allons commettre contre la nature. Pour nous, de tels travaux collectifs ne représentent pas seulement une manière facile de disposer d'une force de travail pour réaliser telle ou telle activité. C'est aussi et surtout une façon de maintenir de bonnes relations sociales entre nous, entre les membres de la communauté, et entre la collectivité et sa composante spirituelle. Pour réaliser un travail collectif, quel qu'il soit, plusieurs étapes précises doivent être mises en œuvre. Il faut correctement identifier le besoin, discuter des différentes formes possibles de réponse, et rapprocher et mettre en cohérence, dans la nuhé, les dimensions spirituelles et matérielles du travail que nous allons réaliser. C'est à ce moment que sont mises à l'épreuve les relations sociales de la communauté. Quand un homme pénètre dans la nuhé, il se doit de donner un peu de ses feuilles de coca à chacune des personnes présentes, en signe d'amitié. Si quelqu'un ne reçoit pas de feuilles du nouvel arrivant, les forces ou les énergies de celui qui est entré ne pourront pas être justes, n'arriveront pas à se centrer, en risquant d'interférer avec celui qui ne les a pas reçues. Si cette situation de déséquilibre devait se prolonger, au moment de l'analyse du problème abordé, sur la *loma* (colline sacrée) les forces de la matière et celles de la nuhé ne pourront pas être accordées, et il faudra revenir dans la nuhé le temps nécessaire pour retrouver un équilibre total entre les participants. C'est notre façon de maintenir un équilibre au sein de la communauté.

Pendant que les hommes délibèrent entre eux dans la

nuhé masculine, les femmes doivent faire de même dans la nuhé féminine. Ensuite c'est sur la loma que seront rapprochés et unifiés les points de vue. C'est aussi sur la loma que les forces vont s'équilibrer car celle-ci est considérée comme un lieu neutre où les énergies peuvent s'équilibrer.

Ce processus révèle un dispositif subtil mis en place pour entretenir la cohésion communautaire. Il révèle aussi une haute conscience de ce que représente un groupe, de la façon de résoudre ses indispensables tensions. C'est le fonctionnement qu'ont volontairement choisi les Kogis pour maintenir l'équilibre au sein de leur communauté. Un fonctionnement vécu et partagé par tous, au quotidien.

« Le lien qui unit les membres [des sociétés racines] n'est ni juridique, ni institué, ni formalisé, ni non plus un lien contractuel, mais un lien vécu, existentiel, qui perd sa qualité communautaire à partir du moment où il est institutionnalisé, codifié, car à partir de ce moment il acquiert une existence objective autonomisée qui, pour se perpétuer, n'a plus besoin de l'engagement affectif, de l'adhésion vécue de tous les membres [1]. »

Les relations sociales ne doivent pas être décrites ou formalisées au risque de s'immobiliser dans la connaissance d'elles-mêmes et de créer des prisons d'où nous ne pouvons plus sortir. Elles sont simplement vécues. Les explications de Miguel, parfois relayées par les autres mamus, prennent la forme de monologues qui n'en finissent pas. Assis en plein soleil, je sens parfois le sommeil me gagner. Je vérifie de temps en temps que la caméra tourne toujours, avant de sombrer dans une torpeur dangereuse. Il est près de midi. Depuis le lever du soleil, Miguel n'a pas arrêté de parler. Parfois en répétant les mêmes mots, les mêmes phrases, comme s'il peaufinait une sculp-

1. André Gorz, *Misères du présent, richesse du possible*, Galilée, 1997.

ture ou une œuvre d'art. Les mots nourrissent une sorte de rythme profond et régulier. On dirait qu'il décrit des choses ou des situations en même temps qu'il les vit.

— Il y a aussi certaines activités collectives qui sont réalisées de façon individuelle. C'est le cas lorsque l'on utilise certaines ressources naturelles, l'air que l'on respire, l'eau, allumer un feu, le travail de la terre, etc. Ce sont des activités quotidiennes, faites par tous, mais individuellement, chacun à son rythme et au moment qui lui convient. Pour ces activités aussi, il est important de faire des offrandes. À plusieurs moments de l'année, des rituels spécifiques devront être observés, des fêtes, des danses ou des repas pour remercier les maîtres des esprits de chacune de ces ressources naturelles et de nous en permettre le libre usage.

Les enfants aussi se doivent de réaliser des travaux collectifs, toujours sous la responsabilité et l'orientation d'un mamu. En cas d'erreurs ou de difficultés, c'est lui qui doit en assumer les conséquences. Généralement, il s'agit plus d'activités d'enseignement que de réels travaux physiques, identiques à ceux faits par les adultes. Mais tous, adultes et enfants, doivent démarrer, avant toutes choses, par un travail d'analyse dans la nuhé. C'est à travers ce processus que les enfants apprennent à identifier leurs forces et leurs énergies intérieures, à connaître et identifier celles de la nuhé, pour pouvoir se comporter plus tard en adulte. Les enfants se doivent de pratiquer aussi nombre d'activités agricoles, apprendre à préparer les sols, les nettoyer, semer, récolter, etc. Ces activités sont suivies et encadrées par les enfants les plus âgés. Au départ, ils commencent à travailler dans les jardins de leurs parents. Plus tard, ils sont invités à aller aider un cousin ou une tante, dans les jardins voisins. Ce qui est présenté comme un jeu, aller aider un membre de sa famille ou un ami, est une façon d'apprendre aussi qu'il faut maintenir de bonnes relations avec les voisins et les autres membres de sa famille. Parents et adultes suivent cette initiation de manière discrète, mais vigilante, même si ce sont les enfants les plus âgés, ceux de plus grande expérience, qui en ont la responsabilité.

Tout y est, la connaissance de soi, la transmission par l'exemple, la communication comme gage de bonnes et justes relations, la vigilance et l'attention que nécessite un tel système et la conscience qu'en ont les Kogis.

« Ce que les peuples indiens ont inventé ainsi siècle après siècle, et qui vient aujourd'hui jusqu'à nous pour nous rendre humbles, pour nous illuminer de son expérience : dans le monde humain, il n'est pas un instant où l'inconscience soit possible. Il n'y a pas moyen d'éteindre, fût-ce en dormant, l'éclair de son regard. Tout, absolument tout, à chaque moment, en chaque lieu est exact. Tout est recherche de la connaissance, application, préparatifs en vue de l'extermination des dangers du silence et de l'esclavage... TOUT EST ART [1]. »

Il est évident que les Kogis ne sont pas « plus » ou « mieux » que nous. Ils sont humains, terriblement humains, soumis aux mêmes travers, aux mêmes pulsions que sont la colère, la jalousie, l'envie, la peur, la lâcheté, mais aussi la joie ou la tristesse. La grande différence, et elle est de taille, c'est qu'ils ont conscience, collectivement conscience, des risques qu'encourent la nature et leur société si les émotions qui nous habitent ne sont pas identifiées, gérées et canalisées. Canaliser ne veut pas dire supprimer ou nier, mais reconnaître que l'être humain est dualité reliée (inspiration / expiration), que la vie naît de la reconnaissance, puis de la connaissance, et enfin du travail subtil et délicat (rituels) d'équilibre entre les composantes de cette dualité. Un équilibre chaque jour questionné,

1. J.-M.G. Le Clézio, *Haï*, Albert Skira éditeur, 1991.

renouvelé, comme une alliance fragile entre les formes du vivant. Un équilibre que permet la mémoire des règles, face au chaos du mouvement.

« Les rituels initiatiques de tous les temps et de tous les lieux ne sont qu'une "symbolothérapie" au sens vrai du mot "thérapie", "qui remet en harmonie"[1]. »

C'est autour de cet équilibre, et de la mémoire collective qu'il nécessite, que les Kogis concentrent leur savoir, qu'ils structurent leur société pour échapper à la maladie et à la mort. Une mémoire que nous avons perdue, dont nous n'avons plus ni connaissance ni conscience. Alors comment a-t-on pu un seul moment laisser croire ou penser qu'une telle société pouvait être « archaïque », qu'un peuple à ce point sensible aux autres et au monde pouvait être primitif ou sauvage ? Des termes qui dans nos sociétés sous-tendent un jugement sans appel. D'où vient cette ignorance, cet aveuglement tenace, qui veut qu'aujourd'hui encore dans le bruit de nos villes, nous regardions ces « autres nous-mêmes » avec la condescendance de ceux que le doute jamais n'habite ? Pourquoi avoir inscrit dans nos mots et nos pensées, dans nos actes quotidiens, la disparition programmée de ces peuples qui habitent encore le monde ? Pourquoi avoir inscrit notre propre disparition ? Pourquoi avoir laissé la mort s'infiltrer en nous ?

« Les Kogis sont convaincus que notre ignorance et notre avidité ne peuvent qu'aboutir rapidement à la fin de toute vie sur terre... De leur sommet isolé, ils voient se déchirer un univers et ils entendent gémir la Terre. En outre, ils sentent que si nous ne changeons pas nos habitudes, la planète cessera d'être fertile[2]. »

---

1. Annick de Souzenelle, *Le symbolisme du corps humain*, Albin Michel, 1991.
2. T.C. Mc Luhan, *op. cit.*

En début d'après-midi, alors que les nuages commencent à masquer les plus hauts sommets, deux mamus viennent nous chercher. Ils sont chargés de nous accompagner plus bas dans la vallée, là où les Kogis préparent la construction du nouveau pont. En fait de pont, il s'agit d'une grosse passerelle, subtils jeux d'équilibre, de tensions et de contre-tensions, construite à plusieurs mètres au-dessus de l'eau et consolidée par des étais. De l'ensemble se dégage une étonnante harmonie de formes et d'entrelacs de bois, lianes, pierres, branches aux diamètres plus ou moins larges. Lorsque nous arrivons au-dessus du lieu, malmenée par les crues violentes du dernier hiver, l'ancienne construction a été entièrement démontée, afin de renforcer les soubassements de pierres et de changer les pièces les plus abîmées. Chaque composant de cette étrange structure a été précautionneusement nettoyé puis trié, selon sa taille, son usage et son état. Une sorte d'immense jeu de Meccano, mené sans hâte et avec précision. Le spectacle est saisissant. Cent cinquante, deux cents personnes sont là, de part et d'autre de la rivière. La plupart sont immobiles, comme si elles attendaient quelque chose. Seule une dizaine travaille effectivement sous l'œil vigilant des mamus qui surveillent les opérations. En fait, le terme « surveiller » ne convient pas, ils veillent à ce que le travail soit justement effectué. Ce travail collectif extraordinaire, nous n'avons pas été autorisés à le filmer. Trop de monde, trop d'enjeux, de tensions à réguler, notre présence est tout juste tolérée. Nous avons le droit d'être spectateurs sans plus. Et quel spectacle ! L'impression d'un jeu de construction qui s'autorégule et se déroule sans que personne ne semble diriger les travaux, au sens où nous pourrions l'entendre dans notre société. Il faudra à peine deux jours pour reconstruire le pont, effectuer des manœuvres qui nécessitent la coordination de plusieurs dizaines de personnes, de fonctions différentes, et l'enchaînement de tâches nombreuses et précises. Deux longues journées, entrecoupées de deux nuits passées à évaluer le travail en cours et préparer celui du lendemain.

Nous avons sous nos yeux l'incroyable efficacité de ce mode de fonctionnement qui associe production matérielle, ici un pont, et qualité des relations sociales entre les Kogis mais aussi avec leur environnement. L'efficacité d'une société qui ne veut surtout pas être « efficace ». Un mode de fonctionnement qui révèle aussi la puissance d'une pensée collective lorsqu'elle est canalisée, formalisée et portée par le groupe. Une fois terminé, le pont reflète la justesse de la pensée qui a permis sa construction. Chez les Kogis, la matière reflète une pensée, elle-même formalisation d'une énergie, commune à toutes les formes vivantes. Une représentation que partagent bien d'autres traditions.

« Dans la culture aborigène, tous les êtres vivants partagent un même principe de vie qui leur vient de leur création, au Commencement, au Temps du Rêve. (...) La terre est vivante. Non seulement, elle donne la vie, mais elle est la vie[1]. »

Encadrés par les deux mamus, nous nous approchons du pont et de la rivière. Le chemin devient plus étroit. Nous avançons maintenant entre deux rangées de personnes, exclusivement des hommes, immobiles, presque figés. Sur notre passage, c'est à peine si un regard se détourne. Là encore, l'instant relève de l'expérience physique, comme si notre présence générait une sorte de court-circuit de l'espace temps. Deux « observateurs-voyeurs », c'est-à-dire extérieurs à une expérience partagée, viennent perturber l'ordre fragile des choses. Le travail de préparation a dû être long et difficile, les tensions nombreuses. Bien sûr les Kogis ont discuté de notre venue, évalué les risques, pour en assumer les conséquences. Mais une expérience « vue »

1. *Ibid.*

devient spectacle et perd de son efficacité collective. Un rituel, ou un travail collectif qui peut aussi avoir fonction de rituel, n'est pas fait pour être vu, encore moins pour être réalisé sur commande, comme notre société en quête d'exotisme parfois le demande. Une société qui « spectacularise » ses rituels laisse s'insinuer en elle les germes de sa mort, les risques du chaos et de la maladie. Le rituel est fait pour être vécu, condition indispensable pour qu'il révèle et transmette le sens dont il est porteur. Là est la beauté qui exprime l'équilibre, comme un langage qui nous dirait l'univers. Alors équilibre, art et médecine peuvent enfin reformer un tout, donner à voir, à vivre et à comprendre les chemins de la guérison.

Un tel constat rend encore plus délicate la réalisation d'un film, la transcription par l'image d'expériences vécues. Que pourrons-nous en comprendre, en percevoir ? L'eau filmée d'une rivière peut-elle rafraîchir la main du spectateur ? La douleur enregistrée des Kogis qui sentent la terre se déchirer peut-elle atteindre notre esprit, notre conscience ? Alors que dire des films, des photographies ? Ne deviennent-ils pas des icônes, admirées et admirables, mais vides de leur sens et de leur force ? Peuvent-ils susciter dans le regard et le cœur du spectateur l'accès aux émotions qui ont permis leur réalisation ? C'est le dilemme qui m'habite depuis cette sollicitation des Kogis. Je fais ce film à leur demande, mais je sais aussi qu'il risque de ne pas changer grand-chose, sinon témoigner de notre impuissance.

Avançant vers le pont, avec Gentil, nous débouchons sur une petite clairière, en contrebas. Sous les branches basses d'un arbre vénérable, plus de quatre-vingts femmes sont là, assises, qui « pensent » le pont. Elles en suivent la bonne réalisation dans le monde d'Aluna, le monde de l'esprit qui précède la forme. Saisissant ! Je ne suis pas sûr qu'elles nous voient. Sans doute nous perçoivent-elles, car une sorte de frisson semble parcourir cette magnifique assemblée. Plus de quatre-vingts femmes « pensent » une forme issue d'une énergie. Parce que vécu, incarné, le sacré vient de nous sauter au visage, comme une évidence qui appel le respect. Une évidence face à laquelle il est difficile de rester spectateur, au travers de laquelle il est difficile de se fondre. Une évidence précieuse, comme un souffle, un instant suspendu.

Nous avons vu ce qu'aucun étranger ne peut voir ou côtoyer. Nous avons vu les Kogis travailler en Aluna, le monde de la pensée. Sans doute voulaient-ils nous emmener au-delà des mots, nous faire percevoir la réalité de ce monde qu'ils essayent partager avec nous. Nous avons vu. Il était temps de remonter vers Tchendukua.

Déjà les deux mamus qui nous accompagnent s'engagent doucement sur le chemin du retour. Le pont terminé, la plus grande partie des familles présentes, discrètement, va rejoindre ses lieux de vie, là-haut, sous les sommets enneigés de la Sierra. Nous, nous retrouvons notre tente-abri, touchés, émus par cette rencontre. Les Kogis donnent ce que nous pouvons recevoir, partagent ce que nous pouvons comprendre. Comme un cycle, une expérience, qu'il va maintenant falloir prendre le temps d'intégrer.

C'est le lendemain soir que Miguel et les mamus restés à Tchendukua décident de nous parler de la nuhé, aussi appelée kankurua, l'espace dans lequel il faut revenir après chaque activité, pour évaluer ce qui a été réalisé puis préparer et penser les activités suivantes. Espace symbolique, lieu intermédiaire entre le monde de la matière et celui des énergies. À aucun moment, nous n'aurons l'impression d'une explication ou d'une présentation. Les mamus parlent de la nuhé et de ce qu'elle représente. Pour nous faire comprendre le rôle et l'importance de ce lieu, ils le vivent et nous le font vivre, simplement. Le corps comprend parfois mieux que l'esprit.

La nuhé est un temple, un lieu de cérémonie. C'est là que se réunissent les Kogis pour aborder toutes les questions importantes qui touchent la communauté. C'est une sorte de modèle réduit de la Sierra, de la mère nature, et donc du féminin. La nuhé est considérée comme un utérus protecteur, source de vie et de créativité, au sein duquel peuvent se développer la pensée et la vie collective du groupe. C'est une porte d'accès essentielle pour pénétrer l'univers kogi.

— Quand la mère nature était à peine spirituelle, elle a décidé de prendre forme, de se matérialiser, alors s'est formée la terre, mais sa surface était totalement plane, il manquait beaucoup de choses, beaucoup d'éléments pour la perfectionner. Où et comment allaient pouvoir vivre les gens qui n'étaient encore qu'esprit ? Comme tout était plat, Anokua, que l'on pourrait appeler la force de gravité chez vous, n'existait pas. Il n'y avait pas de forces positives ou négatives, il était nécessaire de les créer pour que puisse naître la vie matérielle. La mère nature a alors décidé de créer les montagnes, toutes avec des formes, des tailles différentes. C'est ainsi qu'ont pu être créés les pôles négatifs et les pôles positifs qui ont généré les mouvements, et avec les mouvements est apparue Anokua. C'est pour cela qu'il est impossible de penser que les sommets fonctionnent ou vivent seuls. Même sur des grandes distances, ils sont connectés les uns aux autres, parfois avec d'autres planètes, des mises en relation qui permettent la naissance des énergies. À l'intérieur des sommets, la mère nature a abrité les esprits pour maintenir les forces en équilibre. Chaque sommet a son maître spirituel, ou sa capacité de « force », d'énergie qui a un rôle, une fonction particulière pour permettre et maintenir la vie sur terre. Serankua, le père, a décidé qu'il fallait matérialiser aussi les esprits, alors il a donné vie à la nature, et avec la nature à l'homme, il s'est alors posé la question de savoir où pourrait bien vivre un esprit transformé en matière. Alors il lui a enseigné à construire une nuhé, elle devrait être semblable aux sommets, aux montagnes, pas seulement dans la forme, mais aussi à travers sa capacité d'accomplir certaines fonctions. Elle devrait pouvoir générer des énergies positives et des énergies négatives et être soutenue, maintenue par Anokua. Le père a alors enseigné que l'homme était comme un univers, ses oreilles sont reliées à des planètes, sa bouche, ses yeux, sa tête sont comme des univers et chacun est connecté. Chaque homme représente un univers, et ces univers doivent être connectés entre eux. C'est pourquoi une nuhé, c'est bien plus qu'une simple structure de bois, c'est un lieu d'énergie.

« Pour construire une nuhé, il faut faire appel à trois types de connaissances spirituelles. Il faut d'abord pouvoir entrer en relation avec le sommet, celui avec lequel la nuhé sera reliée. Il faut ensuite connaître les différents organes humains qui permettent la libération de l'énergie humaine. Il faut enfin savoir comment ils se connectent entre eux. C'est pour cela que dans une nuhé, chaque mamu dispose de son lieu à la fois géographique et astrologique. Un ou plusieurs mamus vont entrer en relation avec le maître spirituel, l'esprit du sommet auquel sera reliée la nuhé. Ils vont lui demander l'autorisation de construire la nuhé, qui devra être localisée selon un axe précis, en lien avec le passage du soleil, au-dessus du sommet qui doit être illuminé le matin par le soleil. Ils vont faire les offrandes traditionnelles nécessaires et ainsi décider de la date de construction. Le lieu choisi doit être le plus plat possible pour éviter trop de travail de préparation et de remblais. Ce sont des adultes qui devront la construire, assistés par quelques jeunes qui souhaitent mieux connaître et apprendre comment se construisent les nuhés. Le matériel nécessaire doit provenir de quatre directions différentes. Deux des quatre piliers principaux devront venir de l'est qui représente la force négative, mais aussi le masculin, et deux de l'ouest qui représente la force contraire, la force positive, le féminin. Quatre piliers plus petits seront apportés des quatre points cardinaux : ils représentent les pôles qui permettent la décharge de l'énergie. C'est entre ces huit piliers que naît l'énergie d'Anokua. Celle-ci devra non seulement soutenir la structure physique de la nuhé, mais aussi avoir la capacité de capter les énergies de ceux qui s'en serviront et des activités qui s'y dérouleront. Les plus grands piliers positionnés à l'est et à l'ouest seront réunis au sommet rassemblant l'essentiel des forces de la nuhé. En aucun cas les piliers majeurs et les piliers mineurs ne devront être enterrés. Ils devront tous reposer sur des pierres qui proviendront elles-mêmes des quatre directions d'origine des piliers. La localisation des piliers obéit à une logique géographique, mais elle représente aussi la structure du corps humain. Les deux jeux de grands piliers représentent le corps, des pieds jusqu'à la tête, et les quatre piliers plus petits, les quatre principaux organes du corps qui génèrent, captent et distribuent les énergies vitales. Un sommet principal, à la hauteur de la tête, et plus spécifiquement au niveau des oreilles, représente la gravité qui maintient l'équilibre du corps.

« La loma est un lieu neutre entre le sommet et la nuhé, identifié et indiqué aux mamus par l'esprit de la montagne en relation avec la nuhé, comme un lieu de conciliation entre les deux pôles, les deux parties, le sommet et la nuhé, pour déterminer les actions à mettre en œuvre entre la dimension spirituelle et la dimension matérielle.

« Aucune action matérielle ne peut être effectuée sans un accord spirituel. Matériel et spirituel représentent les deux pôles négatif et positif, et la loma est le lieu où elles peuvent être conciliées, équilibrées. La nuhé fonctionne avec deux verbes particuliers, voir et saisir : « Tu verras ce qui existe et tu te saisiras de ce qui te convient. » On se rend à la nuhé pour discuter des problèmes ou des difficultés quotidiennes de la nature, la nature dont l'homme fait partie. La nuhé, assurant l'équilibre des forces en présence, permet à l'homme de percevoir avec clarté son environnement matériel. Chaque homme est en lien avec différentes planètes, il est donc porteur de différentes énergies qui pourront être équilibrées à travers la nuhé pour ensuite être prises et portées jusqu'à la loma.

« La nuhé matérielle doit être construite en totalité avec des matériaux collectés dans un environnement proche : des bois spéciaux, des lianes, différents types de palmes pour le toit et des pierres plates qui supporteront le poids des piliers. La nuhé est de forme circulaire, son toit est conique et de hauteur variable selon la largeur, le diamètre de la construction. À l'intérieur, l'organisation des piliers, qui donne une apparence de pyramide, forme un cadre qui va en se réduisant jusqu'au sommet. Il y a deux portes, l'une située à l'est et l'autre à l'ouest. Le toit commence à une hauteur moyenne de 1,60 mètre, et dans certains cas il est réalisé dans le même matériau que les murs. À l'intérieur, deux troncs larges sont disposés horizontalement, de façon à laisser un passage au centre et reliant les deux portes entre elles. Ces troncs servent aussi de bancs et dans certaines occasions ils permettent aux visiteurs de dormir. Dans les espaces laissés libres de chaque côté de ces troncs, à droite et à gauche, seront installés quatre foyers.

« Au niveau où se rencontrent le toit et le mur, plusieurs morceaux de bois sont disposés horizontalement vers l'intérieur : ils marquent un premier cadre à la forme pyramidale des quatre piliers. Ce cadre de bois correspond au premier niveau cosmique. D'autres cadres de bois vont être construits, dont le nombre peut varier en fonction de la taille, de la hauteur et du rôle de la nuhé. Sur le deuxième niveau pourront être fixés tous les matériaux, récipients de terres, instruments de musique, « cartes » nécessaires aux rituels. Les plus grandes nuhés sont généralement construites dans les villages. Un ou plusieurs mamus peuvent y travailler et exercer leurs fonctions. C'est dans celles-ci que sont analysés, de manière collective, les différents problèmes qui peuvent affecter la nature ou auxquels la communauté se trouve confrontée.

Dans une nuhé, le temps passe d'une manière étrange. Il suffit d'être là. Personne ne vous jugera si le sommeil vous emporte. À croire que la compréhension de ce qui vous est transmis dans ce lieu est plus physiologique qu'intellectuelle. Je crois que je me suis endormi. J'ai le bras engourdi. Je reconnais la voix de Miguel. Entre les flammes du foyer et l'ombre épaisse de la nuit, je distingue quelques visages, ombres obscures. Fermer les yeux. Se laisser aller, porter doucement. L'impression d'"être avec", de "faire partie de"... L'état physique que permet le lieu met les participants en situation de recevoir, plus exactement de percevoir les propos. De fait, c'est une grande paix qui se dégage de ces instants, une tranquillité partagée. Ici, on se sent apaisé. Je laisse ce sentiment envahir mon corps et mon esprit. Protégé, apaisé et libre. Dans ce lieu, les mots prennent un sens. Allongé à même le sol tiède, ou blotti dans de petits hamacs de corde fixés aux murs, on se relie avec le monde. Porté par la parole régulière des mamus, s'effectuent alors d'étonnants voyages :

— Une personne qui entre dans la nuhé contrôle ses énergies pour pouvoir penser. Celui qui pense avec ses énergies régulées est capable de se voir, de prendre conscience de lui-même, de ce qu'il est et de son environnement. Il va pouvoir penser justement. Les personnes entrent et se positionnent dans la nuhé selon leurs besoins, il n'y a que quelques lieux où il ne faut pas s'asseoir, car la concentration d'énergies y est trop forte. Certaines nuhés sont construites dans des endroits très spécifiques, où des sujets complexes ou des idées conceptuellement développées peuvent être abordés. Chaque mamu dispose en outre de sa propre nuhé, dont l'usage dépend du niveau de conscience et de connaissance de son propriétaire. Il existe des nuhés positives, qui correspondent aux énergies féminines et d'autres négatives, qui correspondent aux énergies masculines.

Je ne sais pas si j'ai tout entendu, tout compris. Au petit matin, lorsque je me réveille, la nuhé est vide. Non seulement, les mamus ont peu, voire pas dormi, mais en plus ils sont partis travailler et déjà revenus pour partager le premier repas de la journée. Lorsque je sors sur le pas de la porte, tous sont là. Il y a de la viande et des légumes en quantité. Quelques récipients en terre cuite, des cuillères creusées dans des calebasses. Voilà un repas placé sous le signe du partage et de l'abondance. Je m'assieds à l'écart et regarde la scène de loin, envie de ne pas déranger, ne pas imposer une présence par moments indiscrète. Que les Kogis nous aient invités est une chose. Que nous ne respections pas leurs moments d'intimité me semble en être une autre. C'est Ignacio qui va m'interpeller le premier, suivi de Jacinto.

— Viens voir, viens filmer. Nous les Kogis, nous aimons bien partager. Nous sommes frères, nous sommes égaux entre frères, nous ne devons pas nous disputer pour manger, nous vivons ensemble, alors nous devons manger ensemble et partager. On ne mange pas comme les petits frères, chacun un plat, dans un coin, séparé des autres. Non, nous, nous mangeons ensemble et tout est mélangé, pommes de terre, yucca, malanga, viande. Et il faut manger sans sel pour être plus fort, faire ainsi un meilleur travail spirituel. Nous sommes heureux comme cela. Alors que si nous sommes seuls, dans notre coin, c'est triste. Tu devrais enregistrer cela, le filmer... C'est triste d'être seul. Aujourd'hui nous sommes tous ici et nous pouvons partager de la viande, nous sommes heureux. Nous les Kogis, nous sommes comme cela. Vous les petits frères, vous avez des cuillères, des fourchettes. Nous, nous avons nos cuillères, nos assiettes. Et on partage tout. En partageant, nous ne nous disputons pas, nous ne parlons pas mal les uns des autres. Je crois que ceux qui vont nous regarder dans le film vont voir que l'on mange tous ensemble, les anciens, les enfants, pour partager, c'est notre culture. On mange comme on souffre. Quand il n'y a pas beaucoup à manger, pour ne pas trop souffrir, que cela ne soit pas trop difficile, on partage ce qu'il y a. Il ne faut pas que l'un ait tout et que l'autre n'ait rien, qu'il souffre ou qu'il ait faim, nous devons tous manger comme dans une grande famille. C'est pareil avec les animaux ou les arbres. Il ne faut pas maltraiter les arbres, au contraire il faut les aider comme une personne. Si une branche va mal, il faut l'aider pour qu'elle pousse bien. Il faut toujours essayer d'aider l'autre, l'accompagner pour qu'il soit bien. Avec ce film, quand on sera plus vieux, on pourra se voir quand on était jeune ensemble. Maintenant, nous pouvons aller nous reposer dans nos maisons. On se retrouve plus tard, pour continuer à travailler ensemble. Avant, il faut que nous puissions nous laver les mains, pour nous saluer et échanger les feuilles d'ayo.

Alors, je prends la caméra et je filme sans réfléchir sur un plan ou un autre, simplement en essayant de me couler dans l'instant, son rythme, presque son énergie. Je suis là, ils sont là. Je crois que ce jour-là nous étions là, ensemble, et c'était une émotion magnifique. Plus tard, dans mon appartement parisien, lorsque j'ai repris ces paroles, lorsque je les ai réécoutées pour les transcrire et vous les faire partager, j'ai été frappé par leur simplicité et leur force. « Nous sommes frères alors nous partageons, les jeunes et les anciens, ceux qui ont et ceux qui n'ont pas. Nous partageons et nous souffrons ensemble pour que la souffrance soit moins dure, pour éviter que certains aient tout, et que d'autres restent sans rien. » Il y a cette société qui nourrit le lien social, sans le théoriser, qui agit plus qu'elle ne parle et il y a nos sociétés qui théorisent à l'infini, mais où l'agir semble inaccessible, se noyant sous les mots, plus qu'elles ne se libèrent par le geste. D'un lien fort avec le vivant, d'une expérience intime du vivant — mais pouvons-nous encore comprendre ces mots, nous qui vivons en ville ? —, les Kogis font émerger un système dynamique de vie sociale, politique et spirituelle en recherche constante d'équilibre. L'entretien des règles qui structurent ce système est pour eux une question de survie. Au même titre que la nature est porteuse d'ordre face au chaos, la société kogi, expression de la nature, est porteuse d'ordre face au désordre. Équilibre entre l'ordre qui stabilise et le mouvement qui questionne et revitalise. Harmonie des contraires. La mémoire vécue est indispensable pour intégrer le mouvement comme source de vie et non de mortelle destruction.

« Quand la mémoire sociale se désintègre — en égyptien, l'hier est oublié — le réseau de solidarité se désintègre aussi et le monde devient un champ de bataille où l'un combat l'autre[1]. »

Un constat qu'il est intéressant de rapprocher d'un autre, issu de la biologie celui-là, puisque les Kogis se disent et se pensent prolongement et expression du vivant :

« À travers son essai sur l'entropie, le physicien Erwin Schrödinger (1887-1961) ouvre une vision nouvelle sur

1. Jan Assmann, *Maât, l'Égypte pharaonique et l'idée de justice sociale*, La Maison de vie, 1999.

l'énigme de l'organisation biologique. Quelle définition donne-t-il de la vie ? La vie, explique-t-il, paraît être un comportement ordonné et réglementé de la matière, comportement qui n'est pas basé exclusivement sur sa tendance à passer de l'ordre au désordre, mais basé en partie sur un ordre qui se maintient[1]. »

Un comportement ordonné de la matière, basé sur un ordre qui se maintient. C'est bien ces règles qui fondent le monde kogi, pour la mémoire desquelles ils travaillent jour après jour. Pour comprendre ce que peut représenter cette mémoire, sans doute pouvons-nous poursuivre notre détour par la biologie, et nous interroger finalement sur ce qu'est la vie :

« La vie se conçoit positivement comme un réseau où les parties communiquent entre elles, transfèrent des informations d'un lieu à un autre, préparent ici des réactions, là-bas ajustent dans le temps un grand nombre de mécanismes qui maintiennent l'ordre et l'équilibre global[2]. »

Plus troublante est l'hypothèse de Roman Jakobson :

« Le code verbal pourrait se révéler l'héritier lointain du code génétique, dont les fondements syntaxiques lui servent de modèle. La structure profonde de la langue dériverait d'un ancêtre lointain inscrit dans la cellule vivante. (...) Une idée défendue par l'anthropologue Claude Lévi-Strauss, qui défend à son tour l'idée d'une langue universelle inscrite dans le génome. (...) L'hypothèse selon laquelle le code génétique serait la première des langues vivantes a de quoi susciter l'étonnement[3]. »

Rappelons ce que nous disent parfois les Kogis. Dans leur langue, kagaba, l'homme, le Kogi, serait synonyme

1. Cité par Grégory Benichou, dans *Le chiffre de la vie*, Seuil, 2002.
2. *Ibid.*
3. *Ibid.*

de kakbei, la terre, elle-même porteuse d'Aluna, la pensée. Les Kogis se vivent comme étant la pensée de la terre. S'ils pensent la terre, il est donc normal qu'ils en formalisent les principes et les modes de fonctionnement. La société kogi serait un prolongement social et politique, un support d'« exploration » des règles qui structurent et organisent le vivant. Dialoguer avec le collectif kogi reviendrait donc à dialoguer avec le vivant, à en percevoir les mécanismes intimes, car il y a bien deux dimensions dans la société kogi : le savoir vivre ensemble fondé sur une relation forte au vivant et le pouvoir explorer le vivant, en parcourir les méandres. Qui va croire une chose pareille, qui sera seulement capable de l'entendre, sinon de l'accepter ? Et pourtant...

Pendant que les hommes finissent de se saluer, les femmes, réunies sous la houlette des *sagas* (les femmes chamanes), terminent leur repas. Souvent inaccessibles, traditionnellement plus réservées vis-à-vis des étrangers, elles sont venues nous rejoindre sur la place centrale du village, entre les deux nuhés mâle et femelle. Une façon de nous montrer qu'elles aussi ont permis et accepté notre présence.

Les Kogis expriment et tentent de faire vivre le nécessaire équilibre entre les dualités du monde. Le principe masculin ne peut être pensé, envisagé, sans son complément opposé, le principe féminin, le soleil sans la lune, l'inspiration sans l'expiration. Au sein de la société kogi, la place de la femme est fondamentale. Elle n'est pas plus ou moins, elle est l'autre, complément indispensable qui porte et donne la vie. Elle est la mère. Une ancienne parmi les anciennes prend la parole, doucement. À mots mesurés, elle nous explique son rôle, nous parle de sa vie. Autour d'elle, les femmes tissent leur mochila, une façon « active » de soutenir la pensée de leur aînée.

— Il faut que l'on enseigne beaucoup de choses aux

jeunes filles. Elles doivent savoir tisser les mochilas, s'occuper de la vie quotidienne. Si on ne leur enseigne pas, elles perdent très vite l'habitude et elles oublient de faire les choses. C'est à nous les anciennes de dire les choses, de donner les conseils. Nous sommes là pour cela. Souvent, nous parlons ensemble, nous nous racontons nos journées, ce que nous avons fait, comment nous l'avons fait, avec quelles intentions nous l'avons fait, avec quelle énergie, puis nous échangeons sur la façon de bien faire les choses, de les faire justement, avec la famille, les enfants... Nous, les femmes, nous connaissons beaucoup d'histoires racontées par nos ancêtres... Si les jeunes n'écoutent pas, il ne leur reste plus qu'à vivre mais sans penser les choses, alors elles vont avoir des problèmes. On ne peut pas vivre bien sans penser les choses. Nous devons nous rappeler toujours, partout, jour et nuit, la nécessité de vivre bien, afin que nos âmes aillent dans la bonne direction. Nous devons y penser tout le temps...

On ne peut pas vivre bien sans penser les choses...

Puis elle se tait, comme si l'essentiel était dit, sans qu'il soit besoin d'en rajouter. À nous de comprendre et d'intégrer ces propos. De son sourire lointain émane une infinie douceur, comme si son âme déjà avait rejoint l'unité.

Peut-être le temps était-il venu de marquer la fin de cette journée, de cette rencontre, là-haut, sur les terres kogis. C'est ce qu'a semblé nous dire le tonnerre lorsqu'il a résonné avec violence dans la vallée étroite de Tchendukua. Une dernière fois, les entrailles de la montagne nous avalent. Les pluies épaisses de l'après-midi ont vidé la place et renvoyé chaque famille vers sa maison. Derrière les murailles végétales et la puissance des eaux furieuses, le monde s'estompe. Avec Miguel et Gentil, nous choisissons de nous replier vers la kankurua, chaude et protectrice. Envie de profiter, de voler encore un peu de cette chaleur, de ce temps partagé, l'envie de se sentir « appartenir à », dans les rondeurs de la terre. Dans l'après-midi, un à un, les hommes viennent nous rejoindre, partager cette dernière soirée. Les mamus vont parler, donner quelques ultimes conseils, les confier au vent, au souffle de la vie qui les emportera :

— Nous devons apprendre à penser « justement » les conseils que nous donnent les anciens. Nous devons apprendre à les écouter, les respecter comme nous respectons nos enfants, nos épouses. Pour cela, il faut être humble, apprendre à les aimer. Les Kogis doivent se respecter et s'aimer comme ils respectent et aiment la nature. Les petits frères, eux, ils ne respectent rien. Ils viennent chez nous et ils pillent nos tombes, les pierres, les colliers, en faisant cela, ils créent des problèmes, des guerres. Pour nous ces pierres sont très importantes, elles nous servent pour faire des offrandes, former les jeunes mamus... Les gens de l'extérieur viennent et pillent nos lieux sacrés. Ils emportent l'âme, la mère des lieux sacrés, mais nous avons encore la mémoire. Nous connaissons encore les lois, les règles, notre pensée est encore forte. Emportez cette pensée, là-bas. Emportez-la.

Puis le silence s'installe, un silence plein, habité, où chacun glisse dans ses pensées. Un silence profond, craquelé par le claquement sec d'une branche dans le foyer, claquement fissure, claquement mouvement. Puis de nouveau le silence qui dissout et emporte les peurs. Nous voici encore pendant quelques heures dans le ventre de la terre. Au côté d'un peuple capable de relier le passé, le présent et le futur, un peuple capable d'être l'expression en conscience du vivant. En écrivant cette phrase, encore une fois, je ne suis pas sûr que les mots soient suffisants pour transmettre l'importance d'un tel constat. Il y a dans le monde un peuple capable, de façon collective, d'incarner le vivant, d'en être une expression consciente, un prolongement, d'en être la parole et la pensée.

« Connais-toi toi-même, et tu connaîtras l'univers et les dieux », nous rappellent, comme d'autres ailleurs, les Kogis qui considèrent que l'homme dans le monde et le monde dans l'homme sont les deux faces d'une même médaille, les deux aspects manifestes d'une même réalité. Dehors la nuit arrive. Les cris des crapauds montent, ensemble puis séparés, dans un étrange concert qui emplit l'obscurité. La nature bruisse, multiple et invisible, souffle et frottement. La nature transforme et emporte le monde.

Le lendemain matin, le village est vide. Les huttes ont été soigneusement refermées. Quelque chose s'est éteint. Deux mules attendent d'être chargées pour redescendre vers la vallée. Au moment du départ, j'ai l'impression que Miguel nous regarde d'un air goguenard, comme s'il s'amusait de nos découvertes et du bon tour qu'il nous a joué. Maintenant, vous savez... À vous de jouer, semble-t-il nous dire.

Ce jour-là, nous sommes redescendus joyeux et légers. Les choses prenaient sens, se dévoilaient enfin à nos yeux, nos cœurs et notre esprit. Le film n'était plus décousu, succession d'images prises au grés de nos rencontres. Il devenait enfin le film des Kogis, un peuple vivant pour qui l'inconscience n'est pas possible, un peuple vivant qui se doit de préserver « la » mémoire, pour préserver la vie. Ce jour-là, le film des Kogis a trouvé son sens, la mémoire retrouvée, son titre : *Le message des derniers hommes*.

Quelques jours plus tard, Gentil partait pour Araracuara, au cœur de la forêt amazonienne. Là-bas, entre la Colombie et le Brésil, il allait renouer avec les Indiens Witotos et Andoques, afin de préparer la venue des Kogis. De mon côté, j'allais remonter la trace de pilleurs de tombes à la recherche des objets sacrés. Les événements commençaient à s'accélérer, mais... lentement ! comme si les Kogis avaient réussi à nous faire comprendre, enfin, quelque chose. Il n'y avait plus rien à penser, rien à dire, il n'y avait qu'à suivre les paroles du monde.

Chapitre 5

La nuhé et le monde

« Afin d'assassiner un peuple, rien ne vaut la déconsidération de sa civilisation, le déni de son humanité, le discrédit de ses mœurs. »

Michel Onfray,
Esthétique du pôle Nord.

Nous voilà donc en charge de nouvelles responsabilités, et quelles responsabilités ! Retrouver des plumes, des cristaux, des pierres, des céramiques, voire même des statuettes en or, autant d'objets qui doivent permettre aux Kogis de poursuivre leur travail, de nourrir ce chemin de mémoire dans lequel ils se sont engagés. Nous n'allions pas tarder à découvrir que l'opération de rachat et de restitution de terres que nous avions engagée était assez simple au regard de ce qui nous attendait. Pour les plumes, l'affaire semblait entendue. Gentil allait se rendre à Araracuara, une région d'Amazonie où il avait travaillé lorsqu'il était fonctionnaire au ministère de l'Intérieur, en charge des Affaires indiennes. C'était une demande des Kogis claire et explicite. Pour les cristaux et autres objets rituels, en revanche, même si les Kogis nous en avaient parlé souvent, cela semblait plus confus.

J'avais encore à l'esprit les propos tenus par Miguel lorsque nous avions quitté Tchendukua : « Les petits frères, eux, ils ne respectent rien. Ils viennent chez nous et ils pillent nos tombes, les pierres, les colliers, en faisant cela, ils créent des problèmes, des guerres. Pour nous, ces pierres sont très importantes, elles nous servent pour faire des offrandes, former les jeunes mamus. » Ils ne nous avaient fait aucune demande explicite, et il est difficile, pour ne pas dire dangereux, de nous mettre en quête de tels objets sans avoir leur accord et surtout leur soutien spirituel. Dans la culture kogi, chaque objet a une âme, une pensée qui repose dans la Sierra. Objet et esprit forment un tout qu'il faut déplacer avec précaution. Retrouver certains des objets profanés par les pilleurs de tombes, c'est solliciter cette pensée, et donc risquer de provoquer un nouveau déséquilibre.

En accord avec Gentil, que j'accompagne à l'aéroport de Santa Marta, je décide d'aller parler à Mamu Antonino, celui que les Kogis ont choisi pour réveiller et garder les terres de La Luna. Lui saura me dire. Cela fait longtemps que je ne l'ai pas vu. Sans doute sera-t-il content d'avoir des nouvelles de sa famille, de Miguel, son frère resté à Tchendukua. Quelques achats, quelques cadeaux pour les familles de La Luna, du sucre de canne, du coton, et je repars vers ces terres magiques où des hommes habitent le monde. Au moment où je descends du bus poussif qui dessert les villages le long de la côte Caraïbe, je tombe sur Manuel, Alicia, sa femme, et leurs trois enfants, assis sous l'ombre protectrice d'un petit arbre aux feuilles sombres. Manuel et sa famille ont été désignés, voilà plus de sept ans, pour être les gardiens de Pueblito, la cité de pierre, ancienne capitale des Indiens Tayronas, où nous avons commencé le film pour les Kogis. Il a été formé pour entretenir les lieux sacrés, permettre qu'un jour, malgré les outrages, les destructions, ils puissent être réveillés.

Depuis que les terres de La Luna ont été restituées aux Kogis, il lui arrive fréquemment de quitter Pueblito, pour venir recevoir les conseils de Mamu Antonino et se ressourcer auprès de sa communauté. Pour avoir parcouru plusieurs fois la Sierra avec lui, j'ai appris à apprécier sa réserve, sa prévenance et sa gentillesse. Au fil de nos rencontres, nous sommes devenus amis, de ces amis qui se connaissent sans beaucoup de paroles. C'est un réel plaisir de le retrouver là.

Un peu en retrait, un homme et une femme me regardent avec réserve. Manuel me les présente avec déférence, ce sont ses beaux-parents. Elle s'appelle Rosa, lui, Marco. De ces personnages se dégagent à la fois une grande force et une forme d'humilité lumineuse. Ils sont là, simplement là, comme si leur être et leur paraître ne faisaient qu'un. Marco surtout. J'apprendrai plus tard qu'il est sans doute l'un des plus grands mamus de la Sierra, son autorité et ses pouvoirs sont unanimement respectés. Manuel m'explique avec sa voix inimitable, presque un murmure, qu'ils sont venus de Santa Rosa pour aider Mamu Antonino à construire et baptiser une nouvelle nuhé. Aussitôt échangés, les mots s'évanouissent, comme s'ils ne devaient pas déranger le monde, comme si nous devions rester discrets. S'il est une chose que les Kogis craignent par-dessus tout, c'est de ne pas respecter l'autre, de donner l'impression d'être plus que lui, de vouloir le dominer. D'après eux, un homme ne peut pas être plus important qu'un autre homme, ni même qu'un arbre, une pierre ou une rivière. Chacun est là pour remplir une fonction qui lui est propre et qui est utile pour l'autre. Vouloir dominer est une façon d'entamer sa propre destruction. C'est, entre autres, pour cette raison que les Kogis regardent avec angoisse les petits frères en particulier, et la société occidentale en général, tenter de dominer le reste du monde.

« Les Indiens ne veulent pas conquérir le monde. Ils ne

veulent pas persuader les foules, ils ne veulent pas dominer avec leurs mots, avec leurs voix. Instinctivement, l'homme indien élimine tout ce qui le sépare, tout ce qui le rendrait supérieur[1]... »

Leur plus grande peur est d'être « occidentalisés », modernisés, ce qui entraînerait la perte de leur culture et des chemins qui permettent l'accès aux autres niveaux cosmiques, de quitter le sacré vers le profane, l'intelligible vers l'obscur.

« S'il est vrai que "notre monde" est un cosmos, et notre territoire une réplique de ce cosmos, toute attaque extérieure menace de le transformer en Chaos[2]. »

La perte de la culture entraîne la perte de la représentation et de l'appropriation cosmique du monde, donc de l'ordre des choses. C'est peut-être pour cela que de nombreuses sociétés indiennes préfèrent parfois se laisser mourir physiquement, et continuer leur route « cosmique », plutôt que perdre leur culture au risque de subir une longue agonie spirituelle.

« On ne peut pas vivre sans une ouverture vers la transcendance, en d'autres termes, on ne peut pas vivre dans le "Chaos". Une fois perdu le contact avec la transcendance, l'existence dans le monde n'est plus possible, et les Achilpas se laissent mourir[3]. »

Les présentations terminées, nous nous engageons tous sur la piste qui mène à La Luna. Marcher, une façon privilégiée de retourner vers la Sierra, après la chaleur pesante de Santa Marta, le chef-lieu du département. De cette première rencontre naîtra une belle amitié avec Marco, un personnage qui m'accueillera dans sa famille et me fera pénétrer plus avant les mystères de la culture kogi. Lorsque

1. J.-M.G. Le Clézio, *op. cit.*
2. Mircea Eliade, *Le sacré et le profane*, Gallimard, 1965.
3. *Ibid.*

nous arrivons devant le portail qui délimite les nouvelles terres, il y a affluence. Une dizaine de personnes viennent d'arriver de la Sierra et se reposent à l'ombre d'un arbre à maracuyas. Rapidement cueillis, les fruits ronds à la chair juteuse disparaissent dans la mochila des enfants. Ensemble, nous remontons la longue allée qui traverse les terres basses de La Luna. Les arbres énormes qui surplombent la vallée témoignent de ce que devaient être la forêt tropicale avant la déforestation furieuse qui a accompagné la construction de la piste et l'installation des colons. Un immense jardin aux formes entrelacées dont les verts multiples emportent le regard. Éclats de couleurs aux pétales géants qui parsèment l'ombre des sous-bois. Mur opaque gorgé de vie, témoin des mille passages furtifs de ceux qui vivent ici, comme une trace laissée entre les arbres, des arbres mémoires, d'une forêt à (re)venir. Un dernier virage, puis nous débouchons devant la rivière où plusieurs familles sont en train de se rafraîchir. Au-delà de la découverte des plates-formes, c'est la présence de l'eau qui a amené les Kogis à choisir cette terre. Quand il y a de l'eau, on peut planter, arroser, on peut vivre. Je demande à Manuel de prévenir Antonino de ma visite S'il en est d'accord, je passerai le voir demain matin, avant les grosses chaleurs. Les Kogis disparaissent, avalés par la petite bananeraie qui masque l'entrée de leur village. Je remonte la crête presque familière qui conduit vers la maison de l'association construite sur les terres de La Luna.

À chacun de mes retours, je répète le même rituel, une habitude prise depuis quelques mois. Je m'empresse de faire le tour de toutes les plantations, citronniers, caracolis, avocatiers, bambous, toutes ces graines, ces boutures, plantées au gré des jours qui passent. Savoir lesquelles ont poussé, lesquelles manquent d'eau, combien de feuilles sont apparues sur tel arbuste. C'est un vrai bonheur, une joie d'enfant. Je ne peux m'empêcher de replanter une jeune pousse de caracoli, de désherber un jeune citronnier étouffé sous des entrelacs de lianes voraces, de redresser ce plant de bananier malmené par la dernière pluie. Je me surprends presque à leur parler, à leur demander comment elles vont, ce qui s'est passé ici depuis mon départ. Retrouver la terre, ses odeurs, ses formes et ses couleurs. Bien sûr que je me retrouve moi-même. Au-delà des yeux et du cœur, je suis en partie d'ici. Devant la maison, les goyaves aux odeurs lourdes et enivrantes couvrent le sol. Déplacements furtifs de lézards aux couleurs multicolores, d'araignées aux pattes agiles. Ma présence dérange les nouveaux hôtes du lieu. Derrière la porte, un serpent aux couleurs sombres et brillantes. Sur sa tête, un X caractéristique désigne l'animal. Dangereux ! Il nous faudra quelques jours pour reprendre nos habitudes communes, eux et moi.

Le lendemain matin, je retrouve Antonino assis devant sa maison. Avec Isabel et sa famille, il est en train de travailler de curieuses petites calebasses. De tailles et de volumes différents, une fois creusées, ces calebasses servent de cuillères ou de tasses. Le fait de revenir sur des terres chaudes leur permet de laisser de côté les assiettes en plastique, pour retrouver leurs couverts traditionnels. Le village est en effervescence. Une trentaine de Kogis préparent la plate-forme principale où doit être construite la nuhé. L'instant est d'importance, la construction de cette nuhé marque la véritable prise de possession du lieu par les Kogis.

« Dans l'étendue homogène et infinie, où aucun point de repère n'est possible, dans laquelle aucune orientation ne peut s'effectuer, l'hiérophanie [émergence du sacré] révèle un point fixe absolu, un Centre (...). Pour vivre dans le monde, il faut le fonder, et aucun monde ne peut naître dans le "Chaos" de l'homogénéité et de la relativité de l'espace profane. (...) La révélation d'un espace sacré permet de s'orienter dans l'homogénéité chaotique, de "fonder le monde" et de vivre réellement. Au contraire, l'existence profane maintient l'homogénéité. (...) À vrai dire, il n'y a plus de monde, mais seulement des fragments d'un univers brisé, masse amorphe d'une infinité de "lieux" plus ou moins neutres où l'homme se meut, commandé par les obligations de toute existence intégrée dans une société industrielle[1]. »

Petit, sec, Mamu Antonino est un mamu d'un autre temps. À quatre-vingt-dix ans, sans doute fait-il partie des derniers à avoir suivi, dans les règles, les dix-huit ans de formation nécessaire pour « naître au monde ». Malgré son âge, il paraît infatigable. Depuis qu'il s'est installé ici, voilà maintenant trois ans, il n'a pas arrêté de sillonner ces terres, de s'en imprégner, pour en connaître les moindres recoins, les moindres mystères. À plusieurs reprises, je l'ai accompagné avec sa famille, sa femme Isabel, ses filles, lorsqu'ils partaient au petit matin explorer le monde. Tout les intéresse, tous les intrigue et les relie, une pierre, une plante, le bruit d'un animal, et bien sûr, les traces discrètes laissées par leurs ancêtres. C'est sur les pierres redressées et nettoyées d'une ancienne plate-forme construite par les Tayronas que nous avons parlé de son arrivée sur ces terres, de la façon dont il concevait son rôle, son travail ici à La Luna.

— Au début, quand je suis arrivé, on a souffert, c'était dur. C'était difficile de réveiller la Mère, de faire tout le travail spirituel. Il n'y avait rien à manger. Il a fallu tout refaire, replanter. J'étais seul pour commencer le travail. Aujourd'hui, cela va mieux, les choses s'améliorent. Quand j'étais enfant, parfois j'étais en colère contre ma maman, alors elle m'envoyait chercher du bois. Si je voyais une pierre, je la retournais pour qu'elle roule jusqu'en bas. Quand on est jeune, on fait des choses sans

1. *Ibid.*

penser aux conséquences. Maintenant, je prends conscience de tout ce que j'ai fait, les déséquilibres que j'ai créés. Je maltraitais les arbres, l'eau, les montagnes. Sans le savoir, j'ai fait beaucoup de dégâts. Quand on ne sait pas, on abîme beaucoup les choses. Maintenant, pour réparer, je dois beaucoup travailler. J'ai beaucoup travaillé pour aider à trouver d'autres terres, celles de La Luna, et les autres terres plus haut, vers La Hamaca. Si on ne fait pas ce travail, après les propriétaires ne voudront plus vendre, ou très cher. Là, on travaille ensemble, avec Gentil et toi. Nous, on fait le travail pour vous aider et préparer les choses.

Plus tard, il m'a emmené dans une gorge étrange, masquée par une végétation épaisse. Sous les larges feuilles aux aiguilles acérées, les traces d'un vieil escalier aux marches branlantes. Le sang de la terre semble suinter des parois aux couleurs ocre et rouges. La profondeur des eaux calmes et insondables emporte le regard. Serait-ce une porte, un passage ? Nous sommes restés longtemps assis, en silence. Attente du soleil qui brusquement a éclairé les lieux, sorte de colonne de lumière tombée des frondaisons.

— Nous devons écouter les voix de la nature, si on n'écoute pas, chacun va de son côté, et sans une direction, cela ne peut pas aller. Il faut remettre en place les sites sacrés. Ici, on va recommencer le travail spirituel pour soigner la mère terre. Ceci est un passage qui communique avec l'esprit de la montagne, là-haut. On ne peut pas laisser les choses abîmées, détruites, nous devons ouvrir les yeux et écouter. Depuis que nous avons récupéré la terre de La Luna, nous retrouvons peu à peu les sites. C'est ici que nous devons faire les offrandes pour récupérer les lieux importants. C'est ici que nous allons commencer le chemin, lui donner de la force, comme une personne, pour qu'il ait du pouvoir. Les sites sacrés doivent se remettre à vivre. Plus tard, nous serons nombreux à vivre ici, alors il faut faire le travail, préparer les sites sacrés, pour pouvoir vivre selon les règles. Depuis que je suis venu ici, j'ai retrouvé une pensée très importante. En travaillant, il faut être attentif pour bien faire les choses. Si on n'est pas attentif, concentré, on ne peut rien faire, rien apprendre, rien enseigner. Aujourd'hui, je sais que j'ai encore beaucoup à apprendre, comme un enfant. Pour apprendre, il faut faire attention, rester humble. C'est difficile d'apprendre. Les petits frères enregistrent sur des machines ; nous, nous devons enregistrer dans l'esprit, pour garder la mémoire, la garder dans la tête. Si on ne fait pas les choses, on ne peut pas les apprendre et les garder dans la tête.

Assis un peu à l'écart, adossés à de grandes pierres dressées, trois mamus travaillent en Aluna. Ils sont chargés de suivre la construction de la nuhé dans sa dimension spirituelle et énergétique. Il y a toujours dans leur regard cette interrogation, mélangée d'inquiétude, lorsqu'un étranger les observe. Comprendra-t-il ? Comprendra-t-il sans juger, sans projeter ses propres croyances ? Comprendra-t-il ce qui est ? Posées sur le sol, quelques calebasses remplies d'eau claire. À intervalles réguliers, les mamus y plongent des cristaux de formes et de couleurs différentes, puis les sortent avant de les plonger de nouveau. Le nombre, la forme et la disposition des bulles créées par chacun des mouvements les renseignent sur la « justesse » d'un instant ou d'une action. Et Mamu Antonino de continuer :

— Nous devons retrouver la pensée de cette terre. Quand une personne meurt, sa pensée retourne à l'énergie, Enguacha. Nous ne pensons pas qu'elle meurt. Les corps meurent, mais la pensée reste ici, avec nous. Parfois, l'un d'entre nous pense à celui qui est mort, il rêve de lui en train de travailler, en train de faire des choses. Il peut être en train de nous aider ou de nous donner des conseils. Il est mort, mais il reste à côté des enfants, des amis, de sa famille. Il reste ici, sa pensée est là. Le corps et la pensée, ce sont deux choses différentes. Ici, c'est cette pensée que nous devons retrouver.

Les différentes pièces de bois nécessaires pour construire la nuhé commencent à s'accumuler sur la plate-forme. Rien n'est laissé au hasard. Dans ce travail symbolique de reconstruction de l'univers, où il s'agit de remettre de l'ordre dans le chaos, tout a sa place, sa juste place.

« Un territoire inconnu, étranger, participe encore à la modalité fluide, larvaire du “Chaos”. En l'occupant et surtout en s'installant, l'homme le transforme symboliquement en Cosmos par une répétition rituelle de la cosmogonie. Ce qui doit devenir “notre monde” doit être préalablement “créé”, et toute création a un modèle exemplaire : la création de l'univers par les dieux [1]. »

Je profite de la présence de Manuel, précieux traducteur, et d'un instant de répit dans la construction de la nuhé pour interroger Antonino. Les mamus ont-ils besoin de retrouver des pierres, des cristaux ou d'autres objets particuliers pour réveiller La Luna ? Peuvent-ils me dire lesquels et comment les retrouver, les choisir ? La question une fois traduite par Manuel, les trois mamus présents vont longuement échanger entre eux, ajuster leurs représentations. C'est Marco, arrivé avec Manuel, qui me fera part de leur réponse.

— On sait qu'à Bogotá, il y a un musée avec beaucoup d'objets en or. Et il faut que l'on paye pour voir des objets qui sont des objets kogis. Le gouvernement gagne de l'argent en montrant des objets qui ont été volés chez nous. Là-bas, ils gagnent de l'argent et nous on souffre, pourquoi ? Vous aussi, dans vos pays, vous emportez des objets qui ont été volés sur ces terres. On peut dire à tous les petits frères : « Vous sortez l'or, les objets de chez nous et vous les emportez. Comment voulez-vous que l'on

1. *Ibid.*

puisse faire notre travail spirituel ? L'or, c'est le pouvoir spirituel, le pouvoir de la pensée. Comment voulez-vous que l'on fasse ? Vous avez tout enlevé et vous continuez à en enlever tellement... » Avant, le pouvoir était ici, maintenant c'est difficile de récupérer notre culture, car en enlevant l'or, en pillant les tombes, les petits frères ont enlevé le pouvoir des animaux, des plantes, des rivières, ils tuent la force et l'énergie... Les petits frères vivent bien avec l'or qu'ils ont emporté. Nous, nous avons perdu notre force et nous regardons la terre qui meurt. Quand les petits frères nous demandent : « Et comment cela va chez les Kogis ? », nous ne pouvons pas répondre, il faut du temps pour rechercher le chemin, les petits frères n'ont jamais le temps. Ils veulent tout comprendre tout de suite. Il y a des endroits dans la Sierra où le pouvoir existe toujours, il faut retourner voir les anciens pour savoir, pour retrouver la force. Le pouvoir, la mémoire. Mais beaucoup est parti avec l'or que les petits frères ont emporté. Les mères et les pères de beaucoup d'animaux ont été volés, emportés sur d'autres terres. Peut-être pourrions-nous en retrouver certains, si on nous rendait l'or, au moins un peu. Oui ! si on nous rendait l'or, les pierres, nous pourrions refaire les choses, recommencer le travail spirituel, nous pourrions le faire depuis le début, bien le faire. Il faut retrouver les objets.

Et Mamu Antonino de renchérir :

— Si nous devons recommencer à faire le travail spirituel, nous devons faire vite, car nous oublions, et il ne nous reste plus beaucoup de force, plus beaucoup de temps non plus...

Mes premiers échanges avec les Kogis, plus particulièrement avec leurs mamus, m'ont fortement impressionné. Dans une nuhé, sur la loma, ou lors de séances de travail, personne ne vous explique ce que vous devez faire ou ne pas faire, où il convient de vous installer, comment il faut se comporter. C'est le silence qui vous accueille. Un silence long, puissant, qui exprime plus que les mots bavards. Et pourtant quand vient votre tour de parler, l'écoute est totale, profonde, le respect de l'autre, de ce qu'il souhaite dire est entier. Alors, forcément on s'interroge. Est-il possible de s'asseoir sur ces grands sièges de pierre où se réunissent les mamus ? Est-il préférable de s'asseoir sur le côté, à droite ? Ou peut-être à gauche ? Et si l'on s'installe en face, comment cela va-t-il être interprété ? Il m'a fallu plusieurs réunions pour comprendre que la bonne place, la bonne façon de se comporter est la place « juste », le comportement « juste ». Il n'est pas bon ou mauvais, il correspond à une situation, un moment donné, un point d'équilibre entre les personnes, les énergies présentes sur un territoire donné. Quand plusieurs mamus de villages ou de vallées différents se retrouvent, ces instants d'ajustement peuvent prendre de longues minutes. Le siège central reste vide, le temps que les personnes présentes évaluent qui va être à même de s'y installer. L'installation physique est d'ailleurs souvent précédée de longues heures de méditation sur le territoire neutre que représente la loma.

La juste place n'est pas laissée au « chef », cette notion n'existe pas, mais au plus humain, celui dont le comportement est jugé le plus « respectable » de par sa connaissance du lieu, l'exemplarité de son comportement et sa capacité à partager l'histoire, faire vivre la mémoire. La place que l'on peut occuper dépend donc de l'appréciation que l'on a du moment, du lieu et des personnes présentes. L'exercice est difficile lorsque l'on sait que les Kogis craignent de vouloir être plus, de vouloir dominer. Il nécessite de l'attention, de l'humilité, de cette humilité qui ouvre à l'immensité de l'univers.

Ce jour-là, Antonino et les trois mamus présents ont confirmé leur demande. Oui, bien sûr, en plus des plumes, il leur faudrait retrouver des objets, particulièrement ceux en or, mais pas n'importe comment et surtout pas n'importe quand. Eux ne peuvent pas le faire directement, trop dangereux, mais nous, Gentil et moi, peut-être.

— D'abord, il faut bâtir la nuhé, la terminer, ensuite on pourra savoir quels objets il faut pour faire tout le travail spirituel, les offrandes traditionnelles pour réveiller les choses. C'est nécessaire pour la communauté, pour la vie. C'est difficile de faire ce travail de divination. Quand la nuhé sera terminée, on cherchera ce que nous devons faire ensemble.

Depuis les premières heures de la matinée, la nouvelle nuhé commence à prendre forme. Chaque pièce est montée et assemblée, comme si un plan invisible, mais connu et partagé par tous, guidait les travaux. Un plan tellement intégré qu'il ne nécessite aucune explication. Personne ne donne d'ordres, mais chacun sait qui il est et ce qu'il a à faire. D'où viennent les mesures, les repères qu'ils utilisent ? Cette écorce effilée qui semble être une sorte de mètre, ces morceaux de bois taillés, quelles mesures donnent-ils ? Les références sont celles du corps, réplique de l'univers. Ne sont-elles que projections symboliques ? J'hésite chaque fois à dépasser le symbole, pour imaginer autre chose, un autre lien au vivant.

« Le code génétique s'entend comme un chiffre vivant, il exprime l'idée d'un réel insaisissable, d'un sens voilé qui, bien qu'il se donne aux yeux du regard, échappe à l'œil de l'esprit. (...) Il est une mémoire qui défie l'érosion de l'oubli. Le code du vivant se souvient. Il conserve l'empreinte de ses origines et les transmet à la descendance [1]... »

Il y a le travail visible, la nuhé, et puis il y a le reste.

1. Grégory Bénichou, *op. cit.*

Nous sommes la pensée, l'esprit de la nature, répètent souvent les Kogis. La pensée du vivant. Peut-être sont-ils la pensée du vivant, mais cela ne les empêche pas de se moquer les uns des autres, accrochés « comme des singes » sur les poutres du toit, ou à jouer à être trop faibles, tellement faibles qu'ils n'arrivent pas à soulever une pierre ridiculement petite. Au fil des heures, les tâches s'enchaînent avec calme, comme une évidence. L'évidence des choses qui doivent être faites, dans la légèreté et la gravité. Les plus anciens s'occupent des tâches les plus simples, en silence. Ici, point de mots pour parler d'éthique, les valeurs se montrent, elles sont vécues, habitées.

Du fait de la chaleur qui règne dans la vallée, les parois sont constituées de troncs espacés, sur lesquels sont apposées de larges bandes de roseaux tressés. Une façon de garder la fraîcheur à l'intérieur de la maison, tout en laissant pénétrer les maigres filets d'air qui parfois remontent la vallée. Pour le toit, il a fallu acheter des palmes aux paysans voisins. Des palmes à la chair dense, dont les feuilles fines, une fois tressées, garantissent imperméabilité et solidité. Sur La Luna, élevage et déforestation ont fait disparaître les palmiers depuis longtemps, et plusieurs années vont encore être nécessaires pour que les jeunes pousses récemment plantées donnent des palmes en quantité. En attendant, il faut les acheter. Ce sont les plus jeunes qui ont été désignés pour les transporter jusqu'à la nuhé. La charge est lourde, haute, sa mise en équilibre sur le dos, délicate. Le passage de la rivière devient un exercice d'équilibriste. En transportant une puis deux de ces étranges bottes de palmes, j'ai l'impression de participer à quelque chose qui me dépasse, d'être là, avec. D'être vivant.

Ce soir, nous sommes réunis au centre de la nouvelle nuhé. Il y a affluence. Après le repas collectif, Camilo apporte une braise et allume le feu. Il ne cessera plus de brûler durant toute la vie de ce nouveau lieu. À la fin de la journée, le chantier ralentit, puis s'arrête. Tous viennent s'installer autour du feu, trouver une place, une pierre pour s'asseoir. Inlassablement Antonino, Marco et les autres mamus expliquent, parlent aux jeunes, répètent l'histoire. Eux aussi doivent savoir.

— La nuhé, c'est comme un père ou un grand-père. Les enfants aussi viennent dormir ici. Une nuhé, c'est comme les grand-mères et les grands-pères. Ils vivent ensemble, comme le mamu et la saga. Les montagnes et les sommets sont comme des nuhés, les villes des ancêtres. Ce ne sont pas seulement des terres que nous devons cultiver, ce sont des maisons, les maisons des anciens, des ancêtres, des maisons où vit l'esprit des anciens. Les grandes pierres aussi sont comme des mamus. On continue à faire les nuhés comme nous les avons toujours faites. Comme nos ancêtres les faisaient, sur les plates-formes de pierres, en respectant les règles. À Pueblito, il y avait une ville, dans le monde de l'obscurité. Aujourd'hui on voit les choses, mais avant, tout était dans le monde de l'obscurité, de l'esprit, les choses viennent après la pensée. On bâtit les nuhés pour les grandes réunions, comme faisaient nos ancêtres. Ici, cette terre où nous sommes, cette terre de la Luna où nous construisons cette nuhé, c'est là qu'est née l'histoire, c'est le début de l'histoire. La fin de l'histoire, ce qui doit se réaliser, se trouve ici à Makotama, là-haut dans la Sierra, mais le début est ici... Dans une nuhé, on ne peut pas se disputer, on vient pour discuter de choses importantes, pour la tradition, pour maintenir les règles.

Comme souvent, l'échange durera toute la nuit. Alternance de conseils, d'explications donnés par les mamus, et de commentaires sur le travail effectué, celui qu'il reste à faire. Le silence est habité par des mots justes, simples. Ils sont reliés aux actes, ceux d'hier et ceux de demain. Allongé sur le sol, je somnole doucement, se laisser porter par ce temps rituel, ce temps plein de l'instant, écouter les mots, ces paroles qui deviennent lointaines, puis qui nourrissent la pensée.

— La nuhé a une signification importante, il y a des poutres à l'intérieur qui symbolisent le feu, les poutres où sont attachés les hamacs qui symbolisent les axes soutenant le monde. Une nuhé, c'est un monde entier, vous comprenez cela, un monde entier. En haut, on voit les premières planètes, et après les autres. Il y a des nuhés qui ont neuf planètes. Comme le monde, comme l'univers qui a neuf planètes. Une nuhé, c'est l'univers. Quand quelqu'un fait sa maison, il doit la baptiser. C'est la même chose pour une nuhé, afin de l'accueillir dans le monde des vivants. Chaque morceau de bois, chaque liane a son nom. Nous devons connaître chaque chose, chaque nom traditionnel, pour parler, pour que la personne vive, existe. Dans la nuhé, nous parlons de la nuit jusqu'à l'aube. Dans une nuhé, on ne peut pas se disputer, ni crier, on doit dire et faire des choses justes qui vont servir à la communauté. Pour construire une nuhé, il faut faire un travail de divination. Grâce à ce travail, on peut savoir où construire la nuhé, quand la construire et comment. Il faut que l'on se mette d'accord avec la nuhé, avec son esprit. On partage sa pensée, on parle avec la nuhé, alors on parle avec la nature. Maintenant que l'on a presque terminé cette nuhé, nous allons pouvoir parler pour savoir comment nous allons récupérer cette culture ici, sur ces terres, comment nous allons retrouver notre mémoire pour respecter les règles, la loi. Si nous ne le faisons pas, nous allons avoir des difficultés, des problèmes. Les jeunes doivent savoir, doivent apprendre la loi. Ensemble nous devons nous aider, nous soutenir, les hommes, les femmes, les anciens, les enfants, c'est comme cela que nous devons faire pour retrouver les traditions. Si nous nous mettons d'accord, ce serait bien que les jeunes recommencent à faire des tutumas, nos cuillères à nous. Ce sont les seules que nous pouvons utiliser, que nous ont laissées les ancêtres et leurs esprits. Nous devons être plusieurs mamus pour faire vivre les choses. Seul, un mamu ne peut pas faire vivre la tradition, il faut être plusieurs, ensemble. Nous pouvons nourrir la terre, la protéger ; ensemble nous pouvons entretenir la tradition.

Le lendemain, le nouveau temple est quasiment terminé. Antonino est parti avec ses visiteurs parcourir les terres de La Hamaca, plus loin en altitude. C'est là-haut que les Kogis envisagent de restaurer les systèmes de formation traditionnelle de leurs mamus. De mon côté, je reste avec cette question : comment retrouver le matériel nécessaire aux Kogis pour qu'ils poursuivent leurs rituels ? Comment et où ? Avec Manuel, qui doit m'aider dans mes choix, nous allons explorer trois pistes : celle des paysans, pilleurs de tombes par nécessité, celle de certains antiquaires indélicats et celle du musée de l'Or à Bogotá.

Commence alors une enquête discrète, dans une région colorée qui fonctionne sur la base de règles et de codes qui ne sont jamais écrits mais dont le non-respect ou la méconnaissance peuvent s'avérer fatals. D'abord nous laissons un message chez un paysan qui connaît un ami qui peut-être pourrait nous aider, puis nous retournons vers Santa Marta. Les antiquaires et autres magasins de souvenirs ont des réserves qui recèlent parfois d'étonnantes surprises. Sur la façade de certains d'entre eux, à quelques mètres du musée de la ville, peintes en lettres colorées, on peut lire cette annonce : « Achat et vente de guaquas précolombiennes ». Le terme *guaquas* a son importance, il désigne explicitement les objets pillés sur les sites précolombiens. Un regard échangé avec Manuel, et nous décidons de tenter notre chance. Dans le premier magasin, incontestablement, la présence de Manuel dérange. Peu loquace, le propriétaire nous répète sur tous les tons qu'il n'a rien, qu'il ne s'occupe plus de guaquas depuis longtemps... Dans le deuxième en revanche, nous avons plus de chance. Le propriétaire, un vieux commerçant roublard, a tout de suite flairé la bonne affaire. À la question de savoir qui vend et qui achète ces pièces, il précise qu'il peut fournir tous les certificats nécessaires pour leur exportation et que son commerce n'est rien au regard de commerces plus discrets, mais organisés à d'autres échelles et avec toutes les complicités nécessaires. Plus tard, lors d'autres rencontres, on nous parlera de containers entiers dont la destination reste inconnue. Ce qui est sûr, c'est que l'on rencontre régulièrement certaines de ces pièces sur les marchés internationaux, mises en vente au profit de riches collectionneurs privés ou publics. Plus discret, mais à plus grande échelle, le pillage continu.

Silencieux, Manuel reste en retrait. À charge pour lui de faire le tri entre les objets qu'il faut tenter de récupérer d'urgence, ceux qui peuvent attendre. Commence alors un incroyable déballage de cristaux, céramiques, statuettes, aux formes plus étranges les unes que les autres. Chaque objet est accompagné d'un commentaire enflammé sur ses origines, son usage, sa rareté, et bien sûr son prix. Imperturbable, Manuel me désigne les pièces les plus intéressantes. Au bout de quelques minutes, les tables du magasin ressemblent à une vitrine de musée. Est-ce parce qu'il nous sent intéressés ou parce qu'un vague remords le tenaille ? Lorsque je lui explique que nous voulons racheter ces pièces pour les rendre aux Kogis, d'une boîte qu'il tenait de côté le propriétaire sort un ensemble d'objets réellement étonnants. Rien à voir avec ce qu'il nous a présenté jusqu'alors. Je regarde Manuel, puis notre interlocuteur. Dehors, la ville de Santa Marta bruisse d'une agitation ordinaire : vente de fruits frais, de réveils aux sonneries stridentes, de cartes téléphoniques. Comme chaque jour, les voix s'interpellent, se mélangent dans l'air moite d'un début de journée. À l'intérieur du magasin, l'air est plus épais, plus lourd. Imperceptiblement, Manuel s'est rapproché. Devant nous, le commerçant pose deux céramiques ovales utilisées pour garder le tabac, puis plusieurs petites grenouilles en or, et surtout une énorme *cuenta*, de ces pierres taillées que les Kogis utilisent pour faire leurs rituels. À chaque cuenta correspond une fonction spécifique. Le plus souvent taillée dans des quartz de couleur, une cuenta peut mesurer de un à plusieurs centimètres. Leur finesse révèle l'incroyable patience que nécessitait leur fabrication. Parfaitement polies, de formes rondes, ovales ou tubulaires, selon leur usage, elles sont souvent percées en leur centre. L'irrégularité du trou — les Tayronas ne connaissaient pas le fer — révèle leur authenticité. Un trou trop droit, trop parfait doit susciter la méfiance. Cette cuenta mesure vingt à vingt-cinq centimètres. Elle semble taillée dans une sorte de grès aux colorations verdâtres. Tant par sa taille que par sa couleur et sa qualité, elle est vraiment remarquable. Si elle est vraie, c'est une pièce unique. Je laisse Manuel se saisir de l'objet, le soupeser, le sentir, pour m'intéresser aux objets en or. D'où viennent-ils ? Quelle est leur histoire ? Quel est leur usage ? Comment savoir si ce sont réellement des objets vieux de plusieurs centaines d'années sans doute enterrés avec leurs propriétaires ou de vulgaires copies ? Tout est possible. Dans la région, les tombes non profanées sont encore nombreuses. Il y a quelques semaines, lors des travaux de terrassement pour la construction d'un lotissement, à la sortie de Santa Marta, un ensemble de tombes précolombiennes a été mis au jour. Lorsque les anthropologues et le responsable du musée de l'Or de Santa Marta ont été prévenus, il était déjà trop tard, l'essentiel des pièces de valeur avait disparu. Un faux est toujours possible. Mais la finesse, la couleur ! Les Tayronas utilisaient un alliage spécial d'or et de cuivre, et l'irrégularité des objets présentés semble pencher en faveur de pièces originales.

Je propose à Manuel de fonctionner en deux temps. Il sélectionne quelques objets, nous les présentons aux mamus, s'ils nous confirment que ce sont des pièces originales, de celles qui peuvent leur être utiles, nous reviendrons. Reste la cuenta, la prendre ou non ? Le prix proposé me semble élevé : 600 000 pesos (180 euros). Mais peut-on prendre le risque de laisser passer une pièce pareille ? Parce que c'est nous, parce que c'est pour les Kogis, peut-être aussi car nous avons passé plus de trois heures à négocier, notre commerçant nous cédera son « trésor » à moitié prix. Ce jour-là, nous dépenserons plus de 2 millions de pesos en achats divers (625 euros). Nous repartirons notamment avec des grenouilles en or, un animal particulièrement important dans la culture kogi du fait de sa capacité à vivre à la fois dans et hors de l'eau, une vingtaine de cristaux et la cuenta.

À notre retour au domicile des amis qui nous hébergent à Santa Marta, un message nous attend. L'ami du paysan que nous avions contacté s'est manifesté. Il est d'accord pour nous recevoir.

Nous nous engageons alors sur la deuxième piste : celle des pilleurs de tombes. Sur la côte Caraïbe, ce sont plusieurs millions de personnes, pendant plusieurs centaines d'années, qui ont développé et fait vivre leur culture avant l'arrivée des conquistadores. Malgré le pillage systématique engagé depuis plusieurs décennies, il est encore fréquent de mettre au jour de nouvelles sépultures. Dans la Sierra, rares sont les paysans qui, par hasard, après une grosse pluie, ou de manière plus organisée, ne s'improvisent pas pilleurs de tombes, les fameux *guaquejos*. On est souvent guaquejo par nécessité, quand la faim vous tenaille ou que le désespoir est trop grand. On est aussi guaquejo parce que les profits peuvent être immenses et rapides. C'est un peu comme le Loto. Celui qui, par chance, arrive à localiser une tombe qui n'a pas été profanée peut espérer gagner en quelques jours l'équivalent de plusieurs années de travail. C'est d'ailleurs grâce à un pilleur de tombes qu'a été, sinon découverte, au moins connue, l'existence de Tayuna, Ciudad Perdidad, la « cité perdue », ancienne capitale des Tayronas.

À Santa Marta, il existe un « syndicat » officiel des pilleurs de tombes. Ses membres, enregistrés en préfecture, disposent d'une carte qui les autorise à exercer leur métier. C'est un travail organisé, planifié, qui se pratique plutôt pendant ou juste après les grosses périodes de pluies, lorsque la terre, lavée, érodée, laisse apparaître ses trésors. Il peut s'agir de perles en quartz, les fameuses cuentas, de céramique ou, plus intéressants, d'indices permettant de localiser des tombes qui n'ont pas encore été pillées. Les zones identifiées comme zones d'habitat précolombien sont délimitées, identifiées, réparties. Certaines sont pillées immédiatement, d'autres sont gardées en réserve, pour plus tard, une sorte de gestion prévisionnelle de la ressource. Un pilleur qui n'est pas un paysan, qui ne dispose donc pas d'accès direct à la terre, doit négocier avec les propriétaires terriens un droit d'accès pour fouiller sur leurs terres. Si le guaquejo trouve quelque chose, il conserve la moitié de la valeur, l'autre moitié étant versée au propriétaire.

Peu à peu, au fil des années, un véritable système de pillage organisé s'est mis en place. Les objets se retrouvent ensuite, au mieux dans les musées colombiens, lorsque ceux-ci disposent des moyens de faire valoir leur droit de préemption sur le patrimoine de leur pays, au pire dans des musées européens ou dans des collections privées. Il y a peu de temps, l'un de ces objets, dont l'origine reste difficile à indentifier, a été acheté par un gouvernement européen pour la somme de 240 000 euros. Cet objet représente Kakaserankua, l'un des dieux fondateurs de la culture des Indiens Kogis. Ce qui pose déjà question dans le cas de pièces liées à une civilisation disparue devient plus difficile à accepter lorsqu'il s'agit d'objets qui appartiennent aux ancêtres d'une civilisation encore bien vivante. En juin 2003, la police colombienne a démantelé un important réseau de trafic de pièces précolombiennes, trafic qui passait par Bogotá, et par le domicile privé d'un résident français.

Je n'ai qu'un nom, Roberto. L'adresse où nous devons nous rendre nous amène loin du centre de Santa Marta. Rapidement le bitume laisse la place à de vieilles dalles de béton, puis à la poussière. Les maisons colorées deviennent plus ternes. Au carrefour, des citernes signalent l'absence d'eau potable. Ici, on vit dehors, à l'ombre de quelques arbres, dans de vieux rocking-chairs de fer et de plastique, indéfiniment rafistolés. On échange sur un futur improbable, on n'attend rien. La vie est écrasante. Ne reste que la musique, la danse et l'alcool. Alors, on danse partout, tout le temps, pour une fête ou une autre, quelle importance ? Un couloir triste et sale. Je me souviens des couleurs, bleu et marron. Sur les murs, une représentation du Christ entourée de guirlandes, quelques napperons fatigués. Une mama aux formes généreuses nous précède vers un patio discret. Trois hommes nous attendent. L'un, ventre rebondi, Ray-Ban et téléphone portable à la ceinture, semble relativement jeune, Roberto sans doute. Les deux autres, le corps maigre et sec, une casquette sale vissée sur le crâne, sont plus âgés. Un café, le ronronnement pesant du ventilateur qui brasse un air moite. L'accueil est réservé. Un étranger ici et avec un Indien ! Le plus jeune veut savoir qui nous sommes, pourquoi nous cherchons des objets précolombiens, ce que nous allons en faire, qui nous envoie. Nous allons parler longtemps, de la côte, des gens que je connais, qu'il connaît, de la difficulté de survivre. Que chacun se débrouille comme il peut, que fouiller des tombes, ce n'est pas de gaieté de cœur. L'atmosphère se détend, Roberto nous présente les deux personnes restées silencieuses, pilleurs de tombes devant l'Éternel. Ils nous racontent leurs plus belles découvertes, leurs coups les plus fameux. Les endroits qu'ils ont parcourus, ceux qui restent inaccessibles, mais qu'ils fouilleront bien un jour. Leurs yeux brillent, leurs bras fatigués s'agitent. Ces deux-là ne sont pas des amateurs.

Au bout d'une heure d'échanges, je leur demande s'ils ont quelques pièces ici qu'ils pourraient nous montrer. Roberto se lève et m'entraîne dans une petite pièce sans fenêtre. Sur une triste étagère métallique s'étale un incroyable bric-à-brac d'objets précolombiens : colliers, céramiques, pièces en or, instruments de musique, il y en a des dizaines. L'un de ces objets retient particulièrement mon attention, une flûte étrange, couverte de dessins, elle semble taillée dans un os. D'où vient-elle ? Manuel me rejoint. Je ne peux m'empêcher de regarder la flûte, je la prends entre mes doigts. Elle semble fragile. Encore les mêmes questions. Est-elle fausse ? Imiter des objets plus courants, pourquoi pas, mais une flûte comme celle-là... Roberto me demande ce que nous allons acheter. Il faut acheter ! J'explique que je n'ai pas énormément d'argent sur moi, mais que nous allons emmener cette flûte et quelques objets, que nous reviendrons. Les bruits deviennent sourds, quelque part une radio débite une musique lancinante. Le temps semble différent, comme si nous vivions une scène décalée. J'ai vu les gardes du corps, ils attendent, assis dans l'autre pièce. Tout est facile, trop facile. Manuel me désigne trois objets en or et deux colliers composés pour l'essentiel de cuentas d'un vert profond. « Celles-ci sont très importantes, me soufflera-t-il. Elles servent pour la terre, l'agriculture. Sans elles, c'est difficile. » Compter l'argent, être sûr de soi. Lorsque nous retrouvons la rue, la chaleur étouffante et le bruit, j'ai l'impression de revenir de l'autre côté du monde, le côté bruyant, agité, moderne. Vous savez, ces instants étranges, presque suspendus, rien, tout, et brusquement la vie et son agitation sont de nouveau là. Cet instant n'était peut-être qu'un rêve, un instant « entre ».

La troisième piste, celle des objets en or. J'avais une petite idée, mais il fallait qu'elle fasse son chemin, que j'en parle à Gentil, après tout, nous avions le temps. Après quelques semaines d'enquêtes, d'allers et de retours entre de fausses pistes et de vrais espoirs, nous remontons enfin vers les terres de La Luna, riches de nos précieux achats. Nous les avons soigneusement enveloppés dans du papier journal et cachés au fond d'un sac de toile. Une nouvelle réunion prévue avec les Kogis va nous permettre de restituer officiellement ce matériel traditionnel. Devront être débattues et abordées les questions de savoir où ira ce matériel, qui en sera responsable, quel sera son usage et enfin quels types de pierres, cristaux il serait nécessaire de continuer à rechercher pour nourrir ce chemin de mémoire. Qui pourrait imaginer que dans ce vieux sac nous avons un pactole de plusieurs millions de pesos ? Il y a là des cuentas de toutes les couleurs et de toutes les tailles, quelques objets en or, représentations de grenouilles, de chauves-souris, un bracelet, des pierres plus importantes dont nous ignorons l'usage, des colliers et cette flûte étrange taillée dans ce qui ressemble à un os, sans doute un tibia. À notre arrivée, autour de la nuhé de Mamu Antonino, les Kogis sont tous réunis. Il y a Antonino bien sûr, Marco, Vicente, José, Camilo, descendus des terres de Boquerón, José Maria, Marcelo et son frère. Lorsque je déballe notre trésor, je me sens comme un enfant, joyeux et content de faire une surprise à ses parents. Sur de vieilles feuilles de papier journal, nous sortons les différentes pièces pour les étaler au soleil. Ici, au milieu des Kogis attentifs, ces objets prennent un sens. Ils ne sont plus de simples objets esthétiques de décoration. Ils sont discours, langage, signification.

Presque timidement, Antonio se saisit de la flûte retrouvée chez les pilleurs de tombes. Il la tourne et la retourne doucement entre ses doigts, caresse ses sculptures. Un autre pilleur de tombes à qui je l'ai montrée m'a assuré qu'elle était fausse, que ce genre d'objet ne se trouvait quasiment plus par ici. Je m'étais fait rouler. À l'annonce de son prix d'acquisition, il a éclaté de rire : « Soit c'est une fausse, et tu l'as payée beaucoup trop cher, soit elle est vraie, et ce n'est pas possible, aucun professionnel ne te l'aurait laissée pour si peu. » Vraie ou fausse ? Antonino continue son examen, un léger sourire aux lèvres.

— C'est une flûte qui apprend les choses aux jeunes. Cette flûte, celui qui n'en a pas le pouvoir ne peut pas en jouer. Il faut avoir le pouvoir, c'est un pouvoir spécial, très fort. Celui qui essaye de jouer sans le pouvoir risque d'avoir de graves problèmes. Cette flûte a été taillée dans le tibia d'un très grand mamu, il y a très longtemps, un mamu qui savait beaucoup de choses, un mamu qui savait réveiller les morts, les esprits. Quand il est mort, ils ont fait une flûte : ainsi le pouvoir du mamu ne se perd pas, il continue à vivre. Il est là, nous allons le réveiller. C'est un objet important...

On ne peut s'empêcher de penser qu'il y a là quelque chose de naïf et de dérisoire, de futile aussi. Retrouver, racheter et ramener quelques pierres, instruments de musique et objets en or, à quelques Indiens perdus dans leur forêt ? Quel intérêt cela peut-il avoir ? Cela vaut-il vraiment la peine d'y consacrer tant de temps, d'argent et d'énergie ? Qui peut comprendre ? Et puis, sommes-nous sur la bonne piste ? C'est curieux, en nous engageant sur cette voie aux côtés des Kogis, nous avons un peu l'impression d'être sur un chemin à côté, ailleurs, un peu comme dans ces films où les images défilent au ralenti. Délicatement, presque hésitants, les Kogis se saisissent des objets, se les passent de main en main. Impression fugace qu'ils traversent une frontière, qu'ils retournent chez eux. D'objets profanes, condamnés à finir sur une étagère ou dans une vitrine d'exposition, ils redeviennent objets sacrés.

— Comment nos ancêtres faisaient-ils de telles choses ? s'interroge José. Il y a là une connaissance, chaque responsable de chaque pierre avait la connaissance. Cette pierre verte, elle sert pour les offrandes de la nourriture, de toutes les plantes cultivées. Celle-là, pour faire les offrandes aux cerfs, à beaucoup d'animaux, et celle-là pour les singes et les putois. Celle-ci, c'est plutôt pour les hommes qui ont des difficultés, pour qu'ils se sentent mieux. Celle-là, cette petite pierre verte, elle est très importante, elle sert pour la coca, la pensée. Si quelqu'un veut semer de la coca, il doit faire les offrandes nécessaires pour qu'elle pousse bien... Celle-là, cette pierre noire, c'est pour les hommes, elle n'est pas percée, il manque des pierres percées pour les femmes, celles qui ont des trous. Pour nous, toutes ces pierres sont importantes pour communiquer et parler avec la nature. C'est très important ce que vous nous avez apporté là. Très important... Il manque des pierres pour l'eau, et beaucoup sont solitaires, il manque des bleues aussi.

— Si nous recevons ces pierres, continue Camilo, il va falloir retrouver où sont les lieux d'offrandes et de pagamientos adaptés. Quand on voit cela, on sait que nous devons réapprendre le nom de toutes les pierres. Cela va être difficile. Retrouver les sites sacrés. Nous allons devoir construire une nuhé spéciale pour recevoir ces pierres, dans cette nuhé on pourra faire le travail spirituel pour les recevoir. C'est comme cela que nous allons faire. Ces pierres, pour nous, c'est un peu comme les pages de vos livres. Ici, grâce à ces pierres, on peut lire, savoir les choses. On peut apprendre. C'est de celles-là, les blanches, que nous avons le plus besoin. Nous allons faire un travail spécial pour que les pierres nous parlent, qu'elles nous disent d'où elles viennent, comment les utiliser... Nous allons devoir refaire les récipients, les pots traditionnels, pour les garder, pour réunir ces pierres, pour ne pas les abîmer... Ce sont des petits récipients tressés, que l'on dispose ensuite dans des mochilas spéciales. Les blanches doivent être rangées à part, avec la grande pierre. Maintenant, il va falloir se mettre d'accord avec les autres communautés pour savoir quels enfants et quels mamus vont travailler avec ces pierres. Il faudra décider qui va apprendre et à qui allons-nous enseigner avec ces pierres. Nous qui sommes ici, nous sommes d'accord, nous avons besoin de plus de matériel traditionnel pour faire le travail spirituel. Maintenant, nous avons presque tout pour commencer le travail, pour purifier les arbres, la terre, l'eau. Nous avons presque tout ce dont nous avons besoin pour faire revivre les choses. Ces pierres sont très importantes. Avant, quand nous faisions les danses, on avait beaucoup de pierres comme cela, comme des colliers, en travers sur la poitrine. On avait aussi des plumes, de ces plumes que vous allez chercher en Amazonie, tout cela nous servait beaucoup.

Antonino reprend la parole. Son regard se perd quelque part. Puis ses bras s'agitent, expliquent. Sans doute se souvient-il de ces années où il apprenait, où, dans l'obscurité profonde de la nuhé, plumes et or se mélangeaient dans un étrange ballet.

— On dansait avec les pierres, les plumes et l'or, c'est l'esprit, le père soleil, Serankua.

Doucement, sa main se pose sur ses avant-bras, son torse, ses chevilles.

— Quand j'étais jeune, je savais faire ces danses traditionnelles avec l'or. J'en mettais autour des poignets, sur les épaules, les jambes et on portait aussi des masques. Toutes ces choses ont disparu, elles ont été volées. Les plumes, les grandes plumes, les objets en or. Nous devons récupérer tout cela, les plumes, les masques. Alors, on pourra recommencer à pratiquer les danses, à parler avec la nature, à écouter les règles, écouter.

Un moment, Antonino se retourne et saisit une curieuse boîte faite de roseaux tressés. Après en avoir précautionneusement soulevé le couvercle, il glisse un à un les objets que nous avons ramenés et me rend le sac en plastique.

« Il faut qu'ils puissent respirer alors je te rends ton sac. » L'essentiel, je sais qu'ils ne me le diront pas. Ils en parleront cette nuit, entre eux, dans la nuhé, là où parle la nature. Ce sont les carapaces de tortues, utilisées comme instruments de musique, les morocoys qui de nouveau vont en témoigner. Leur bruit sourd et régulier résonnera longtemps dans la nuit. TOO, too, TOO, too.

Le lendemain, les mamus sont déjà repartis vers leurs villages respectifs. Je décide d'accompagner Vicente, vers les terres de La Hamaca, plus haut, pour l'aider à construire sa maison, dans la forêt.

« Parce que nous accordons tellement d'importance à l'activité mentale, nous sommes enclins à croire que sans langage écrit et parce que ne possédant pas de présentation doctrinale, scolastique ou dialecticienne, il manque aux Indiens quelque chose d'important et d'indispensable. (...) [Pourtant, ils vivent] un type de participation spirituelle très efficace dans laquelle les idées et les valeurs essentielles, exprimées par des formes et des symboles, sont vécues intégralement de manière spontanée. Saint Bernard a sans aucun doute exprimé une façon de voir comparable, à celle des Indiens lorsqu'il a écrit : "Ce que je sais des sciences divines et de l'écriture sainte, je l'ai appris dans les bois et les champs. Je n'ai eu d'autres maîtres que les hêtres et les chênes." Écoutez un homme d'expérience : vous apprendrez plus dans les bois que dans les livres. Les arbres et les pierres vous enseigneront plus que ce que vous ne pourrez jamais apprendre des lèvres d'un professeur[1]. »

Voilà, dit par d'autres, ce que m'ont plusieurs fois répété Antonino, Vicente ou Miguel :

— Pour nous, la nature est comme un livre. Tout est écrit là, qui nous sommes, d'où nous venons, et les offrandes que nous devons faire pour garder l'équilibre, respecter la terre.

C'est une semaine plus tard, après être redescendu vers les terres basses de La Luna, que j'apprendrai la nouvelle. Gentil a disparu.

1. Joseph Epes Brown, *L'héritage spirituel des Indiens d'Amérique*, éditions du Rocher, Le Mail, 1996.

Chapitre 6

Araracuara, les chemins de l'équilibre

> *« Ce qui compte sur le chemin, ce n'est pas un état de perfection, mais la reconnaissance de moments d'imperfection. Seule cette reconnaissance nous oblige à poursuivre notre transformation. »*
>
> Karlfried Graf Dürckheim,
> *Chemin de vie.*

Lorsque j'arrive à Santa Marta, je retrouve Patricia, la femme de Gentil, elle est inquiète : « Cela fait trois jours qu'il devait m'appeler, et je n'ai toujours pas de nouvelles, cela ne lui ressemble pas. »

La rassurer. Je ne pense pas qu'il s'agisse d'une disparition. Un contretemps peut-être. J'essaye quand même de localiser le village où il devait se rendre. Araracuara, il m'a dit qu'il partait pour Araracuara, en Amazonie. C'est grand l'Amazonie et les téléphones sont rares. Une carte, repérer un nom, quelque chose. S'informer auprès des amis, des voisins, connaissent-ils cette région ? Non, personne ne connaît. Vue des Caraïbes, l'Amazonie est loin, presque un autre pays. À ce moment-là, je ne m'inquiète pas vraiment, pas encore. Gentil connaît bien la région et il s'est déjà tiré de plus d'un mauvais pas.

C'est le lendemain que nous avons son premier appel. Il s'exprime d'un ton neutre, plutôt inhabituel.

— Il faudrait envoyer un avion pour venir me chercher, c'est le seul moyen pour que je puisse revenir.

Aux questions que je lui pose, il répond de façon laconique. La situation n'est peut-être pas si grave. Après tout, s'il ne s'agit que de trouver un petit avion, ma foi, cela ne devrait pas être trop compliqué. Je le rassure. Nous fixons une date de rendez-vous, dans une semaine, et je passe quelques coups de téléphone à Bogotá pour identifier une compagnie prête à assurer le vol. Si vraiment cela s'avère nécessaire.

Quelques jours plus tard, j'écoute les informations. La nouvelle claque : le gouvernement colombien a rompu les négociations de paix avec la guérilla. L'armée va être déployée pour reprendre possession des zones passées sous leur contrôle. Assis devant la télévision, avec la famille de Gentil, je pense aux Colombiens, à ces milliers de personnes qui encore une fois vont devoir fuir leur village, tenter d'éviter le pire. Malgré le fait que je réside en Colombie, que je connais quelques-uns des risques inhérents à ce pays, il me faut encore du temps pour réaliser ce que je viens d'entendre. Du temps pour comprendre que Gentil est bel et bien prisonnier au cœur de l'une des principales zones de repli de la guérilla. Du temps pour que ces informations me descendent de l'esprit aux tripes, et que j'en mesure toutes les conséquences... Ce n'est pas simplement d'un avion dont a besoin mon ami, c'est d'un avion qui accepte d'aller se poser en pleine zone de guérilla, et ça, c'est une autre affaire. C'est étrange, tant que l'on ne vit pas une expérience, tant que les mots n'appellent pas des émotions, on n'en saisit pas vraiment la portée. On est dimanche, le rendez-vous est fixé à mardi. Je n'ai plus que deux jours pour me rendre à Bogotá et trouver cet avion.

Bien sûr, dans la capitale colombienne, à l'énoncé de la

destination, toutes les compagnies sollicitées déclineront l'offre. Hors de question de se rendre dans la zone de conflit. De coup de téléphone en demande de renseignements, je finis par tomber sur une petite compagnie qui connaît quelqu'un qui accepterait peut-être de prendre le risque, mais sans garantie aucune.

Pour le joindre, il n'y a qu'un numéro de portable et un prénom : Alberto. « Vous voulez aller où ? — Araracuara, c'est possible ? — Tout est possible si vous pouvez payer... je vous emmène où vous voulez. Vous avez dit Araracuara, attendez, je regarde. » Un téléphone que l'on pose, quelque part. J'essaye d'imaginer mon interlocuteur, de mettre un visage sur cette voix. « Vous savez, Araracuara, c'est en pleine zone de conflit. On peut le faire, mais il vous faut une autorisation spéciale du commandement des forces aériennes colombiennes, depuis la rupture des négociations de paix, les survols de la zone sont interdits... — Je m'en occupe, combien coûterait un tel vol ? — Autour de 4 millions et demi de pesos, et en liquide... — En liquide ? — Oui, en liquide, bon, vous confirmez le vol pour demain ou non ? J'ai d'autres demandes qui attendent, moi... Alors ? »

Il est onze heures du matin. Sur Bogotá, le ciel est sombre, un orage se prépare. Ma tête bourdonne, mes mains sont moites. « Oui, je vous confirme le vol, à quelle heure partons-nous, et avec quel avion ? » Question idiote, j'ai peut-être envie de me rassurer. On est en Colombie, je finis par me méfier de tout et de tout le monde. « Un bimoteur, de trois places. On peut tout caler pour décoller demain matin à huit heures trente, si on compte deux heures de vol à l'aller et deux heures au retour, plus une demi-heure au sol, on peut être revenu pour treize heures, on évitera les orages de l'après-midi. Je dépose le plan de vol, vous vous débrouillez pour les autorisations, rendez-vous demain matin à sept heures dans le hall de l'aéroport, avec l'argent en liquide... — À demain... »

Il me reste quelques heures pour réunir les fonds, en liquide, et trouver cette autorisation. Gentil doit sortir de là, ce vol doit avoir lieu, ce général va me signer l'autorisation. Inlassablement, je me répète cette évidence dans le taxi qui m'emmène vers le quartier général des forces aériennes colombiennes, à l'ouest de la ville : Gentil doit sortir, il va sortir.

Contrôles, bureau, fouilles, questions : « Que cherchez-vous ? — Le quartier général des forces aériennes. — C'est pourquoi ? — Une autorisation de survol, pour un vol humanitaire. »

D'autres contrôles, d'autres questions, des uniformes. Un lieutenant, derrière une vieille machine à écrire : « Pourquoi voulez-vous aller là-bas ? — Pour récupérer un médecin et l'un de ses patients gravement malade, il est impossible qu'il reste où il est... vous comprenez... — Que voulez-vous ? — Votre général, il doit signer une autorisation de survol pour aller là-bas, le vol est prévu demain matin... »

Silence. Des soldats entrent et sortent. Le lieutenant me dévisage, intrigué. Puis une question, lâchée comme ça, pour voir : « Qui êtes-vous ? » Qui je suis ? Un Français qui veut récupérer son ami, chasseur de plumes pour les Indiens Kogis. Ce n'est pas crédible, ça ne passera jamais. Qui je suis ? Voyons voir, vite, le président d'une ONG française soucieux de récupérer l'un de ses collaborateurs parti soigner des Colombiens en Amazonie. C'est mieux. Je sors un passeport et l'attestation qui va avec. Une hésitation, puis le lieutenant attrape les documents et disparaît derrière une porte vitrée. En partie cachée par l'écran de son ordinateur, dans son uniforme impeccable, une secrétaire affairée me jette un regard en biais. J'ai l'impression de ne pas être à ma place, de traverser une pièce de théâtre dans laquelle je n'ai rien à faire. Ici, nous sommes au cœur du dispositif aérien de l'armée colombienne. Le doute m'envahit. C'est impossible, jamais un général ne va accepter, comme ça, de me laisser aller et revenir en pleine zone de guérilla, je vais me faire reconduire vers la sortie, c'est sûr. Des portes claquent, le cliquetis des machines, les éclats de voix qui résonnent dans ma tête. À l'autre bout de la salle, le lieutenant réapparaît. Il me fait signe, ça y est, c'est le moment. « Le général vous attend, il veut vous voir... »

Un couloir aux couleurs passées, une porte entrouverte. Dans la salle, une dizaine d'officiers autour d'une longue table. À mon arrivée, le silence s'installe. « Vous savez ce que vous faites ? » Le général me regarde. Son visage n'exprime rien. Aucune émotion. Les officiers me dévisagent, impassibles. Je ne peux pas répondre : « Non », même si je ne suis pas très sûr de ce que je fais. « Oui », le silence s'épaissit. La longue table est couverte de cartes, plans et papiers divers. Les négociations de paix ont été interrompues, il y a quelques jours. L'atmosphère est tendue.

« Vous aurez votre autorisation par fax, à dix-sept heures cet après-midi, laissez un numéro au capitaine Ramirez. » J'insiste : « Général, nous décollons demain matin à huit heures trente. » Un regard lourd, déjà il se retourne vers ses collaborateurs. L'entretien est terminé. Je n'ai que ce mot, cette promesse : Vous aurez votre autorisation ce soir à dix-sept heures. J'aurai l'autorisation ce soir à dix-sept heures, soit.

Le lieutenant me raccompagne vers la sortie. Ses bottes crissent étrangement sur le sol lisse et impeccablement ciré. Des officiers, des saluts militaires, des contrôles, et me voilà de nouveau sur l'avenue El Dorado qui relie l'aéroport au centre ville.

Il me faut maintenant trouver les 4 millions et demi de

pesos. Où, et surtout qui va pouvoir m'avancer une telle somme ? Pour les 3 premiers millions, je dois pouvoir m'en sortir grâce à mes deux cartes de crédit, mais pour le reste ? Un taxi. Je retourne rapidement vers les quartiers nord de la ville à la recherche d'un distributeur discret dans un petit centre commercial.

Un moment, j'hésite. Si quelqu'un se rend compte que je sors une telle somme, je peux risquer de tout perdre. À Bogotá, on ne se promène pas impunément avec plus de 3 millions de pesos dans les poches, mais je n'ai pas le choix, et plus vraiment le temps de réfléchir, il faut aller vite. Je glisse les premières liasses de billets dans la poche de ma veste. Un million, 2 millions, la première carte est épuisée. J'ai l'impression que tout le monde me regarde. Mes poches sont curieusement gonflées. Trois millions ! À son tour, la deuxième carte rend l'âme. Discrètement, marcher vers la sortie comme si tout était normal. Dehors, comme chaque soir, la Septima, l'une des principales avenues de Bogotá, vient d'être mise en sens unique. Une mesure qui permet aux milliers de personnes qui travaillent au centre de revenir plus facilement vers le nord. Traverser, prendre un escalier sombre, une ruelle et me voilà en sécurité chez mes amis, Jacques et Bernadette. À peine arrivé, j'étale et compte les liasses devant moi sur la table du salon. Je dispose de 3 millions et demi de pesos, il me manque 1 million, soit environ 460 euros. Ce n'est rien, et à la fois cela me semble énorme.

L'ambassade. Avec des salaires, pour les expatriés, qui oscillent entre 6 000 et 15 000 euros mensuels, naïvement, je pensais pouvoir rencontrer une oreille attentive, un appui, quelqu'un qui accepte de me prêter cette somme pour une semaine, le temps que je puisse effectuer un virement depuis la France. Il s'agit, me semble-t-il, d'un enjeu important, la vie d'une personne, qui plus est d'un ami. C'est encore une fois oublier ce que sont les ambassades, sorte de baronnies éloignées de la France, cocons protecteurs où s'échangent coups bas et règlements de comptes, et où pourrissent de vieilles histoires jamais résolues. Dans une ambassade, on rencontre deux types de personnages dont les comportements sont fortement liés au statut. Il y a les expatriés, sorte de noblesse des Français de l'étranger, qui passent de poste en poste, de somptueuse villa en magnifique appartement. À leur statut, sont associés des revenus qui feraient pâlir d'envie nombre de salariés habitués aux salaires hexagonaux. Et puis, il y a les recrutés locaux, sorte de prolétariat, payés sur une référence salariale colombienne. Dans un petit bâtiment, cohabitent environ cent trente personnes, de l'extrêmement riche au plus modeste des modestes. Curieusement, ce ne sont pas tant les différences de salaires qui sont les plus choquantes, mais bien plus les attitudes et les comportements des nantis, ceux qui cumulent tous les pouvoirs, vis-à-vis des recrutés locaux. Le comble, c'est que ce sont souvent ceux-ci qui, parce qu'ils restent en poste sur de longues périodes, font vivre et fonctionner les ambassades, là où les principaux responsables passent pour des périodes de trois ans, parfois six, de poste en poste, de continent en continent, loin des préoccupations des petites gens, des gens de tout en bas, comme disait l'autre.

Des trois personnes sollicitées ce soir-là, l'une « a trop dépensé » lors de son dernier week-end au bord de la mer, et « est un peu juste pour cette semaine » ; l'autre m'explique « qu'elle n'a pas de carte bleue » ; quant à la troisième, il est préférable de ne pas en parler. À dix-huit heures, j'en suis toujours au même point. Assis devant la table du salon, dans l'appartement de mes amis, les larmes me gagnent. C'est trop bête. Il y a l'avion, enfin je l'espère, Gentil est prévenu, il attend, et je n'arrive pas à trouver le dernier million de pesos. Qui dans cette ville peut m'aider ?

Le téléphone sonne, un fax, c'est l'autorisation promise par le général des forces aériennes colombiennes. Incrédule, je regarde apparaître le document. « Autorisation de décollage entre 8 heures et 9 heures du matin, autorisation d'atterrissage entre 13 heures et 14 heures. » Une porte vient de s'ouvrir. Je dois trouver l'argent...

Fébrile, je feuillette encore une fois mes agendas, calepins, cahiers de notes, à la recherche d'un nom, d'un téléphone, quelque chose. Je passe et repasse en revue les noms les uns après les autres, tous ces amis, proches ou lointains, que j'ai connus depuis dix-huit ans que je voyage en Colombie. Sur la dernière page, un nom en partie effacé, une amie, croisée il y a quinze ans, devenue aujourd'hui correspondante d'un important quotidien français. Journaliste, peut-être pourra-t-elle comprendre l'urgence de la situation. Je compose son numéro de téléphone en espérant qu'il soit toujours bon, qu'elle soit chez elle, ce soir-là en espérant... « Un million de pesos en liquide ! C'est vraiment important ? — C'est la vie d'un ami. — Laisse-moi une heure, le temps de coucher les enfants, de trouver un distributeur, puis passe les prendre... »

Peut-être est-ce sa position de journaliste, de femme en Colombie... Je n'oublierai jamais Marie, son accueil et surtout son geste. Ce soir, je commence à croire que nous sortirons Gentil de sa prison. Quelques questions, une analyse rapide de la situation, et surtout une vraie écoute, une disponibilité totale. Un grand merci à cette femme généreuse qui, aujourd'hui encore, continue un travail courageux dans ce pays déchiré par la violence. Grâce à elle, les dés vont continuer à rouler.

Six heures du matin, Puerto Aereo, le deuxième aéroport de Bogotá. Deux hommes sont là. Bruns, cheveux courts, jean, blouson de toile, des Colombiens ordinaires. Le salut est rapide. Déjà, nous rejoignons la sortie où nous attend un minibus. Dans ma poche, l'enveloppe et ses 4 millions et demi de pesos en liquide, près de 2 100 euros. En quelques minutes, nous quittons les zones publiques, rassurantes, pour nous enfoncer derrière les bâtiments et autres entrepôts qui cernent l'aéroport. Un arrêt. Mes accompagnateurs me désignent un escalier sombre. En haut, une grande pièce sans fenêtre, une sorte de cantine.

« Vous avez l'argent ? » Un silence, puis comme pour se justifier : « J'en ai besoin maintenant pour payer l'essence. Et mon patron attend, il a besoin de liquide, c'est un sacré fêtard et il a des dettes de jeux... — éclats de rire —... c'est pour ça qu'il a accepté ce vol. » Une seconde d'hésitation. Mon regard parcourt cette curieuse cantine, perdue derrière une longue rangée de baraquements en tôle et en béton. Les tables sont vides, inoccupées. Envie de me rassurer, de croiser quelque chose, quelqu'un, un signe. Gourmette en or, portable sur la table, sourire, mon interlocuteur s'impatiente. « Alors, vous avez l'argent ? »

Au fond de la pièce, une serveuse apparaît. Un sourire sur les lèvres, elle s'approche de notre table. « Salut, Eduardo, vous voulez boire quelque chose ? — Salut, Rosa, non non, plus tard, merci. » J'interpelle la serveuse. « Il prend quoi d'habitude ? — Lui, c'est café le matin, et whisky l'après-midi... — Alors, deux cafés... »

Je sors l'enveloppe et commence à aligner les liasses de billets : une, deux, trois, douze, treize, quatorze, vingt-deux, vingt-trois liasses. Les dés sont jetés... dans ma tête, ils rouleront jusqu'au soir. Eduardo recompte rapidement chaque liasse, fait un petit paquet, puis remet le tout dans la grande enveloppe que j'avais amenée. Il se lève brusquement, me regarde : « Je reviens dans cinq minutes. »

Déjà il disparaît dans l'escalier et rejoint la sortie. Dans ma tête, les dés tournent puis tournent encore. Six ou un, gagner ou perdre, il va revenir ou il est parti avec l'argent.

Bien sûr, dans un film, le « gentil intelligent » aurait sûrement couru derrière l'inconnu pour voir où il partait, pour s'assurer qu'il rejoignait bien son patron, qu'il faisait le nécessaire pour payer le carburant. Je ne sais pas pourquoi, je reste immobile, les yeux fixés sur la grosse horloge qui trône au fond de cette pièce triste et sans âme. La tasse de café est vide, les minutes s'écoulent, infinies... Une porte qui claque. « On y va ! »

Soulagement, les dés tournent encore. Mon guide m'entraîne dans un dédale de couloirs, une pièce vide, un autre escalier et nous débouchons dans un hangar où sont stationnés trois petits avions de tourisme, dont un petit bimoteur Cessna, le nôtre. Je pense à Gentil qui attend, là-bas, quelque part dans la forêt. Est-il prêt ? Sera-t-il là ? L'avion pourra-t-il se poser ? Deux hommes arrivent, le pilote et le copilote. Ils me présentent le plan de vol. Tout semble normal. Monter dans l'avion, accrocher sa ceinture, le temps est clair. La porte claque, verrouillée par le mécanicien.

Avant le décollage, ordre nous a été donné de nous présenter aux militaires pour une *requisita*, une fouille de l'avion. Elle devra être faite à l'aller et au retour. Contact, l'un après l'autre les deux petits moteurs du Cessna sont mis en route. Quelques échanges brefs avec la tour de contrôle, un cahot, puis l'avionnette s'engage sur la piste vers la base militaire. Protégée par un épais talus de terre, l'armée dispose d'une partie de l'aéroport, à droite de l'aérogare commerciale. À l'entrée, un militaire. Notre avion s'immobilise quelques instants. Échanges. J'appréhende un contrordre, un empêchement de dernière minute. « Nous devons venir pour une vérification de l'avion avant le décollage. Où faut-il aller ? — Continuez jusqu'aux bâtiments au fond, demandez à l'officier de garde. Je ne peux pas le prévenir, ma radio est en panne. »

Nous nous engageons sur le terrain militaire. Sur les

toits des bâtiments le long du tarmac, plusieurs mitrailleuses sont en batterie. Du regard, je suis d'étranges taches rouges qui se déplacent sur le cockpit. On dirait des taches de visées laser. Deux officiers s'approchent en courant : « Qui êtes-vous ? Qui vous a autorisés à pénétrer sur cette base ? — ... — Nous sommes en temps de guerre, vous auriez pu être mitraillés à tout moment. — Mais nous avions l'ordre... »

Le plus âgé des officiers s'énerve. Il coupe la parole au pilote. « L'ordre de qui ? Et d'abord, qui êtes-vous, que faites-vous ici ? — Nous avons un plan de vol pour Araracuara, et notre décollage est prévu à huit heures, voici l'autorisation. — Impossible, Araracuara est en pleine zone de conflit. Tous les survols sont interdits. Nous allons devoir immobiliser cet avion le temps d'éclaircir tout ça. »

Une dizaine de soldats encerclent l'avion. Trop facile, c'était trop facile. Quelque chose devait arriver. Si les militaires décident de nous bloquer tout est fichu. Nous avons une autorisation de décollage précise, entre huit heures et neuf heures. Il est huit heures trente, et les deux officiers furieux viennent de disparaître dans le bâtiment qui borde la piste avec tous nos papiers. Il fallait bien quelque chose, un grain de sable pour dérégler la machine... Pourtant, ça doit marcher, cela ne peut pas ne pas marcher. Gentil nous attend aujourd'hui, Gentil mon frère. Je m'accroche à cette idée en regardant les gros porteurs se poser sur la piste principale à quelques centaines de mètres. Entre chaque atterrissage, le silence, seulement rompu par la tour de contrôle qui souhaite savoir si elle maintient notre autorisation de décollage. Entre-temps lourd et pesant... les minutes s'égrènent, impitoyables. Huit heures cinquante-cinq un officier s'approche en courant. « Partez, partez ! — Mais... — Partez, je vous dis, je ne sais pas pourquoi, mais le général a confirmé votre vol. »

Déjà le pilote remet les moteurs en marche, pendant que

le copilote confirme notre décollage. À neuf heures, entre deux vols commerciaux, notre avionnette s'élève doucement au-dessus de Bogotá. Ordre nous a été donné de voler au-dessus de 12 000 pieds pour éviter les tirs de la guérilla. Rapidement, nous mettons le cap au sud-est, là-bas, vers l'Amazonie lointaine. Calé dans l'un des sièges passagers, j'essaye de lutter contre le froid qui gagne la cabine. Pensif, j'observe les immenses cumulus qui commencent à bourgeonner au-dessus de l'immensité verte de l'Amazonie. Advienne que pourra.

Après deux heures de vol, dans le bourdonnement des moteurs, le pilote me fait un signe vers le bas. Si tout va bien, dans dix minutes nous devrions voir la piste d'Araracuara. Il est content, ses documents de vol indiquent une piste goudronnée, l'atterrissage devrait se faire sans difficulté.

Les bancs de nuages s'effilochent doucement. Je distingue l'étendue de la forêt tropicale, quelques collines, puis le Rio Caqueta aux eaux sombres et boueuses. Le doute m'envahit. Est-ce bien là que je dois retrouver Gentil ? Araracuara ! Il y a quinze jours, lorsqu'il m'a donné le nom du village, je n'y ai pas vraiment prêté attention. Araracuara ! L'avionnette entame une grande boucle et survole une première fois la piste d'atterrissage. Personne. Lors de notre dernier échange téléphonique, nous avions convenu qu'il attendrait en bordure de piste, signe que tout allait bien, et là, personne. De nouveau le pilote se tourne vers moi, nerveux : « On se pose ou non ? »

Bien sûr que l'on se pose, de toute façon, nous ne sommes pas venus jusqu'ici pour ne pas nous poser, et puis, j'ai besoin d'aller aux toilettes, alors on se pose. L'avion s'éloigne, remonte les gorges du rio Caqueta, le balcon du diable, comme l'appellent les Indiens, survole une sorte d'étrange terrasse où affleure la roche et se met dans l'axe de la piste. La piste ? Un mélange de boue et de terre rougeâtre sur lequel nous finissons par atterrir. Sur la droite, une dizaine de personnes surgissent de la forêt et s'approchent de l'avion. Dans le groupe, je reconnais Gentil. Il a l'air tendu, inquiet. — *Hola compadre !* — Il faut repartir, nous avons à peine dix minutes... — Repartir, oui, mais nous devons refaire le plein de carburant... — Alors vite, car la guérilla surveille la piste et les habitants d'Araracuara risquent d'arriver pour bloquer l'avion. — La guérilla est là ? — Bien sûr, c'est là qu'elle se replie depuis la rupture des négociations de paix. »

L'air est lourd, humide, chargé d'une imperceptible tension. Le pilote et son copilote déchargent précipitamment les deux énormes bidons de carburant, puis les montent sur les ailes pour remplir les réservoirs. Impossible de les ouvrir. Les systèmes de sécurité sont bloqués. La tension monte. L'impression curieuse de vivre l'un de ces instants fragiles où tout peut basculer, où la réalité du moment peut brutalement vaciller et s'ouvrir vers une autre réalité. Gentil me présente Tané, l'ancien du village avec lequel il a travaillé il y a plus de vingt ans. Tané est venu avec ses fils et plusieurs membres du clan accompagner Gentil jusqu'à l'avion, le protéger pour qu'il ne lui arrive rien. Les bidons se vident doucement, trop doucement. L'humidité se fait prégnante, ou est-ce moi qui suis tendu ? Maigre, les traits tirés, un Indien nous fixe du regard. C'est notre malade, celui que nous devons rapatrier sur Bogotá. Le plein se termine. Quelques accolades, la promesse de revenir bientôt et le pilote remet les moteurs en marche. Le ravitaillement a dû prendre huit minutes, peut-être dix. Une dernière gerbe d'eau boueuse, l'avion se remet dans l'axe de la piste, prend de la vitesse et gagne rapidement de l'altitude.

Gentil se cale dans son siège, serre sa ceinture. Un sourire fatigué éclaire son visage. Un sourire où se mélange le soulagement d'être sorti de la forêt, la tension des derniers jours et la peur, cette peur qui parfois vous habite et qu'il faut apprivoiser, maîtriser. Impassible, le regard fixe et brillant, le malade qui nous accompagne semble ailleurs.

— Ce n'était pas gagné, je peux te le dire, ce n'était vraiment pas gagné, quand je suis arrivé, il y a trois semaines, en sortant de l'avion, j'ai vite compris qu'il y avait un problème, un sacré problème.

Gentil m'a toujours impressionné par sa capacité à garder l'esprit clair en toute situation, à contrôler ses émotions lorsque les repères vacillent, basculent vers autre chose.

— À mon avis, il ne nous restait que quelques minutes avant que les habitants du village arrivent et bloquent la piste. À Araracuara, beaucoup de gens se sont retrouvés comme moi, coincés, sans aucune chance de repartir. Alors quand ils ont entendu l'avion arriver... Et puis, tu imagines, la guérilla est partout.

À notre arrivée sur Bogotá, l'avionnette est violemment secouée, balancée dans la tourmente de poussière et de nuages qui enserre l'aéroport El Dorado. Ordre est donné aux avions de se dérouter vers un autre aéroport, plus au nord. Exceptionnellement, nous sommes autorisés à nous poser en urgence pour cause de vol humanitaire. Étrange, au moment où l'avionnette touche la piste, le brouillard se déchire brusquement. Jaune et ouateuse, la lumière devient plus vive, presque aveuglante. De nouveau, l'aéroport. Un dernier crachotement et l'un après l'autre les deux petits moteurs s'éteignent. Ne pas poser de questions, à quoi bon ? Nous parlerons plus tard, après...

Un coup de téléphone à Jacques. Ce matin, lors de mon départ, il était tendu, inquiet. « Tout va bien, nous avons réussi ! » Moment d'émotion, simple émotion d'amis qui se savent et se retrouvent... Ce soir-là, dans son salon, dans les quartiers nord de Bogotá, nous avons ouvert quelques bonnes bouteilles. Nous avons bu, sûrement trop ; bu et parlé. Dans une normalité précaire retrouvée, Gentil a commencé à raconter, raconter encore, ses journées, là-bas,

Réfugiés dans les hauteurs de la Sierra Nevada de Santa Marta, les Kogis tentent de maintenir l'équilibre du monde menacé par les « petits frères » — c'est ainsi qu'ils nous appellent.

Camillo est un des premiers Kogis à avoir rejoint les terres rachetées. Amusé, il regarde les photos du premier livre d'Éric Julien, *Le Chemin des neuf mondes*.

Pour les Kogis, les couronnes de plumes permettent d'être reconnu par les esprits. Problème : ces plumes proviennent d'oiseaux qui n'existent plus qu'en Amazonie...

Construction d'une nouvelle *nuhé* (temple), sur les terres de La Luna. Grâce à elle, les Kogis pourront « écouter la nature ».

Fier d'être kogi, Casimiro nous confie son rêve : échanger avec des enfants de l'« extérieur », dans le monde des « petits frères ».

Ce garçon a franchi le rituel de passage qui lui permet de participer à la construction de la nouvelle nuhé.

Les trois enfants de Manuel, « gardien » de l'antique cité de Pueblito. La nuit, quand les derniers touristes sont partis, ils réapprennent les danses de leurs ancêtres.

Éric Julien dans la Sierra : « Lorsque je reviens ici, j'ai l'impression de retrouver ma famille. »

Photo : Muriel Fifis.

« Tisser ces plumes, pour nous, c'est comme quand vous écrivez des mots sur un papier. Sans plumes, nous ne pouvons conserver notre mémoire. » (Mamu José Maria)

La famille de Marco et de Rosa qui a accueilli Éric Julien plusieurs semaines chez elle.

Gentil Cruz, l'ami et l'alter ego d'Éric Julien en Colombie.

Le fils de mamu Vicente apprend les musiques qui lui permettront de dialoguer avec les esprits.

Antonio garde le site de Santa Rosa. Il appartient au clan du « Tigre », comme l'indique sa tunique rayée.

Don Sabino, le *yackak* de la communauté kichwa de Sarayacu, en Équateur, a permis aux Kogis de trouver les plumes nécessaires à leurs rituels.

Réunis à Tchendukua, les mamus ont accepté de partager leur expérience du monde. Saurons-nous les entendre ?

dans l'enfer d'Araracuara... raconter cet incroyable voyage commencé le 20 février 2002.

Journal de Gentil Cruz

Araracuara, le pays des guacamayas

Quand je suis parti de Santa Marta pour Bogotá, je n'imaginais pas une seconde ce que serait ce voyage. Je partais juste avec l'idée de trouver un avion pour le village d'Araracuara, en Amazonie colombienne. Dans la langue des Indiens Witotos, Araracuara signifie « Nid de guacamayas »... Je pensais que là-bas, aidé par la communauté des Indiens Witotos que j'avais connus il y a vingt ans, les Kogis pourraient trouver toutes les plumes dont ils avaient besoin.

D'après Jacques, notre ami belge qui vit à Bogotá, Satena est la seule compagnie aérienne qui dessert régulièrement ce village. Il n'y a aucun service de réservation, il suffit de se rendre au siège de la compagnie et d'acheter un billet. Lorsque je me présente au guichet, l'employée me regarde, l'air absente. « Araracuara ? Araracuara... Non, demain il n'y a pas de vol prévu, peut-être la semaine prochaine, mais il n'y a rien de sûr, l'avion est en réparation. — Vous pourriez me vendre un billet pour la semaine prochaine ? — Non ! répond-elle sèchement. Nous ne vendons les billets du mardi que le vendredi qui précède... »

Une semaine d'attente. Je ne suis pas encore en Amazonie que déjà je dois me plier à certaines de ses règles, l'attente et l'incertitude.

Le lundi suivant, je retourne au siège de la compagnie acheter mon billet. Coup de chance, cette fois-ci, non seulement il y a un avion, mais il y a aussi des places, et un vol de prévu le lendemain à cinq heures trente. En ce qui concerne le billet du retour, l'employée ne veut rien savoir. « Le billet s'achète là-bas, ici on ne vend que des allers... c'est comme ça. »

Sans doute devrais-je entendre cela comme un présage. Je ne sais pas. J'ai un aller pour Araracuara, mais pas de retour. Peu importe, je suis trop content et ému de pouvoir retourner en Amazonie. C'est dans cette région d'Araracuara que j'ai passé mes meilleures années comme fonctionnaire du gouvernement en charge des Affaires indiennes. Et cela fait plus de vingt ans que je n'y suis pas retourné. Je me demande si je vais retrouver des gens que je connais, comment a évolué la situation après tant d'années.

Vers six heures trente, nous prenons place dans un petit avion d'une vingtaine de sièges. Pendant que nous nous installons, le pilote nous informe de l'itinéraire du jour, un itinéraire qui peut varier selon le temps, les besoins de la compagnie, le pilote ou toute autre raison pas toujours très explicite. Pour ce vol, nous allons commencer par Villavicencio, la porte des Llanos, nous repartirons ensuite sur San José del Guaviare, Araracuara où je suis censé descendre. Puis l'avion continuera sur Chorrera, pour terminer son périple à Leticia, à l'extrême sud-est de la Colombie. En Amazonie, l'avion est bien souvent le seul moyen facile pour se rendre d'un point à un autre. Il est donc normal qu'il varie son parcours en fonction des besoins, des passagers ou de la météo. Une sorte d'avion omnibus, avec des arrêts dont la durée peut être très variable. Lorsque nous arrivons à Villavicencio, le pilote nous demande de descendre, de l'attendre deux ou trois heures, le temps qu'il effectue un autre voyage imprévu, plus au sud. Il reviendra nous chercher plus tard. Pendant que nous attendons son retour, un officier des forces armées colombiennes nous demande de remplir un formulaire spécial, pour renseigner les services de sécurité de l'État : « Vous allez voyager dans la zone d'extension, c'est une zone contrôlée par la guérilla, nous devons savoir qui va là-bas, et pourquoi. »

Depuis plusieurs mois, les négociations de paix engagées entre l'État colombien et les mouvements de guérilla ont donné naissance à d'étranges et paradoxales situations. Ainsi est-il possible, moyennant quelques informations sur un papier officiel, de voyager entre les zones sous contrôle du gouvernement colombien et les zones sous contrôle de la guérilla, en l'occurrence, les FARC. Malgré le conflit, malgré les tensions et les attentats qui endeuillent régulièrement le pays, la vie s'organise, on trouve des arrangements. Et puis, les négociations en cours laissent croire qu'un semblant de normalisation est possible, ultime espoir que les choses vont s'améliorer, que les dirigeants discutent, qu'ils vont trouver une solution. Alors, on prend le risque, on passe d'un territoire à un autre, d'une armée à une autre sans trop se poser de questions, c'est comme ça.

Trois heures plus tard, notre avion revient nous chercher, le temps de reprendre nos paquets, de retrouver nos sièges et, de nouveau, nous survolons le moutonnement régulier de l'immensité amazonienne. Après deux heures de vol, plusieurs atterrissages et décollages, la piste d'Araracuara apparaît enfin entre les arbres. Par le hublot, j'aperçois plusieurs personnes et de nombreux véhicules qui semblent regroupés en bordure de piste. Un comité d'accueil sans doute. Un dernier virage et notre avion se pose sur des restes d'asphaltes noyés par la dernière pluie tropicale. Rapidement, les passagers débarquent. En passant la tête, je marque un temps d'arrêt. Les militaires occupent la piste et empêchent toute possibilité de décollage. Parmi les civils présents, je reconnais un Indien

Witoto, Fisi Witoto. Ici, il est courant que les Indiens adoptent comme nom celui de leur communauté d'appartenance. Maigre, les traits émaciés, il semble perdu dans des vêtements trop grands. Seuls ses yeux et un léger sourire marquent sa surprise. Nous sommes aussi contents l'un que l'autre de nous retrouver, après tant d'années.

— Fisi, pourquoi y a-t-il tant de militaires, que se passe-t-il ?

— Ce n'est pas l'armée, me dit-il en chuchotant. *Son los guerros.*

— *Los guerros ?*

— Oui ! la guérilla, ceux-là appartiennent aux FARC. Tu dois t'enregistrer auprès d'eux, mais il faut le faire avec quelqu'un que tu connais, qui puisse se porter garant. Les négociations de paix ont été rompues hier. Ici, ils sont tous tendus, ils craignent une opération militaire...

— Les négociations ?

— Oui, le président a rompu les négociations de paix, maintenant c'est la guerre. Mais ne t'inquiète pas, tu fais partie de notre communauté, nous allons t'emmener à l'Aduche, dans la *maloka* [hutte collective], parler de tout cela. Tu ne peux pas rester ici.

— Mais que s'est-il passé avec ta communauté ? Raconte-moi.

— Plus tard, allons-nous-en d'ici, allons chez moi, la communauté va être contente de te revoir.

Araracuara est un petit hameau posé sur l'une des rives du rio Caqueta, au cœur de l'Amazonie colombienne. Ses quelques maisons en planches mal jointes luttent difficilement contre l'humidité qui ronge les formes et les couleurs. Dans cette région, vivent plusieurs communautés indiennes parmi lesquelles les Witotos, les Endoques, les Muinanes et les Nonuyas. C'est ici, dans les années 30, que le gouvernement colombien a décidé de construire un bagne, où devaient être envoyés les prisonniers les plus dangereux du pays. Un lieu idéal pour une prison, un lieu duquel on ne s'échappe pas.

Pour se rendre ou quitter Araracuara, il n'y a que deux voies possibles. L'une par le rio Caqueta, mais cela suppose que l'on puisse passer des rapides quasiment infranchissables compte tenu des courants et de l'étroitesse des gorges où se précipitent les eaux furieuses de la rivière. Ceux qui, par miracle, réussiraient à traverser les rapides n'arriveraient nulle part. Ils seraient condamnés à s'enfoncer chaque jour un peu plus dans les profondeurs de la forêt amazonienne brésilienne. L'autre voie d'accès est aérienne, et à l'époque de la colonie pénitentiaire, seuls les avions officiels étaient autorisés. C'est bien pour ses difficultés d'accès que le gouvernement colombien a choisi Araracuara. Ici, pas besoin d'attacher les prisonniers ou de construire des murs, la forêt et ses pièges représentent la plus efficace des prisons. Après plus de quarante ans d'activité, la colonie pénitentiaire a finalement été démantelée, mais l'impact sur les communautés indiennes environnantes et dans les esprits a été énorme.

En 1978, la direction des Affaires indiennes a décidé d'évaluer cet impact et d'en apprécier les conséquences. C'est dans le cadre de cette mission que j'ai quitté Santa Marta, où je travaillais avec les Kogis, pour venir vivre, pendant plus de deux ans, à Araracuara. À l'époque, je n'avais pas la moindre idée de ce que représentait l'Amazonie, sa réalité, la meilleure façon d'y vivre ou simplement d'y survivre. Avant de venir, j'avais lu tous les documents que j'avais pu trouver sur les Witotos ou les Andoques, les deux principales communautés de la région. Mais quand je suis arrivé, avec mes boîtes de conserve, j'avais vraiment peur... La forêt amazonienne, quand on n'y connaît rien, et je n'y connaissais rien, c'est très impressionnant.

Les premiers mois, j'ai passé beaucoup de temps à lire

et parcourir les archives de la prison et l'histoire des prisonniers qui y avaient effectué leurs peines. Il y avait l'histoire, amusante ou cynique, de ce prisonnier qui, après avoir assassiné toute sa famille, ses parents, ses frères, ses sœurs, a demandé la clémence des jurés, parce qu'il était orphelin et qu'il n'avait personne au monde pour s'occuper de lui. Il y avait aussi l'histoire plus effrayante de Noé, un Indien Witoto, Noé le Fou comme il était appelé ici.

Noé faisait partie du personnel pénitentiaire, c'était un gardien de prison, mais un gardien un peu spécial. Embauché pour surveiller les prisonniers autorisés à travailler sur l'exploitation agricole, il était très fier de porter un uniforme et d'avoir une arme à feu. Une arme, dont il a très rapidement appris à se servir. Avec le temps, les directeurs successifs de la prison lui ont peu à peu confié des tâches spécifiques, telles que surveiller les prisonniers dangereux ou jugés pour des crimes particulièrement sordides. Selon les critères de chacun des directeurs, si ces prisonniers se comportaient mal, sous le prétexte d'« atteinte à l'autorité de l'État », Noé était officiellement autorisé à les faire disparaître. Il les emmenait dans des promenades en forêt dont ils ne revenaient jamais. Ceux qui tentaient de s'échapper étaient impitoyablement rattrapés et exécutés. Pour prouver que son travail avait été réalisé, Noé devait ramener l'un des doigts de ses victimes, des victimes qui semblent avoir été nombreuses, pas moins de cent deux, toutes exécutées par le « fou » Noé. Il avait toute latitude pour appliquer la *ley de fugua*, et il ne s'en privait pas. Pensez donc, un Indien autorisé et payé par le gouvernement pour tuer des Blancs...

Il y avait aussi l'histoire de Yineco Andoque, enlevé et mis en esclavage avec sa famille à la grande époque de l'exploitation du caoutchouc entre la Colombie et le Pérou. Après avoir subi toutes les violences, après avoir vu mourir tous les siens, il réussit à s'échapper, mais il dut errer plusieurs années seul dans la forêt, avant de retrouver quelques-uns des membres survivants de son clan pour refonder une communauté. Une communauté forte aujourd'hui de plus de cinq cents personnes qui portent toutes cette effroyable tragédie dans leur mémoire, dans leur chair.

Lorsque je suis arrivé, Araracuara était une zone relativement tranquille. De son histoire, ne restaient que les ruines de la prison, l'hôpital et les cellules qui, avec les ateliers de mécanique et d'ébénisterie, formaient l'essentiel du campement. Il y avait peu d'Indiens, environ une soixantaine. Ils étaient particulièrement préoccupés par l'installation récente d'un curé espagnol et de plusieurs religieuses qui voulaient à tout prix interner leurs enfants pour les éduquer. En marchant avec Fisi, vers les rives du rio Caqueta, je me remémore toutes ces anecdotes, ces histoires incroyables que j'avais croisées ici.

Fisi a son canoë accroché sur la rive du fleuve. Nous embarquons rapidement puis nous nous laissons glisser entre les eaux sombres du rio Caqueta. Après plus de six heures de navigation, nous arrivons à la Aduche, l'une des communautés où j'avais travaillé il y a plus de vingt ans et où j'avais rencontré Fisi. C'est là qu'il tient absolument à m'emmener :

— Ici, ce sont tes gens et parce que je ne peux pas te laisser là-bas, il y a trop de guerros, de guérilla, les choses ont changé, c'est devenu dangereux. Dans la maloka, on va pouvoir te raconter. Regarde, ici il y a plusieurs dragues qui exploitent l'or, elles appartiennent toutes à la guérilla ou à des particuliers qui travaillent pour eux. Ici, on ne peut absolument rien faire sans leur autorisation.

Je commence à être sérieusement préoccupé. Au village, seule la femme de Fisi me reconnaît, ses enfants n'ont gardé de moi qu'un souvenir très vague. Pour prévenir son clan, et faire circuler la nouvelle de ma présence auprès des communautés voisines, Fisi joue longuement du *man-*

guaré, ces deux tambours, l'un mâle et l'autre femelle, composés d'énormes troncs évidés par le feu. Le manguaré reste sans doute l'un des meilleurs systèmes de communication pour les habitants de la forêt. Coups et rythmes composent une sorte d'alphabet qui se rapproche un peu de notre système de morse. Les sons obtenus peuvent être entendus et compris sur des distances de quarante à cinquante kilomètres. Peu de temps après l'envoi du message, des hommes, des femmes, des anciens, des enfants commencent à converger de toutes les directions vers la maloka du village. Il y a Rodolfo, José, Valentin. Alors que j'essaye de reconnaître des visages, des amis, j'entends des cris qui viennent de la rivière.

— Où est-il, comment est-ce possible, est-il vraiment là, mais où est-il ?

À ces cris, je sors saluer le nouvel arrivant. C'est Tané Andoque, le meilleur de tous mes amis, ici, à la Aduche. Un homme, un frère avec qui nous avons vécu et échangé tant de choses pendant ces deux années passées dans la forêt. Quel bonheur de le revoir. C'est lui qui m'a appris comment marcher dans la forêt, comment faire pour voir et observer dans l'obscurité. Il m'a appris à chasser, à pêcher, à reconnaître les fruits et les plantes comestibles. Mais ce qu'il m'a enseigné de plus important, c'est à avoir confiance en moi, et ça, c'est indispensable pour survivre en Amazonie. Nous nous embrassons avec effusion. Retrouver Tané, retrouver tous ces amis réunis ici dans la forêt. Beaucoup ne me connaissent pas, mais leurs parents leur ont parlé de moi. J'étais le premier indigéniste à être arrivé dans cette région, explique Fisi aux membres les plus jeunes de sa communauté.

Malgré ma fatigue, entre souvenirs, émotions et anecdotes, nous discutons une bonne partie de la nuit. Nous avons tellement de choses à nous dire, à partager. À mon réveil, la maloka est vide, Tané ne réapparaît que vers dix heures du matin, accompagné de sa femme Irène, désolée de n'avoir pas pu se libérer pour venir me saluer la veille.

— Aujourd'hui, nous sommes venus te visiter, me lance Tané, de façon très cérémonieuse. Nous sommes venus t'inviter à notre maison, pour que tu connaisses notre maloka, maintenant, moi aussi j'en ai une.

Une telle invitation m'informe que Tané est devenu un personnage important au sein de sa communauté. Sans doute sera-t-il le successeur de Fisi lorsque celui-ci disparaîtra. Frères, Fisi et Tané appartiennent à un lignage particulier, celui de Yincco. À ce titre, ils se doivent d'assurer la continuité de leur clan, une continuité qui passe par la connaissance et la maloka comme lieu de transmission de cette connaissance. Dans la communauté, les deux frères ont été surnommés les tigres. Un animal avec lequel ils n'ont rien à voir, si ce n'est que pour répondre à la forte demande de peaux, il y a quelques années, les deux frères se sont spécialisés dans la chasse aux « tigres »[1]. Et chasser le tigre dans la forêt tropicale demande une habileté et des connaissances qui ne sont pas accessibles au premier venu. Pour bien se vendre, une bonne peau se doit de n'avoir ni trous ni accrocs. Tuer un tigre sans abîmer sa peau, voilà un savoir-faire dont les deux frères sont très fiers. Un savoir-faire dont ils adorent parler avec force détails.

— Avant de commencer la chasse d'un tigre, il faut attraper une dizaine de singes, les éventrer et les tirer par la queue en faisant de larges cercles de plus ou moins cent mètres de diamètre. Après, tu les attaches à un arbre souple, mais résistant. Tu cherches un poste d'observation et tu attends. Tu attends que le tigre sente l'odeur du sang. Il va suivre la trace laissée par les singes morts jusqu'à l'ar-

1. Nom général utilisé en Amérique du Sud pour désigner les grands félins tels que les pumas ou les jaguars.

bre où ils sont attachés. Il va essayer de les emmener, d'arracher les singes. En faisant cela, il fait bouger l'arbre, un mouvement qui l'empêche d'identifier et surtout d'entendre les chasseurs. C'est à ce moment-là que tu peux le tuer avec le maximum de précision...

Un jour, Tané était en train de traîner un singe à travers la forêt. Il faisait de grands cercles pour préparer son piège, quand il s'est rendu compte que quelqu'un s'amusait à tirer son singe dans une autre direction. Pendant quelques secondes, il a cru que c'était son frère, et il s'est mis à tirer plus fort, sans y prêter plus d'attention. Rapidement, il a dû se rendre à l'évidence : ce n'était pas son frère qui tirait, mais un tigre. Un tigre énorme qui essayait de lui voler son singe. Tané n'a sans doute pas beaucoup réfléchi quand il s'est dirigé vers l'énorme bête. Il l'a regardé, puis il s'est lancé sur elle, à mains nues, pour tenter de l'étouffer. Quand Tané réussit à immobiliser l'animal et à le tuer, il avait le corps lacéré par ses coups de griffes.

Après avoir salué Fisi, nous partons avec Tané et Irène pour rejoindre leur maloka. Sur la rivière, nous évoquons en riant les exploits des « frères tigres ». En canoë, la maloka de Tané n'est pas très éloignée de celle de Fisi, mais elle est beaucoup plus grande.

— Je l'ai faite en pensant à l'avenir de ma communauté, me dit-il. Pour la construire, j'ai dû inviter les Nonuyas et les Muinanes. Les fêtes pour la baptiser ont duré plus d'un mois. Il y avait beaucoup de monde, tous ceux qui nous ont aidés pour la construction.

Ce jour-là, Tané me présente aux familles qui vivent aux alentours. Nous discutons beaucoup de sa communauté, de son évolution au cours des dernières années. Fait étonnant, à aucun moment, ni Tané, ni Fisi, ni aucun des amis que je retrouve ne me demande le motif de ma visite. Dans la soirée, Tané sonne le manguaré pour informer les villages et leurs habitants de ma présence dans sa maloka. Un à un, les hommes commencent à arriver, je vais pouvoir leur parler des Kogis, de leur souhait de venir les rencontrer, mais aussi de leur demande : les plumes de guacamayas.

— Les Kogis sont les bienvenus, et les plumes, ce n'est pas un problème, ici, il y en a beaucoup. Le vrai problème, c'est la guérilla. Aujourd'hui, les choses ne sont plus comme avant, ce sont les guérilleros qui dirigent la région et qui décident de tout. Nous n'avons même plus le droit de chasser ni de pêcher, c'est une catastrophe. Nous ne savons vraiment pas comment nous allons faire. En bas, sur l'embouchure du fleuve, il y a un endroit où nous pouvions trouver beaucoup de poissons, un endroit où nos enfants pouvaient apprendre à pêcher. Maintenant, personne ne peut plus se rendre là-bas sans autorisation. Ils se sont complètement approprié la rivière pour exploiter l'or. Partout, il y a des dragues qui cherchent de l'or, nuit et jour... et nous on meurt de faim... On ne peut rien dire, ce sont eux qui ont les armes.

Brusquement, je me souviens du conseil que m'a donné Fisi à mon arrivée : « Tu dois impérativement te présenter auprès de la guérilla pour te faire enregistrer », et je ne l'ai pas fait. Les ordres de la guérilla sont clairs. Toute personne inconnue dans la région doit être immédiatement signalée sous peine de sanctions graves. Et lorsque la guérilla parle de sanctions graves, il vaut mieux se méfier. Quelques jours plus tôt, deux jeunes, embarqués sans prévenir sur une barge en provenance du Brésil, en ont fait les frais. Accusés d'appartenir aux milices paramilitaires ils ont été froidement exécutés, et leurs corps jetés dans le fleuve. Inquiet, Tané se propose de m'accompagner demain, pour me présenter à la guérilla. Un débat s'engage sur les risques et les avantages de notre démarche.

— Si le « Noir » est là, il va tout faire pour nous créer des problèmes.

— Qui est ce « Noir » dont vous parlez ?

— Un fou, il adore frapper les gens, il crée des problèmes à tout le monde.

Après un silence, je demande à Tané s'il connaît le commandant de la région, celui qui dirige toute la zone.

— C'est le commandant Sanchez, il est venu plusieurs fois pour nous donner des consignes. La dernière fois, il voulait emmener nos filles pour les enrôler dans la guérilla.

— On peut peut-être faire une chose : allez le voir, et dites-lui que je suis ici et que je veux lui parler, qu'il vienne jusqu'à la maloka.

Surpris, la vingtaine d'Indiens présents se retournent vers moi. Faire venir le commandant de la guérilla ? Seul Tané, souriant les yeux mi-clos, accepte le défi.

— Je vais aller le voir, demain, à son campement. Qui m'accompagne ?

Andrés, un Indien intelligent et particulièrement calculateur, me demande pourquoi je fais cela. Quel est l'intérêt de parler avec le commandant et pourquoi lui demander de venir ?

— Je pense qu'il est important de lui expliquer les raisons de ma présence ici, qui sont les Kogis. Nous pourrons lui présenter un peu vos difficultés et clarifier la situation. Du fait de leur présence, vous ne pouvez plus chasser, vous n'avez quasiment plus rien à manger, ce n'est pas très juste, et ils doivent l'entendre.

Après plusieurs minutes de discussion, tout le monde se met d'accord pour inviter le commandant. Accompagné par deux jeunes de la communauté, Tané ira le prévenir. Au milieu de la nuit, les plaisanteries fusent. Le commandant va-t-il venir ou non ? Dans quel état d'esprit ? Avec beaucoup de conviction, Tané promet qu'il ira le chercher et qu'il viendra, demain... Oui ? Non ? Certains prennent des paris.

Quand je me réveille, vers six heures, les « messagers »

sont déjà partis. À leur retour, deux heures plus tard, un sourire éclaire son visage. Le commandant accepte l'invitation. Tané vient de gagner un prestige certain au sein de la communauté. De nouveau, les sons sourds du manguaré résonnent dans la forêt. Tout le monde doit être présent pour l'arrivée du commandant, prévue pour onze heures du matin. Mais à onze heures, personne... La rivière reste désespérément vide. Les parieurs commencent à faire leurs échanges. Ceux qui ont parié sur la non-venue du commandant sont ravis, ils ont gagné.

Vers midi, le ronflement lointain d'un moteur alerte la communauté. Un bateau rapide s'approche. Quand il accoste, six hommes bien armés et en uniforme débarquent. Parmi eux, le commandant Sanchez. Les parieurs reprennent leurs échanges. Pendant que le commandant se dirige vers la maloka de Tané, les cinq guérilleros se postent rapidement aux endroits stratégiques du village. Le chef se dirige vers moi et me salue de façon cordiale et particulièrement polie. En tant que représentant officiel de la communauté, c'est Fisi qui me présente :

— Ce monsieur est l'un des meilleurs amis de notre communauté andoque. Il a travaillé avec nous il y a plusieurs années et aujourd'hui il est revenu pour nous visiter.

À mon tour, je me présente. Puis je décide d'aller directement à l'objet de la rencontre. Je lui demande comment se passent les choses dans la région, ce à quoi il me répond que les nouvelles sont très mauvaises et que les choses sont très compliquées.

— Le président a décidé de rompre les négociations de paix, maintenant, nous sommes en guerre. Hier l'armée a commencé à bombarder le *caguan* [1] et nous sommes tous en alerte maximale.

1. Le caguan est une zone qui avait été démilitarisée par le gouvernement colombien comme signe de bonne volonté pour engager les

Sérieux, je le regarde alors dans les yeux.

— Les Indiens Andoques m'ont parlé de leur situation. Ils m'ont dit que vous aviez installé un campement à l'entrée de l'Aduche, que vous ne les autorisez plus à pêcher ni à chasser pour des raisons de sécurité, qu'ils sont en train de mourir de faim, et que c'est vous les responsables... Ce n'est pas juste.

Je lui raconte l'histoire des Indiens Andoques à l'époque du caoutchouc, les problèmes de la colonie pénitentiaire et les pressions de l'Église qui a toujours voulu leur retirer leurs enfants pour les éduquer dans leur internat. Et aujourd'hui, la guérilla qui les empêche de chasser et de pêcher, « l'armée du peuple » comme vous dites. Après tant de difficultés et de souffrance, ils n'ont vraiment pas besoin de cela, ce n'est pas possible... Je lui demande de déplacer son campement dans un lieu qui ne poserait plus ce type de problème. Ainsi, les Indiens pourraient reprendre leur vie normale. Sans le lâcher du regard, j'essaye de deviner ses intentions, la façon dont il reçoit mes propos. Curieusement, il n'a pas l'air ennuyé par ce que je viens de lui dire, et la façon directe que j'ai utilisée. Au contraire, il s'excuse auprès des Indiens et promet qu'il va donner l'ordre que le campement soit déplacé. Effectivement, deux jours plus tard, le campement de l'Aduche n'existe plus. Les guérilleros se sont éloignés. La chasse et la pêche peuvent reprendre.

Dans l'après-midi, je retourne vers le village d'Araracuara. Je veux me renseigner sur la situation. La population civile est agitée et inquiète. La guérilla vient de les réunir pour les informer des menaces d'attaque. Tout le monde s'attend à un bombardement imminent. Jamais le

---

négociations avec la guérilla. Elle est restée longtemps occupée par la guérilla avant d'être, en février 2002, de nouveau occupée par les militaires.

gouvernement ne va laisser Araracuara et sa piste d'atterrissage aux mains de la guérilla, mais la guérilla n'est absolument pas disposée à la rendre. Quant aux paramilitaires, ils peuvent arriver par le fleuve. À tout instant, un massacre est possible. Bien évidemment, toutes les liaisons aériennes sont suspendues. Dans les ruelles sales et inondées du village, la guérilla se mélange en permanence avec les habitants. En cas d'attaque, la situation serait particulièrement dangereuse. Beaucoup de civils risquent d'être blessés ou tués. Dans l'après-midi, par la radio, j'apprends que la partie amont du fleuve est contrôlée par l'armée et que la frontière avec le Brésil est fermée.

Pour me remonter le moral, avec Tané, nous nous dirigeons vers l'« aéroport », c'est le nom que les habitants donnent à la piste d'atterrissage située à cinq kilomètres au-dessus du village. Je veux savoir s'il n'y a vraiment aucune possibilité de vol. Qui donne les autorisations ? Sur la piste, nous croisons une colonne de guérilleros, hommes, femmes, enfants, au moins mille cinq cents personnes. C'est impressionnant, surtout les enfants. J'imagine qu'ils se replient après les premiers accrochages avec l'armée plus au nord. Au bord de la piste, tout est silencieux. Radar et téléphone satellitaire ont été déconnectés sur ordre de la guérilla.

Ma recherche de plumes en Amazonie tourne à la catastrophe. Je suis bel et bien prisonnier de la guérilla, fait comme un rat, en pleine forêt tropicale, sans aucune possibilité pour m'échapper. J'ai besoin de réfléchir, de faire le point, penser à quelque chose. Je commence à remonter la piste vide sous un ciel plombé, annonciateur de pluie. La tête bouillonnante, mélange d'émotions, de souvenirs et de craintes, je patauge dans les flaques d'eau. Au bout de quelques minutes, arrivé à l'une des extrémités, je tombe sur deux mitrailleuses lourdes, armées, leurs réserves de balles engagées. Un regard autour de moi, personne. Seule la forêt et cette humidité poisseuse... Ne pas courir, repartir tranquillement dans l'autre sens. Sensation désagréable d'être observé, suivi. Moi qui en Amazonie avais toujours éprouvé un profond sentiment de liberté, voilà que je me sens prisonnier, inutile.

Dans le village, l'angoisse se reflète sur les visages, les questions viennent et reviennent, toujours les mêmes. Et s'ils attaquent cette nuit ? Qui ? L'armée ? Non, les paramilitaires. Si ce sont les paramilitaires, ils vont tous nous exécuter. Ils pourraient arriver par la forêt ? Non, par la rivière. Et si l'armée nous bombarde ? Des parents pleurent. Que faire, où aller, comment protéger les enfants ? Moments d'horreur où l'on sait que des tueurs tiennent votre vie entre leurs mains et qu'il n'y a rien à faire... prisonniers, captifs soumis à la volonté des armes.

À Araracuara, seuls trois téléphones satellitaires sont accessibles, moyennant l'achat de cartes spéciales. La guérilla en a déconnecté deux et contrôle toutes les conversations du troisième. Tous les habitants du village font la queue pour essayer d'appeler un ami ou un membre de la famille. On essaye de se rassurer, d'obtenir des informations, tentatives éphémères de s'évader quelques instants loin de cet enfer. Mais rapidement les cartes sont épuisées, et les conversations se sont raréfiées. J'ai réussi à en acheter deux pour appeler à l'extérieur, mais pour appeler qui ? Un moment, j'ai voulu appeler mon épouse, à Santa Marta, mais à quoi bon l'inquiéter... Alors, je décide d'attendre quelques jours pour voir comment va évoluer la situation. Attendre et tenter de trouver une solution. Dans le village, d'heure en heure, les troupes de la guérilla augmentent en provenance des zones amont de la rivière. Plates-formes, canoës, barques, tous les moyens de transport ont été réquisitionnés. Les mouvements de troupes commencent à être impressionnants, les risques d'attaques aussi. Toute la nuit, la guérilla va mobiliser les habitants du village pour les préparer à une éventuelle attaque aérienne. L'angoisse de la population est à son comble. Toutes les embarcations qui n'ont pas été réquisitionnées sont systématiquement fouillées. Plus personne ne peut alimenter le village en produits frais, les prix flambent.

À l'Aduche, la guérilla a effectivement levé son interdiction, les Indiens Andoques ont pu de nouveau chasser et pêcher. Après plusieurs jours d'attente, Fisi s'est décidé à réunir les membres de sa communauté dans sa maloka. Une réunion à laquelle je suis convié. Il s'agit de prendre une décision difficile : la communauté doit-elle ou non se replier dans les profondeurs de la forêt pour éviter la présence de la guérilla et les risques de conflits ? Le débat a duré plusieurs heures et la décision est finalement prise de rester sur place. Cuisiner dans la forêt oblige à allumer des feux et le risque est grand que ces feux, détectés par les avions de reconnaissance de l'armée, soient attribués à la guérilla. Rester dans les maisons semble la solution la plus prudente. Ce sont les femmes de la communauté qui sont à l'origine de la première proposition, les femmes qui craignent pour la vie de leurs enfants et de leurs maris et qui préfèrent abandonner la région plutôt que de risquer d'être massacrés par les paramilitaires ou de mourir sous les bombes des forces aériennes colombiennes. La nouvelle de l'enlèvement d'Ingrid Betancourt suscite encore plus de tensions dans la région. Il semble évident qu'elle a été déplacée avec d'autres personnes séquestrées vers Araracuara, zone stratégique de repli pour les FARC. Avec la présence d'une candidate à l'élection présidentielle dans les parages, il devient de plus en plus probable que le gouvernement va engager une opération militaire d'envergure pour essayer de la libérer. L'histoire nous dira qu'il n'en est rien, mais sur place, au milieu de la guérilla et face à l'angoisse de l'incertitude, tout est possible, même le pire, surtout le pire.

À part les moustiques qui m'empêchent de sortir de la maloka, les jours qui passent se ressemblent tous. Je remonte parfois à Araracuara pour essayer d'avoir des nouvelles. Mais la situation reste désespérément la même. Tout le monde attend le bombardement, les réserves de nourriture sont épuisées, aucun vol n'est autorisé dans la région. Pire, il ne reste plus une seule carte téléphonique. Par chance, je n'ai pas utilisé les miennes. Je passe un coup de téléphone à ma femme, puis à Éric à Bogotá pour tenter de leur expliquer ma situation et voir dans quelle mesure ils peuvent trouver un avion qui vienne me chercher. Le dernier espoir auquel j'essaye de me raccrocher.

Un espoir bien mince, qui nécessite que l'on puisse obtenir à la fois les autorisations du gouvernement et celle de la guérilla. Comment ? Je n'en ai pas la moindre idée. Je pense, je veux penser que c'est possible, c'est tout. Mais arriver à mettre d'accord l'armée et la guérilla, alors même que les négociations de paix viennent d'être interrompues, me semble très compliqué. Je ne suis pas le seul à vouloir sortir de cet enfer, chacun cherche de son côté. Nous ne pouvons compter que sur la chance.

Cette nuit, dans la maloka de Tané, nous analysons ma situation. Toutes les possibilités pour tenter une évasion sont passées en revue. Par le fleuve ? Avec un bon moteur, il n'est pas impossible de rejoindre le Brésil. Dans de bonnes conditions, il faut compter trois jours de navigation. Mais ici, c'est la guérilla qui contrôle les approvisionnements de carburant. Sans leur autorisation, il est impossible de s'engager sur le fleuve. En admettant que la guérilla nous laisse passer, la frontière est fermée, l'armée peut penser que je suis un guérillero, ils peuvent m'arrêter, me jeter en prison. Et qu'est-ce que je pourrai leur dire pour ma défense ? Que je suis venu chercher des plumes pour les Indiens Kogis ? Non, par le fleuve, vers l'aval, je n'ai aucune chance. Vers l'amont, ce n'est guère mieux.

Les chutes et les rapides empêchent tout passage, et l'armée contrôle la zone. Le risque est trop élevé d'être pris entre deux feux ou d'être accusé d'être moi-même un guérillero ou de les soutenir, ce qui revient au même. La seule solution reste la voie aérienne, mais annoncer à la guérilla qu'un avion va venir me chercher, un avion forcément autorisé par l'armée, relève du suicide. La guérilla pourrait penser que je suis un espion, ou plus simplement que je suis quelqu'un d'important, puisque l'armée va envoyer un avion. Dans ce cas-là, ils préféreront me garder avec les trois mille personnes qu'ils séquestrent déjà. Je ne vois pas comment faire, et pourtant il n'y a que par la voie aérienne que je peux m'en sortir.

De nouveau, je monte vers Araracuara, pour tenter d'appeler mes amis restés à Bogotá. Lorsque j'arrive dans l'espèce de cantine où se trouve le téléphone, une désagréable nouvelle m'attend. Jacques, notre ami belge, m'a appelé, et il a laissé un message au propriétaire du lieu, en demandant que je le rappelle. Devant une vingtaine de guérilleros présents, celui-ci me transmet le message : « Hier, un gringo t'a appelé, il m'a dit qu'aujourd'hui il essayerait de nouveau de t'appeler. » Presque instantanément, la salle devient silencieuse. Les conversations se sont interrompues. Mauvais western. Un gringo a appelé. Qui a eu un appel d'un gringo ? D'une manière générale, la guérilla n'apprécie guère, et c'est un euphémisme, les Nord-Américains soupçonnés de soutenir le gouvernement en place et de mener des opérations d'espionnage. Le moindre soupçon de relation avec un gringo est un motif immédiat d'arrestation et d'enquête, surtout dans une zone aussi sensible qu'Araracuara. Pendant quelques secondes, la peur me saisit le ventre, vite réagir. « Non, ce n'est pas un gringo, c'est mon frère, il est bègue, et personne ne comprend ce qu'il raconte, parfois on dirait qu'il parle comme un gringo... » Tout le monde se met à rire et à se moquer de mon frère bègue. Jacques, si tu savais, j'espère que tu me pardonneras de t'avoir fait passer pour un bègue. Je le rappelle, et de façon indirecte j'essaye de savoir s'ils ont une idée. Jacques me fait comprendre qu'Éric a peut-être trouvé un avion, mais pour quand ? Qui va autoriser ce vol, les militaires, la guérilla ?

De nouveau, je retrouve mes amis andoques dans les ombres protectrices de leur maloka. Là, je décide de leur proposer une idée un peu folle qui est en train de germer dans mon esprit :

— Est-ce que l'un d'entre vous a besoin d'aller à Bogotá ?

Les Andoques commencent à rirent bruyamment.

— Non non, je suis sérieux, ne riez pas, si l'un d'entre vous veut aller à Bogotá, il peut venir avec moi...

Seul l'infirmier de la communauté prend ma proposition au sérieux.

— J'ai un malade qui doit aller à Bogotá d'urgence, ici, nous ne pouvons plus rien pour lui.

— Parfait, je pars avec lui, préviens-le. Tané, il faut que le commandant de la guérilla vienne une autre fois ici, tu crois que ça va être possible ?

Tané m'a toujours suivi dans mes folies. Je crois même que c'est ça qui nous a réunis. De nouveau, il se propose pour aller chercher le commandant.

— Si on l'a amené une fois, on doit bien pouvoir le faire une seconde, dit-il dans un grand éclat de rire.

Le lendemain, Tané part avertir le commandant dans son nouveau campement. Lorsqu'il réapparaît, en fin de matinée, il a de bonnes nouvelles.

— Il va venir demain matin, vers huit heures.

À l'idée de ce que je vais proposer au commandant, l'adrénaline commence à monter. Comment le lui dire ? Comment va-t-il réagir ?

Comment faire pour ne pas me mettre sous son pouvoir,

pour ne pas finir définitivement séquestré aux côtés des centaines de prisonniers que la guérilla maintient en otage ? Cette nuit, je ne ferme pas l'œil, impossible de dormir. Je réfléchis à demain, repassant sans cesse dans mon esprit la meilleure façon d'aborder le commandant, de lui faire accepter ma demande. Tout est dans la façon de lui parler. Je lui ai déjà donné un ordre, celui de venir à la maloka, car je devais lui parler, il est venu. Je lui ai donné un deuxième ordre, celui de déplacer son campement, et il l'a fait. Aujourd'hui, je lui donne encore un ordre, et il va l'exécuter, il va venir. Alors pourquoi ne pourrais-je pas lui en donner un de plus ? Dans le fond, je finis par penser que ces hommes-là sont tellement habitués à obéir et à exécuter les ordres qu'il n'est sans doute pas très important de savoir d'où ils viennent, et surtout qui les donne. C'est sur cette idée que je finis par sombrer dans un sommeil lourd, peuplé de rêves étranges.

Il est neuf heures quand le commandant arrive, accompagné de son escorte. Plus de deux cents personnes sont présentes dans la maloka pour le recevoir. Je le salue avec chaleur, un salut qu'il me rend immédiatement.

— Asseyez-vous, commandant, nous devons parler de choses sérieuses.

À ces mots, le commandant se raidit légèrement, mais il ne dit rien.

— Nous avons un patient gravement atteint, nous devons le rapatrier de toute urgence sur Bogotá... Nous avons besoin que vous donniez les ordres nécessaires pour autoriser l'atterrissage d'un avion. Ce sera un petit avion pour deux ou trois passagers, sans doute un avion de la Croix-Rouge. Je me charge de toute la partie médicale sur Bogotá...

Le commandant semble pensif, mais il écoute.

— Autre chose, nous n'avons pas beaucoup de ressources, pour pouvoir emmener un membre de sa famille. Si vous aviez un peu d'argent ou quelques moyens pour nous aider, la communauté vous en serait particulièrement reconnaissante.

Le commandant reste silencieux. Les minutes passent. Sans doute les minutes les plus longues de mon existence. L'angoisse me gagne. Puis, calmement, il commence à énumérer toutes les difficultés :

— Le problème, c'est que c'est un ordre que je ne peux pas donner seul. Dans cette région, il y a plusieurs fronts, et chacun d'entre eux reçoit des ordres qui lui sont propres. Il faudrait pouvoir coordonner tous les fronts concernés pour éviter un accident. Vous savez que nous avons donné l'ordre d'abattre tous les avions qui voleraient à moins de 10 000 pieds. L'autre problème, c'est que la population civile d'Araracuara m'a déjà demandé de laisser atterrir un avion pour permettre leur évacuation, et ça, c'est impossible. S'ils voient atterrir votre avion, nous risquons d'être confrontés à un grave problème, je pense même qu'ils empêcheraient l'avion de repartir. Il faudrait que personne, absolument personne ne soit au courant, pour cet avion-là. En ce qui concerne l'argent, ce n'est pas notre front qui contrôle les ressources.

Dans la maloka, lieu de pouvoir et de connaissance, plus de deux cents personnes écoutent gravement notre conversation, deux cents amis. Très sérieux, je reprends la parole :

— Pour l'argent, ce n'est pas grave, si vous ne pouvez pas nous aider, nous essayerons de trouver les moyens nécessaires à Bogotá. Même s'il faut demander l'argent en faisant la manche dans la rue, nous devons le faire, car il s'agit de sauver la vie d'un homme, c'est le plus important. Occupez-vous des autres fronts. En ce qui concerne la population civile, comme c'est vous qui faites la police, qui avez autorité dans la région, je ne me fais pas de soucis.

J'essaye de parler naturellement, comme si mes demandes étaient normales, évidentes.

— Bien, il est possible que vous ayez des nouvelles demain, maintenant il faut que je m'en aille, car nous avons vraiment beaucoup de travail dans la région.

Ni moi ni encore moins les Andoques n'arrivons à croire ce que nous avons entendu. Réussir à obtenir ce qui semble être une autorisation pour laisser atterrir un avion, en plein conflit armé, seulement parce que nous en donnons l'ordre au commandant... Youhaaaa ! Il me faut maintenant transmettre la nouvelle à mes amis à Bogotá. Comment leur dire que l'atterrissage semble possible ? Et si tout cela n'était qu'un piège du commandant pour voler un avion supplémentaire et séquestrer les pilotes ? Ce ne serait pas la première fois. Mais je n'ai pas le choix, il faut prendre le risque.

Le lendemain, nous retournons à Araracuara pour tenter de téléphoner à mes amis. Mais le propriétaire du magasin ne peut plus utiliser son groupe électrogène, pénurie d'essence, il ne lui reste plus qu'un petit panneau solaire, et le soleil est trop faible pour charger les batteries. De retour à l'Aduche, je croise le commandant et sa suite sur la rivière.

— Tout est réglé, mais essayez de maintenir le secret, cela nous évitera d'avoir des problèmes avec les civils. Le reste, c'est votre problème. Prévenez-moi un jour à l'avance, pour que je puisse donner des ordres.

Arrivé dans la maloka, je fais part à Tané de mes craintes que derrière les assurances du commandant il n'y ait un piège redoutable, et que les choses risquent d'être pires s'ils viennent à intercepter l'avion et son équipage.

— Non, me dit Tané, tout va bien se passer, ne sois pas inquiet. Tu vas prochainement pouvoir retrouver ta famille. Si tu penses bien les choses, tout se passera bien, tu verras.

Le dernier obstacle est lié au soleil, aux batteries et au téléphone. Du soleil, il n'y en a pas beaucoup. Il pleut toute la journée, jusque tard dans la nuit. Le matin, sous l'effet de la chaleur, une évaporation impressionnante forme d'épais bancs de nuages. Mais la nature ne peut pas être pire que la guérilla, et il faut croire que la chance commence à tourner. Le lendemain, le patron du bar où se trouve le téléphone accepte de relancer son groupe électrogène, je peux joindre Jacques et apprendre qu'ils cherchent toujours un avion et qu'ils vont essayer de tout faire pour en trouver un, pour mardi prochain, dans deux jours. « Mardi, vers dix heures, d'accord. — D'accord, je serai au bord de la piste à dix heures. »

Les jours suivants, la chance est toujours de notre côté. Éric me rappelle. Il a trouvé un avion, et l'armée colombienne lui a donné une autorisation de survol. Ce jour-là, en sortant de la cantine enfumée, je vais voir le commandant. Je lui glisse immédiatement la nouvelle. « Tout est prêt », me répond-il sans autre commentaire.

La veille du départ, Tané décide que nous irons tous ensemble, lui, moi et une dizaine d'Indiens, jusqu'à l'aéroport. L'infirmier nous a rédigé un ordre de mission où il est stipulé que notre malade, porteur d'un virus très contagieux, doit être évacué d'urgence. Pour ne pas attirer l'attention, nous partons à différents moments de la journée, sur plusieurs embarcations. Lorsque j'arrive sur la piste, il n'y a que quelques guérilleros désœuvrés. Certains sont jeunes, presque des enfants. De ce que j'ai pu comprendre, ils font partie de deux fronts différents. Quant au responsable de la piste, il est parti pêcher. « Depuis que la guérilla a fermé la piste, il n'a plus rien à faire, m'explique son épouse, et visiblement, ils ne sont pas près de la rouvrir. Je ne pense pas qu'un avion se pose ici avant longtemps. »

Cette nuit, je dors dans la petite maison des Andoques, dans le village d'Araracuara. Comme il s'agit d'une maison qui appartient aux Indiens, personne n'ose vraiment s'en approcher, ce qui me convient parfaitement. Le lendemain, à huit heures, de nouveau, je monte vers la piste. Cette fois-ci, il n'y a plus personne. Seul le responsable, sa femme et ses deux enfants sont présents, dans le petit bureau. Je lui demande s'il a connaissance d'un avion qui doit arriver aujourd'hui.

— Nous n'avons plus aucun contact avec l'intérieur, et de toute façon, la guérilla ne laisse atterrir personne, vous avez vu les mitrailleuses, alors...

— Je pense qu'un avion humanitaire va arriver dans quelques heures pour emmener un Indien, un malade, se faire soigner à Bogotá.

Les yeux de mon interlocuteur s'arrondissent comme deux soucoupes.

— Vous pouvez toujours rêver. Ce n'est pas demain la veille que l'on verra un avion arriver ici. Et même s'il s'approche, la guérilla lui tirera dessus. Admettons qu'il se pose, ils ne le laisseront jamais repartir. Ils ne sont pas fous.

À côté de la piste, il y a une espèce de baraque en planches. Je décide de m'y rendre pour attendre l'avion, particulièrement préoccupé par les propos que vient de tenir le responsable de la piste. C'est peut-être lui qui a raison. Ils ne vont jamais laisser atterrir un avion, encore moins le laisser redécoller. Et si c'était vraiment un piège ? Tané, arrivé peu de temps après moi, accompagne notre malade, à la demande de Fisi. Il paraît gravement atteint. Il donne l'impression d'être secoué par de violents tremblements. Quelques minutes plus tard, le responsable de la piste lance son groupe électrogène, le radar commence à tourner et la radio à émettre un signal pour le radio-guidage. Discrètement, Tané s'approche pour me commenter la nouvelle.

— Deux hommes de la guérilla sont venus lui donner l'ordre de démarrer le moteur.

Je reste immobile, les yeux fixés au plafond. De toute

façon, il n'y a plus rien à faire. C'est maintenant ou jamais. Piège, pas piège ? Le temps passe lentement. Neuf heures, dix heures, dix heures trente, l'avion n'apparaît toujours pas. Sous l'effet de la chaleur, de grands bancs de nuages s'élèvent et voilent le ciel. Le temps ! Si l'avion n'arrive pas maintenant, c'est fichu. Comme s'il devinait mes pensées, Tané me rassure immédiatement :

— Non, aujourd'hui le ciel ne va pas se fermer, pas tout de suite, regarde, l'orient est clair et débouché, et le vent vient de là, ne t'inquiète pas, l'avion va arriver, tu peux te reposer encore un peu.

Pendant plusieurs minutes, je reste songeur. Attendre... Soudain, Tané crie :

— Il est là, il arrive !

Le temps de sortir et déjà l'avion se présente à l'entrée de la piste, devant la plate-forme qui surplombe les balcons du diable. Nous nous approchons lentement, accompagnés de notre malade, pour accueillir le pilote et le copilote à leur descente de l'avion. À ma grande surprise, Éric est là aussi. La panique m'envahit. Si la guérilla le voit, s'ils se rendent compte que c'est un étranger, ils vont immédiatement le séquestrer.

— *Hola compadre !*

— Il faut repartir, nous avons à peine dix minutes...

— Repartir, oui, mais nous devons refaire le plein de carburant...

— Alors vite, car la guérilla surveille la piste et les habitants d'Araracuara risquent d'arriver pour bloquer l'avion...

— La guérilla est là ?

— Bien sûr, c'est là qu'elle se replie depuis la rupture des négociations de paix.

Cela n'a pas l'air de l'inquiéter, il s'éloigne simplement de quelques mètres pour uriner. Je demande aux pilotes que l'on redécolle immédiatement, je leur dis que la guérilla est présente et que, tant que l'avion reste au sol, nous courrons des risques importants. « Nous ne pouvons pas repartir avant d'avoir fait le plein. » Décharger les bidons, puis essayer de les ouvrir. Rien à faire, ils restent bloqués. Trouver un couteau, faire un trou de fortune pour siphonner le carburant. Enfin, remplir les réservoir.

Le temps s'écoule, lentement, trop lentement. Dans ma tête, j'essaye d'évaluer le temps depuis que l'avion est arrivé et que les civils séquestrés au village ont entendu le bruit des moteurs, huit minutes, cinq minutes ? À tout moment, je m'attends à voir une horde furieuse déboucher à l'entrée de la piste. C'est l'infirmier venu dire au revoir à son malade qui nous prévient : « Ils sont à moins d'un kilomètre, dépêchez-vous, ils arrivent. »

Un adieu rapide chargé d'émotions, et nous nous installons dans la petite cabine de l'avion. Quelques centaines de mètres, et nous commençons à nous élever doucement au-dessus de la forêt. J'ai du mal à le croire, nous sommes libres. Vraiment libres. Je suis sorti de l'enfer.

En repensant à cette histoire, j'ai toujours été persuadé que nous avions eu une chance incroyable. Mais je n'ai jamais vraiment bien compris comment nous avions réussi à mettre d'accord l'armée et la guérilla juste pour permettre ma libération. Je dois avouer que j'aurais bien aimé savoir ce qui avait motivé le commandant Sanchez pour qu'il laisse atterrir et surtout décoller notre avion, l'avion de ma liberté.

En revanche, ce dont je suis sûr, c'est que pour l'instant trouver des plumes de guacamayas en Colombie est une mission impossible. Si par hasard de nouvelles négociations de paix venaient à être engagées, je recommanderais au gouvernement d'offrir le poste de ministre de l'Environnement à la guérilla, de ce point de vue-là, il est certain que la forêt sera bien protégée.

*

Le village d'Araracuara sera finalement libéré des FARC, suite à une action des forces armées colombiennes, le 13 novembre 2003, soit un an et neuf mois après l'évasion de Gentil. Vingt et un mois d'attente et d'angoisse pour les civils pris en otage à leur descente de l'avion, le 20 février 2002.

Chapitre 7

Comme une blessure

Plusieurs jours se sont passés depuis notre retour d'Amazonie. Nous avons retrouvé la tranquillité des terres de La Luna, le temps de la nature, de ses cycles chaque fois renouvelés. Faire le tour des plantations, retrouver des odeurs, un lieu, et les crapauds, fidèles auditeurs de nos états d'âme ! Lors de notre dernier séjour à Tchendukua, Miguel nous a fait une autre demande. Il y avait les plumes bien sûr, les cristaux, mais il y avait aussi les coquillages, qui accompagnent leurs rituels et qu'ils utilisent avec leur poporo, petit temple portatif dont les hommes ne se séparent jamais. La plupart du temps, ils arrivent encore à s'en procurer auprès de commerçants qui les troquent contre du sucre de canne, parfois même des chèvres ou une vache. « Est-ce qu'il serait possible d'aller là-bas, sur les anciens sites sacrés, ceux où nos ancêtres se rendaient faire nos offrandes auprès de la mère ? nous avait-il demandé. Nous nous souvenons, mais nous ne pouvons plus y aller, trop loin, trop dangereux, et nos jeunes risquent d'oublier. » La mémoire toujours. Cette demande, il l'avait formulée presque timidement. Il paraissait gêné, comme s'il craignait de nous déranger. Nous étions alors convenus d'un rendez-vous, dans cinq lunes, l'équivalent de cinq mois, un lundi. Il y avait une heure, en fin de matinée, et un lieu, le carrefour des quatre directions qui tient son nom des quatre routes qui desservent le désert de la Guajira.

Le lundi en question, nous sommes partis vers notre rendez-vous, avec une vieille jeep blanche louée pour quelques jours. L'occasion pour nous d'oublier un peu l'Amazonie et de continuer notre route avec les Kogis. L'occasion pour les Kogis de retrouver d'anciens lieux de rituels et de pouvoir y ramasser des coquillages particulièrement rares et précieux. Au retour, nous projetons de visiter El Cerejón, une mine de charbon à ciel ouvert, la plus grande du monde, située à quelques dizaines de kilomètres des territoires kogis. À plusieurs reprises, ils s'étaient plaints de dépôts grisâtres qui recouvrent parfois la neige en altitude sans en comprendre l'origine. L'origine ? Sans doute se trouve-t-elle quelque part dans l'immense complexe d'exploitation d'El Cerejón Zona Norte. Démarrée en 1984, l'exploitation des 380 km^2 de réserves a permis d'atteindre en 2000 le chiffre record de 18,5 millions de tonnes de charbon. Il est donc fort probable que les dépôts grisâtres proviennent de là. Et puis les Kogis ont envie de voir, de comprendre. Ils n'imaginent pas ce que peut être une mine, encore moins ce que le petit frère peut y faire et faire à la terre. Le choc sera terrible.

Le carrefour des quatre directions, autrement appelé carrefour des quatre vents, marque l'entrée du territoire des Indiens Wayuus. Héritiers des Indiens Arawaks venus de Guyane, nomades, leur économie est restée basée sur la chasse, la cueillette et l'élevage de chèvres. Structurés en castes ou clans de type matrilinéaire, ils sont estimés à plus de cent mille personnes. C'est la plus importante communauté indienne de Colombie. Ce jour-là, nous sommes une dizaine à descendre chercher un coin d'ombre à ce carrefour insolite. Entre deux *llenterias* (réparations de pneus) et quelques cabanes en bois à l'équilibre précaire, chacun se cherche une place, s'adapte à l'instant. S'allonger, se reposer des longues heures de route. Enveloppées dans de larges robes aux couleurs vives, le visage noirci pour se protéger des brûlures du soleil, quelques femmes wayuus attendent... un bus, quelqu'un, de l'eau, un espoir. Dans les paysages désertiques de la Guajira, l'attente — ou est-ce de la patience ? — est une seconde nature, un apprentissage du monde. Peut-on se rebeller contre ce monde ? Taches de couleurs insolites, une multitude de sacs en plastique parsèment cet univers minéral. Vicente, Antonino et Manuel nous ont accompagnés avec leur famille, là-bas vers la mer. Une présence qui ne passe pas inaperçue. Il est en effet rare qu'ils sortent de la Sierra, encore plus rare qu'ils sillonnent la Guajira. Le soir, nous entendrons la radio locale reprendre l'information. « Des Kogis ont été vus au carrefour des quatre directions, ils se dirigent vers le nord, vers le Cabo de la Vela... »

Vers midi, d'un petit bus fatigué, couvert de guirlandes multicolores, un, deux, trois, puis huit Kogis descendent nous rejoindre. Il y a Miguel bien sûr, Fiscalito, Jacinto, dans leurs tuniques blanches, éclatantes sous le soleil brûlant de la mi-journée. Pas d'effusion, pas de discours, juste de grands sourires, et une émotion sourde qui me gagne, un petit pincement de cœur. Envie de vous dire que ces retrouvailles sont inutiles, surréalistes, mais elles sont tellement belles. Vous le savez, n'est-ce pas ? Cela dit, huit Kogis, plus dix, nous allons être dix-huit pour poursuivre le voyage, dix-huit dans une petite Toyota à plateau. La suite de la route promet d'être compliquée, mais quelle importance ? Le temps d'une tournée générale d'*avena*, sorte de yaourt d'avoine importé du Venezuela tout proche, de quelques galettes de maïs, de bouteilles d'eau pour les enfants, et nous nous entassons tant bien que mal sur la jeep. Debout, assis, suspendus à l'arrière, bébés, femmes, enfants, adultes sont bientôt tous calés. Ouverte et entretenue par l'entreprise minière, la piste longe une voie ferrée qui s'enfonce à l'infini vers le ciel. Après la poussière, c'est le sel des grandes dépressions qui nous colle aux vêtements, s'insinue dans la bouche, les yeux. Les heures passent. La piste taillée dans une roche d'un blanc cristallin disparaît, ne restent que le sable et les candélabres élancés de quelques cactus squelettiques. Fermer les yeux, pour se protéger du sel, du vent, de la lumière, trop vive.

Et puis, soudain elle est là. Le Cabo de la Vela, cette curieuse pyramide aux couleurs jaunes et ocre qui barre l'horizon. Pour Miguel, Antonino et les plus anciens mamus, il s'agit presque d'un retour. Antonino parlait parfois d'une montagne qui plongeait dans la mer, d'une montagne très loin, qui pouvait être atteinte après de longues journées de marche. Une montagne lointaine, brûlée par le soleil vers laquelle il s'était rendu il y a longtemps. Une dernière montée entre les dunes illuminées par le soleil couchant et le moteur s'arrête, enfin. On dirait des fous qui descendent de la jeep. Les visages sont tirés, les cheveux dressés sur la tête, presque collés par la poussière. Mais tous affichent un sourire lumineux. Guidés par Miguel, hommes, femmes, enfants s'engagent déjà vers le piton rocheux qui se dresse au-dessus de la mer comme une évidence. Le moment est précieux. Seize Kogis montent en file vers le sommet, leurs pas retrouvent les traces laissées par leurs ancêtres, ces traces qui doivent les mener au pied des falaises, là où mer et montagne se parlent, là où depuis toujours les Kogis doivent faire des rituels pour équilibrer le monde. Quelque chose se passe, quelque chose d'ancien, de lointain, qui se remettrait en marche, quelque chose dont la mémoire subtile n'aurait pas totalement disparu. Dans cet espace, vous êtes chez vous, semble dire le vent dont le souffle chuinte et chuchote de dune en dune. Une longue arête, puis une cassure de terrain laisse apparaître un passage discret qui descend vers la mer. La terre rouge, presque ocre, garde l'empreinte de notre passage. Un dernier ressaut, et nous arrivons dans une crique sombre, battue par la houle. C'est ici, il n'y a guère de doute. Déjà, les mamus sont au travail. Les plus jeunes sentent, regardent la mer, apprennent les formes et les couleurs. Antonino restera longtemps face à l'océan, le regard perdu, voilé.

Ce jour-là, il n'y aura pas de paroles. Elles sont inutiles, trop de vent, de poussière, et puis à quoi bon ? Que nous diraient-elles, ces paroles, que nous ne portions en nous ? La joie, le plaisir grave et léger d'être là. Remonter vers l'arête, puis retourner sur la grève chercher des coquillages, encore des coquillages, récolte de fleurs aux formes étranges, qui viendront parsemer les crêtes aériennes de la Sierra. Magie du dialogue entre des extrêmes de vie. Rencontres improbables entre les plages immenses et les sommets effilés qui nous rapprochent des étoiles. Au fil des heures, les coquillages s'accumulent. Les sacs se remplissent et viennent prendre place sur la plate-forme arrière de la jeep. Chacun a une fonction, un rôle précis. Il y en a des dizaines de sortes tous identifiées par un nom. Je croise le regard de Mamu Antonino. Lui d'habitude taciturne est presque hilare, les yeux brillants, soûlé par la mer, l'instant, l'émotion peut-être. Allez, Antonino, dis-moi que tu es content... Content ? Avec la mer, les Kogis retrouvaient la « mère » de toute chose, comme nous l'expliquera Miguel, le visage illuminé par les éclats rougeoyants du soleil. Le vent est tombé, le désert semble appeler la fraîcheur du soir.

— Dalluma était la mer, la plus grande partie de son corps s'est transformée en eau. C'est d'elle qu'est sortie la vie, c'est pour cela, aussi, que l'essentiel du corps humain est composé d'eau. Si Dalluma devait disparaître, cesser de vivre, la terre mourrait. Si l'eau d'un corps disparaît, si elle n'est plus en quantité suffisante, alors l'homme meurt. Si l'eau est polluée, la terre devient malade. Tout deviendra malade, car l'eau est partout, vitale pour toute chose. Aujourd'hui encore, nous continuons à faire les offrandes à Dalluma, nous lui donnons ce dont elle a besoin, nous la nourrissons comme nous venons de le faire. Si nous arrêtions, alors la mer se vengerait et prendrait directement ce dont elle a besoin, elle peut risquer de chauffer, de transpirer comme un homme, de fabriquer des nuages qui s'élèvent dans le ciel. Si la dette, le déséquilibre est trop important, les pluies peuvent devenir torrentielles et causer de nombreux problèmes, il y aura des glissements de terrain, les rivières déborderont, les récoltes pourriront, et nous mourrons de faim. La mer peut aussi se réchauffer, mais ne pas transpirer. Alors viendront des étés très chauds, chauds et secs, l'eau disparaîtra, les animaux vont mourir et il y aura beaucoup de tristesse. Dalluma peut aussi se déplacer dans les profondeurs des océans et créer des tremblements de terre, c'est pour éviter cela que les Kogis doivent faire les offrandes, et ce sont les sommets qui nous disent ce que nous devons faire et où nous devons le faire. C'est comme cela que nous avons su que nous devions revenir ici et que nous avons pu retrouver le chemin. Les sommets parlent la langue de Dalluma et celle des Kogis. Ils sont comme des traducteurs qui nous aident à maintenir l'équilibre. Il est important que nous puissions ramasser les objets que nous offre Dalluma et qui viennent de la mer : les coquillages, les pierres, les coraux et toutes ces choses. Nous devons les ramasser et les emmener dans les lieux où se trouve Dalluma, pour ne pas l'oublier, car dans tous les lieux où elle est passée, les rivières sont nées, dans chaque vallée où elle s'est cachée, on trouve la naissance d'une rivière. L'oublier, c'est manquer à la promesse que nous avons faite. Et si nous oublions cette promesse, alors Dalluma viendra reprendre ce que nous lui devons.

Le soir, nous retrouvons l'abri d'une *rancheria* ouverte aux rares touristes de passage, et aujourd'hui nous sommes tous touristes. Quelques hamacs colorés, de larges fougères, presque incongrues après le désert, sous les toits de palmes, protégés par des entrelacs de cactus desséchés, une oasis de fraîcheur nous accueille. Tournée générale de boissons glacées et poissons grillés. On se croirait presque dans un club de vacances. Bercés par le vent, les enfants s'endorment déjà dans les hamacs. Assises sur le sol, les femmes tissent leurs mochilas ou donnent le sein aux plus jeunes. Les hommes ? Ils discutent en regardant la mer. Tous connaissaient son existence. Les jours où l'air était clair, certains l'avaient aperçue, de loin, depuis les hautes terres de la Sierra. Mais c'est la première fois qu'ils la voient de près, qu'ils peuvent mettre un corps sur une pensée. La première fois qu'ils sentent ses odeurs, qu'ils remettent leurs pas dans ceux de leurs ancêtres. Ils discuteront longtemps de la mer, de leurs histoires, de leurs origines.

— Nous venons de la mer, car avant que la nature se matérialise, il n'y avait que de l'eau. L'esprit de l'eau, son possible, et c'est de là qu'est venue la matière. Nous savons que la terre est ronde et qu'elle est la mère de toutes les énergies. C'est la mère nature, elle fonctionne comme un corps vivant. Comme un corps, elle a un cœur, et c'est la Sierra Nevada de Santa Marta, c'est là que sont nés les Kogis, dans le cœur du monde. Pour nous, il n'existe pas de frontières, il n'y a que la mère, un grand esprit, une énergie qui s'incarne, prend forme dans la matière. Notre esprit est comme les roches qui sont dispersées à travers le monde, mais notre corps protège la mère nature, depuis le cœur du monde. Pour nous, à partir de la Sierra, tous les sommets, toutes les montagnes de la planète sont en relation, interconnectés, comme sont interconnectés tous les organes d'un corps, en relation avec le cœur, même les plus distants. Tout ce qui fait partie de la terre, qui la compose, se rencontre dans le corps humain, car le corps humain est fait des mêmes éléments, des mêmes matériaux. Il en va de même de son fonctionnement, celui du corps est identique à celui de la terre, et dans la dimension matérielle chacun doit connaître la place qui lui revient, pour faire vivre et protéger les fonctions dont il a la responsabilité.

Aux premières lueurs du jour, nous sommes repartis vers le littoral à la recherche d'une autre sorte de coquillage, plus petit. Antonino et Joaquín mènent la danse. On dirait deux enfants sur la piste d'un improbable trésor. Une fois réduits en poudre, ces coquillages vont être utilisés dans les poporos. Le poporo est la calebasse que les jeunes hommes se voient remettre lorsqu'ils passent de l'enfance à l'âge adulte. Il doit pouvoir être rempli de *cal* (chaux), extraite de coquillages marins qui, mélangé dans la bouche avec les feuilles de coca, libère l'alcaloïde absorbé par les muqueuses. Le poporo est aussi une représentation symbolique de l'univers cosmique de chaque individu, c'est aussi le lieu de rencontre, de convergence entre la dimension spirituelle et la dimension matérielle de l'existence, la rencontre de Dalluma, l'esprit de l'eau, de la mer, représenté par les coquillages, avec l'esprit des arbres et de la végétation, représenté par les feuilles de coca, sans lesquelles l'homme kogi ne pourrait pas vivre. Pendant son enfance et son adolescence, le jeune Kogi a son Aluna, son âme, mais il ne dispose pas encore de sa seconde force, sa seconde énergie, Seiwa, la conscience. Ce n'est qu'à l'âge de la puberté que son Seiwa sera complet, et que le jeune Kogi pourra devenir un adulte. C'est à cette étape de sa vie qu'il reçoit son poporo, objet symbolique qu'il devra garder tout au long de son existence. Son usage régulier va l'aider à penser la vie, la nature et le monde.

Pour sortir la cal déposée à l'intérieur de la calebasse, il est nécessaire de disposer d'un morceau de bois, fin, d'une longueur de vingt à trente centimètres. Calebasse et petit morceau de bois représentent respectivement la dimension féminine et la dimension masculine de l'existence. En ce qui concerne l'association de la cal extraite des coquillages et des feuilles de coca, elle symbolise la vie issue de la rencontre entre les forces positives et les forces négatives de l'univers.

Lorsque nous reprenons enfin place sur la plate-forme de notre jeep envahie par des montagnes de coquillages, tous semblent apaisés, comme repus. Notre vaisseau à quatre roues repart à travers le désert. Corps et cœurs sont légers, gorgés de mer et d'émotions. Au carrefour des quatre directions, notre groupe se scinde en deux. Une partie continue vers les mines de charbon, l'autre rentre directement à La Luna. De nouveau, la radio locale évoque notre passage : « Des Kogis ont été vus au carrefour des quatre directions, ils semblaient revenir du Cabo de la Vela. » Éclats de rire. Sans doute les Wayuus se sont-ils demandé pourquoi seize Kogis hirsutes avaient fait un tel aller et retour sur leurs terres.

Les heures passent. Nous approchons du site minier, les contrôles se multiplient. Dans la jeep, nous ne sommes plus que six, Gentil, moi et quatre Kogis. Les autres n'ont pas été autorisés à venir, trop nombreux... Une dernière ligne droite, des lampadaires plantés dans le désert, des grilles, nous arrivons sur le site d'El Cerejón Zona Norte. À l'entrée, une « responsable des relations publiques » nous prend en charge et nous offre des boissons. Chacun reçoit une plaquette et une fiche sur les conseils de sécurité qu'il convient de respecter sur le site. Après quelques minutes d'attente, notre guide nous emmène dans une salle climatisée voir un film qui présente l'entreprise et l'histoire du lieu. Que les Kogis ne sachent pas lire, ou qu'ils ne comprennent pas l'espagnol, ne semble pas l'émouvoir outre mesure, et se pose-t-elle même la question ? Ou plutôt si, on sent bien qu'elle se la pose, mais elle ne sait pas quoi en faire. Alors, elle continue comme si de rien n'était.

Pour elle, malgré les pieds nus et les grandes tuniques blanches, il est préférable que nous restions des gens comme les autres, plus faciles, plus gérables. Pour Manuel, l'intérêt de la projection se limite à l'air climatisé de la salle. « C'est frais, c'est bien. » C'est tout juste s'il n'a pas demandé à revoir le film. Une porte s'ouvre, et notre guide s'approche avec casques de chantier et plaques d'identification. À l'extérieur un bus nous attend pour nous emmener sur les lieux d'extraction, au cœur de la mine. Nous commençons par traverser les zones de repos des cadres et des ouvriers. Une sorte de miniville, avec sa poste, son supermarché, ses terrains de football. L'impression d'un morceau de ville américaine posé au milieu du sable et du vent. Les maisons s'alignent, identiques, avec leurs paniers de basket et leur garage, toujours placés à gauche. Un alignement qui donne presque le tournis. J'avais déjà rencontré ce genre de ville artificielle en plein cœur de l'Amazonie équatorienne, sur une concession d'exploitation pétrolière. Une ville dans laquelle on pouvait vivre l'*American life*, avec glace, mayonnaise, hot dog, hamburger et homard.

Deux cents mètres plus loin, au-delà des grilles et des barbelés, c'était la forêt tropicale, et plus loin, les premières communautés indiennes, assommées par la non-rencontre. Ce qui était leur territoire de chasse, leur lieu de vie, leur identité est soudain devenu quelque chose d'incompréhensible, de bruyant. À la place de la forêt, il y a une ville, avec ses arrêts de bus, ses bars, sa musique, ses voitures, ses prostituées, l'électricité, et le bruit qui s'insinue, qui ne vous laisse plus de répit, qui vous assaille. Les animaux fuient, la chasse devient difficile, la faim tenaille. Alors pour quelques dollars, il ne reste plus qu'à terminer manœuvre, écartelé entre la vie et la mort, un hier si proche et un demain brutal. Je me demande ce que voient les Kogis, quel sens peut avoir ce lieu.

C'est le grondement sourd des camions qui nous avertit. Nous approchons du site d'extraction. Soudain, le trou est là, béant. Difficile d'en évaluer la taille. Plusieurs kilomètres de longueur, sans doute plusieurs centaines de mètres de profondeur. Je reste saisi. Vingt-quatre heures sur vingt-quatre, une nuée d'énormes camions remonte lentement les rampes qui permettent d'accéder au fond de la mine. Le grondement est incessant. J'appréhende la réaction de nos amis.

Lentement, Marcello s'avance, suivi de Marco, de José Maria et de Manuel. Ils paraissent fragiles face à ces machines, ce gigantisme. Notre guide commence une explication, puis se tait. Le silence est lourd, pesant. Marco, Marcello et José-Maria regardent l'impensable. Médusés, ils essayent de comprendre ce qui s'offre à leur regard. Ils avaient entendu parler de ces mines, les plus grandes mines de charbon à ciel ouvert, mais ils n'avaient jamais eu l'occasion de voir la réalité de leurs yeux. Les mains posées sur la rambarde de fer, Marcello se met à parler, puis parler encore. Agité, il désigne ce trou, plaie immense dans la terre, la ronde incessante des camions énormes qui extraient le charbon de ses entrailles. Comment est-ce possible ? Comment le petit frère peut-il faire une chose pareille ? Comment peut-il être à ce point aveugle aux conséquences de ses actes et de ses comportements ?

— Quand la terre va brûler, car elle va brûler, les maladies vont arriver, la pluie va être mauvaise, elle va amener des maladies. Quand on voit cela, le charbon qu'ils sortent, cela ne leur appartient pas, c'est la terre qu'ils sont en train de détruire. On peut voir que les déséquilibres sont ici, les maladies. Au pied de la Sierra, il y a des maladies qui viennent... On ne savait pas d'où venaient ces maladies, ces déséquilibres, maintenant, on sait, on voit cela... Avant, ici, il y avait des montagnes, beaucoup de montagnes importantes, maintenant ils ont tout enlevé. Ici, c'était un peu comme un organe du corps, le foie. Les petits frères pensent que c'est simplement du charbon, ils ne comprennent rien, c'est beaucoup plus que cela, les petits frères ne se rendent pas compte qu'ils enlèvent les forces de la terre. Ils enlèvent tout ce qui donne de la force à la terre. La pensée est abîmée. Comment va-t-on faire maintenant ? Ceux qui abîment tout sont ceux qui prennent le pétrole, le gaz, le charbon. En faisant cela, ils enlèvent la force et l'énergie de la terre. C'est comme enlever les minéraux d'un corps, cela provoque des déséquilibres, le corps devient fragile et les maladies arrivent. Avant, c'était un lieu important pour les Indiens. Aujourd'hui, beaucoup de gens tombent malades, car les petits frères enlèvent le sang, la force de la terre. Si on continue comme cela, la terre va disparaître. Les petits frères vivent bien avec ce qu'ils sortent du corps de la terre, ils ne comprennent pas les déséquilibres qu'ils sont en train de créer, comment le pourraient-ils ?

Un long moment, les Kogis restent silencieux, comme s'il leur fallait du temps pour intégrer ce qu'ils voient, l'énormité, le gigantisme. Marcello est ému. Son beau visage aux cils ombrés est triste. Puis c'est au tour de Marco de prendre la parole :

— Quand on maltraite la terre comme cela, après, tout va mal et on fait du mal à tout le monde. Quand tout se dessèche, c'est parce que l'air devient mauvais, quand on brûle le charbon, le pétrole, et toutes ces choses. Après les nuages et les pluies apportent des maladies, on essaye de faire le travail spirituel, mais ce n'est pas suffisant, le petit frère continue. Il n'entend pas. Aujourd'hui, toute la nourriture est en train de mourir dans la Sierra. Les fleurs se dessèchent, les fruits pourrissent et meurent, pourquoi cela ? D'où viennent ces maladies qui tuent les rivières, les plantes, les animaux ? Pourquoi tout est brûlé ? Pourquoi n'y a-t-il plus de pluie dans la Sierra ? On savait qu'il y avait des problèmes avec tout ce que le petit frère brûlait, mais on ne pensait pas qu'il sortait le charbon comme cela de la terre. On croyait qu'il le fabriquait comme les voitures. Si les petits frères continuent comme cela, la terre ne va pas survivre longtemps. Tout va brûler, l'eau va disparaître, la terre va se dessécher, les pierres vont mourir. Comment allons-nous faire ? Nous devons continuer le travail spirituel, pour protéger la terre, mais si personne ne comprend, si personne ne nous aide, on ne va pas pouvoir continuer. Seuls, nous n'avons plus assez de force. Nous avons besoin de soutiens, d'appuis pour redonner sa force à la terre. On peut continuer le travail spirituel, mais qui va nous écouter ? Mais si on ne continue pas, tout va brûler, tout va disparaître. Nos ancêtres nous ont toujours dit que la terre allait brûler. Ici, on peut voir que les choses ont commencé. Vous sortez le sang de la terre, l'air devient mauvais, les nerfs sont malades. La terre devient malade et, quand le corps est malade, partout vient la guerre, les tueries. La mère terre demande réparation. Faire les choses comme vous le faites, sans demander à la nature, cela crée beaucoup de déséquilibres, de maladies. Vous, vous faites comme si tout cela était à vous. Vous ne demandez jamais rien à personne. Avez-vous oublié que tout ce qui vit peut vivre grâce à la terre ? C'est la terre qui donne la vie, qui nous protège tous, les petits frères, les plantes, la terre nous protège et nous aide. Si la terre ne nous aidait pas, nous ne pourrions plus ni manger ni boire, il n'y aurait plus personne, il n'y aurait même pas de vent. Si la terre se met en colère, c'est comme une personne, elle tremble, elle bouge. Nous risquons de disparaître avec elle. La mère terre protège tout ici, nous donne de l'eau, la brise fraîche du soir, les animaux, les fruits. Les gouvernements ne font rien, ils sont en train de faire disparaître la nature, le bois, la vie, pour construire leurs villes et leurs maisons. Il y a des gens qui n'ont pas compris, qui ne savent pas que la terre, la mère terre, nous aide à vivre.

« Quand tout va brûler, la terre, les arbres, quand l'eau va disparaître, les petits frères vont se demander : mais pourquoi tout cela, pourquoi la terre brûle-t-elle, pourquoi toutes ces maladies ? Les petits frères ne se rendent pas compte, mais tout cela va venir très vite. La mère terre va disparaître. Nous les Kogis, nous allons disparaître les premiers. Quand nous aurons disparu, alors, ceux qui vivent dans les plaines, plus loin, vont disparaître, et il y aura beaucoup de souffrance, la chaleur, les brûlures. Le charbon ici, c'est un peu comme une grand-mère, si la grand-mère disparaît, tous ses enfants vont disparaître. Comment faire pour que les petits frères comprennent, pour qu'ils arrêtent de sortir le charbon ? Mais pourquoi les petits frères ne comprennent-ils pas cela ? Pourquoi ? Les problèmes vont venir, les guerres vont augmenter. Le petit frère ne veut pas comprendre. Les petits frères ne voient que du charbon ou du pétrole. Ils veulent gagner de l'argent, toujours plus d'argent. Ils ne pensent pas, ils ne pensent plus. Si cela continue, nous n'allons plus pouvoir être kogi, il n'y aura plus de mamu. Les petits frères enlèvent toute la force, toute l'énergie de la terre, ils enlèvent la vie de la mère pour l'échanger contre de l'argent. Un corps a des maladies, des parasites. Les petits frères sont comme les parasites, ils se mettent quelque part, et ils commencent à abîmer les choses, alors les maladies arrivent. Nous avons des nuhés, les petits frères aussi ont des nuhés, mais ils les détruisent. C'est comme s'ils détruisaient leurs propres maisons. Pourquoi, comment vont-ils faire ? La terre va devenir comme un cadavre, tout va pourrir. Tout le monde va tomber malade. Comme un cadavre sans force. Déjà beaucoup de parties du corps sont malades, abîmées, certaines sont même déjà mortes. Quand ils maltraitent la terre, ici ou ailleurs, il y a forcément des problèmes. Les choses sont reliées les unes avec les autres, si on abîme le cœur ou le foie, c'est tout le corps qui souffre.

Lorsque les paroles s'arrêtent, l'instant paraît suspendu. Les Kogis semblent abattus, presque accablés. Le retour vers la sortie se fait dans un silence pesant, envahi par les grincements poussifs de notre bus. La jeep, la route. Nous repartons ensemble, chacun dans ses pensées, sans doute, dépassés par la puissance de ce que nous venons de partager.

De retour à La Luna, nous croisons Vicente. Accompagné de ses deux fils, il s'engage dans le lit de la rivière qui traverse les nouvelles terres. L'image est douce et magnifique. Un père passe du temps avec ses fils. Il leur explique un univers, partage des émotions, des découvertes. C'est un monde, une rivière !

Chez les Kogis, l'éducation commence bien avant la naissance, avant même que l'enfant ne soit conçu. C'est avant et pendant la période de gestation que démarre l'éducation du bébé. Si la maman a de « mauvaises » pensées, des pensées agressives ou qui ne sont pas justes, le fœtus peut capter des émotions qu'il risque de reproduire aux différentes étapes de son développement. Mais il est possible d'avoir de « mauvaises » pensées et de les corriger. Là encore, l'embryon peut sentir la différence et l'évolution entre les deux états. Dans la mesure du possible, la future maman doit apprendre à contrôler ses envies, ses désirs, une manière d'amener l'embryon à contrôler lui aussi ses émotions. Lorsque l'enfant arrive au monde, et pendant une période de quatre ans, l'éducation mise en place est une éducation par l'exemple, l'exemple des adultes ou des enfants plus âgés. Pendant toute cette période, ils ne peuvent pas être punis, car la punition risquerait d'altérer la mémoire acquise pendant la période embryonnaire. À partir de quatre ans, l'enfant est amené à prendre des responsabilités, à s'engager en fonction de son âge et de ses capacités. Seul l'instructeur, un adulte ou un enfant plus âgé, peut être tenu pour responsable d'une action qui ne serait pas convenablement réalisée, et ce jusqu'à ce que Aluna (l'âme, l'énergie vitale) permette à l'enfant de développer son propre Seiwa (sa conscience), sa façon à lui d'être au monde. Au fur et à mesure de son évolution, le Seiwa de l'enfant est nourri par les sollicitations qu'il reçoit de son environnement. Il développera alors des comportements qui seront en accord avec ce qu'il aura appris. Bien sûr, plus tard, l'adulte peut encore apprendre, mais les Kogis considèrent qu'il s'agit plus de perfectionnement que d'un réel apprentissage. Une telle éducation n'est pas pensée comme un processus linéaire qui partirait d'un point pour tendre vers un autre, mais de façon circulaire où l'on apprend à être père pour être enfant, et enfant pour être père.

Ce jour-là, lorsque Vicente et ses deux fils sont ressortis de la rivière, il devait être trois ou quatre heures de l'après-midi. Que se sont-ils dit ? Sans doute peu de choses. Qu'ont-ils appris ? Sans doute beaucoup. Ils sont ressortis du cours d'eau aussi doucement qu'ils y étaient entrés. Une douceur qui semble refléter la paix de l'instant, de la relation partagée. Un père partage du temps, la connaissance d'un lieu avec ses enfants. Une douceur qui intègre la vie, à travers l'ensemble de ses dimensions. Il y avait la rivière, la découverte de la rivière et la façon de la découvrir.

Femmes, hommes, enfants, autour de la nouvelle nuhė d'Antonino, c'est la foule des grands jours. Depuis le début de l'opération « Mille personnes pour une terre », depuis la première terre rachetée et restituée en février 1998, la rumeur s'est répandue dans la Sierra : « Des Blancs, des petits frères nous aident vraiment à retrouver nos terres et à réveiller la tradition. » Ce qui n'était que projet discret et localisé commence à s'ouvrir et prendre de l'ampleur. D'autres Kogis, en provenance d'autres communautés de la Sierra, veulent savoir, ils veulent voir de leurs yeux ces terres de La Luna, savoir s'il est vraiment possible d'y vivre, s'il est vrai que leurs ancêtres ont vécu dans ces lieux, s'ils ont laissé des traces. Antonino n'arrête plus de faire des visites. Il guide chaque nouvel arrivant à travers son nouveau territoire et ses secrets. Exceptionnellement ce jour-là, nous sommes autorisés à les accompagner pour visiter les terres de La Luna, filmer avec eux cette gorge où coule le sang de la terre, s'arrêter devant les morceaux de ce qui fut un véritable observatoire astronomique, retrouver ces lieux de communication à travers lesquels les nouvelles terres parlent aux Kogis. Des lieux où ils peuvent penser le monde, écouter ses rythmes, comme les battements d'un cœur, le sang dans les veines et le souffle du vent qui parle d'univers obscurs. Que nous révèle-t-il ? Sans doute que tous les mystères de la vie sont en nous, et autour de nous... Et ce sont ces mystères que tentent d'apprivoiser les Kogis — « Tu es responsable de ce que tu apprivoises », disait le renard au petit prince. Ne saurions-nous pas apprivoiser cette nature qui nous fonde et nous habite ? Ne pourrions-nous que la dominer au risque de la détruire ? Pourquoi cette « guerre à mort dirigée contre la vie elle-même », évoquée par Jean-Claude Liaudet, dans son ouvrage *Le complexe d'Ubu, ou la névrose libérale* ?

Pour les Kogis, la nature est un corps vivant, composé de micro-organismes, différents dans leurs formes, mais constitués des mêmes éléments que la terre : de l'eau, des gaz, des minéraux, etc. Chacune de ces composantes est nécessaire pour l'équilibre du tout. Les minéraux ont besoin de l'eau pour remplir leur fonction, mais l'eau sans la présence des minéraux serait inutile. Au même titre que la terre, l'homme est composé de micro-organismes, et chacun de ces micro-organismes est constitué des mêmes éléments que la terre. De fait, les Kogis considèrent que terre, homme et nature ne font qu'un, puisqu'ils sont composés des mêmes éléments. Anokua, qui correspond à la force de gravité, ne serait rien de plus qu'un moyen d'organiser chacune des composantes de la nature, pour que l'ensemble tende vers l'équilibre, par le biais d'ajustements continus entre les parties. Un constat mis en avant comme une découverte récente par le professeur Bak, physicien et enseignant américain au Niels-Bohr Institut, et présenté dans l'un de ses ouvrages, en ces termes : « La criticabilité auto-organisée est un regard nouveau porté sur la nature. Celle-ci y est en permanence hors d'équilibre, mais organisée dans un état suspendu — l'état critique — où tout peut arriver. »

Sans Anokua, et cette notion d'équilibre entre les parties, les différentes forces se mélangeraient, et rien ne pourrait fonctionner, il n'y aurait pas de vie. Le Kogi ne regarde donc pas la nature comme quelque chose d'éloigné de l'homme, il se sait être de nature avant qu'être de culture. Mais il pense aussi qu'il existe une nature supérieure, à savoir la dimension spirituelle du vivant, ce qui explique que chacune des formes incarnées ait un esprit, un maître spirituel. Un arbre, une roche, une rivière ou un homme ont un maître spirituel, raison pour laquelle il est important de leur faire les offrandes requises lorsque l'on déplace une pierre, coupe un arbre ou utilise de l'eau. Les Kogis sont fiers d'être kogis, et ils se respectent en tant que kogis, ce qui est une manière de respecter la nature. Se sentir supérieur aux autres formes du vivant serait nier l'existence du vivant, et donc sa propre existence comme être vivant. Seul l'esprit, la dimension spirituelle de la nature, d'où découlent les règles de vie kogi, est supérieur, mais il ne viendrait pas à l'idée des Kogis de vouloir être maîtres de cet esprit.

On pourrait voir ces concepts et ces représentations comme appartenant seulement au monde des idées, fruit d'une culture spécifique, mais sans liens avec le réel. On pourrait aussi l'entendre et le comprendre comme étant une formalisation possible d'une réelle expérience du vivant, la mise en concepts d'une conscience de la vie... Si le professeur Bak acceptait de dialoguer avec les Kogis, peut-être trouverait-il des éléments de réponse à cette question qui taraude nombre de scientifiques : « On n'a jamais pu prouver l'existence d'un quelconque processus métaphysique qui échapperait aux lois physiques et distinguerait le vivant du reste, on peut se demander, si oui ou non, cet état de chose traduit une impossibilité de trouver “les lois de la nature” générales, lois qui expliqueraient pourquoi le monde qui nous entoure est complexe plutôt que simple. » Ce qui nous limite, c'est notre inconscience, notre non-conscience de la vie dont nous ne sommes qu'une infime et éphémère expression. À la question de savoir ce qu'est le vivant, la vie, que pouvons-nous répondre ? Ayant perdu cette obligation d'équilibre, d'ouverture au monde qu'appelle la vie, nous sommes condamnés à errer, à rechercher du sens hors du sens. Dans ce contexte, toutes les théories sont valables et toutes sont fausses, et cela n'a guère d'importance. Nous parlons hors du vivant, hors de sa référence ultime et première, de vie et de mort. Nous parlons hors de la vie, là où mots, concepts et théories tissent d'étranges assemblages qui nous immobilisent plus sûrement qu'une toile d'araignée. Entre les peuples racines et nous, le dialogue n'est donc pas possible.

Nous remontons maintenant une longue arête abrupte qui traverse les hautes terres de La Hamaca, loin au-dessus de La Luna. À chaque minute, elle devient plus raide, plus glissante. La terre est grasse, noire. Sous les feuilles, entre les racines, la vie fourmille, bouge, se transforme. Les moustiques et autres bestioles volantes, hôtes de la forêt, se font plus agressifs. Notre colonne s'étire. Devant, il y a Miguel bien sûr, et tous les Kogis venus de Maruamaké. Derrière, pour nous accompagner, Marco, José Maria, Marcello et son frère. Ensemble nous découvrons ce fragment de forêt où peut vivre la terre. Entre les arbres immenses aux couleurs changeantes, enlacés, étouffés par des lianes tueuses, nous cherchons notre passage. Au bout d'une heure, nous débouchons enfin sur une plate-forme étroite, récemment nettoyée. Plusieurs pierres ont été redressées et disposées en arc de cercle. L'endroit est magnifique, puissant. Il s'en dégage une force sereine, sur laquelle il est difficile de mettre des mots. À l'horizon, dans le V étroit que forment les deux versants de la vallée, au-delà du moutonnement vert de la forêt, la mer proche, scintillante. Le jeune mamu qui nous accompagne s'installe sur le plus grand des sièges, encadré par Miguel et Marcello. Aujourd'hui, trois générations de mamus sont présentes. C'est Javier, le plus jeune, qui le premier prend la parole :

— C'est un lieu que nous devons protéger. Il semble que ce soit un lieu très important pour les animaux, toutes les sortes d'animaux. Ce sont des mères importantes. Nous allons de nouveau pouvoir les protéger. Avant, notre territoire allait jusqu'à la mer, mais nous ne pouvons plus aller là-bas, alors nous avons perdu beaucoup de connaissances. Nous ne savons plus où sont les sites sacrés, il faut les retrouver, et c'est ce que nous allons faire. Les petits frères créent du désordre, ils abîment les montagnes, ils font disparaître les forêts, ils souillent les sources. Comment feront-ils lorsque l'eau va manquer ? On ne peut pas vivre sans eau. Nous, nous ne coupons pas les arbres sans savoir avant quels sont ceux qui donnent l'eau, ceux qui protègent les animaux, et nous faisons des offrandes. Ici, dans ces vallées, les petits frères abîment tout, ils jettent des produits chimiques partout. En faisant cela, le petit frère est en train de tout faire disparaître, et lui aussi va disparaître. Avant, il y avait beaucoup d'animaux différents qui vivaient dans la Sierra, vraiment beaucoup, ils descendaient jusqu'à la mer. Mais les petits frères les ont fait disparaître.

Je regarde Marcello. Son visage fin reflète une grande douceur. Il parle avec force, mais d'une façon curieuse, comme s'il se parlait à lui-même.

— Il y avait des animaux qui ressemblaient à des mules, on les appelait danta, on pouvait les manger, d'autres ressemblaient à des chèvres, on pouvait aussi les manger, maintenant tout a disparu. Il ne reste que les serpents et les jaguars qui ont faim. Alors, ils mangent nos animaux. Bientôt, il ne restera que quelques Kogis, puis nous tomberons malades et nous pourrons mourir. Pourquoi ? Si on demande de l'argent, ce n'est pas pour nous, c'est pour essayer de retrouver les terres et faire revenir les animaux. Nous aussi, nous avons une police, ce sont des gens qui protègent les choses, la nature, les animaux. Vous, vous avez une police qui protège ceux qui détruisent la vie. Vous faites tout sans comprendre. Vous détruisez les lieux qui nous permettent de faire les choses, en volant l'or vous enlevez l'énergie de la terre. C'est bien d'avoir récupéré cette terre. Ici, on va recommencer le travail spirituel pour récupérer la mère terre. On ne peut pas laisser les choses abîmées, détruites. Si on ne fait rien, chacun va partir dans sa direction, et cela ne va pas aller. Les sites ici, ils sont très importants, ils ont une pensée très forte et ici, particulièrement, c'est un site très spécial. Plus tard, nous serons nombreux à vivre ici, alors nous devons tout préparer, tout remettre en place. Nous devons être vigilants et attentifs pour réussir ce travail. On va y arriver, on va pouvoir apprendre à nos enfants. Il faut qu'ils sachent, eux aussi, comment mener le travail spirituel... Pour cela, il faudra d'autres objets, des cristaux et des plumes, surtout des plumes...

Les Kogis nous rappelaient gentiment que notre histoire de plumes n'était toujours pas réglée. Nous avions progressé sur les cristaux, les objets précolombiens, sur les coquillages et les lieux de rituels. À La Luna, les choses reprenaient leurs justes places. Mais sans les plumes, il leur serait difficile d'enseigner et de redémarrer leurs rituels.

Le soir, de retour à La Luna avec Gentil, nous avons de nouveau convié nos amis les crapauds, histoire de réfléchir à la meilleure façon de retrouver ces plumes. Où aller les chercher ? Comment et avec qui ?

Bien sûr, d'aucuns trouveront cette importance accordée à la demande d'un peuple oublié de l'histoire futile et démesurée. S'acharner à trouver des plumes, retrouver trois pierres et deux colliers. Combien de fois n'ai-je entendu cette remarque : « Il y a les vraies questions, sérieuses, la croissance, la production, l'efficacité économique, la performance, et puis, il y a le reste. » Eh bien, c'est ce reste qui nous semble sérieux, ces petits riens dont l'humilité ouvre à l'immensité de l'univers et nourrit cette légèreté qu'évoque si bien Alexandre Jollien : « La légèreté fournit à l'apprenti du métier d'homme un outil bien précieux, une force inédite, capable de dynamiter le monde. Fort éloignée de l'optimisme obtus de l'ingénu, elle rend souvent florissantes des solitudes ou des souffrances surmontées. (...) Fécondée par autrui, elle peut s'incarner dans le sourire ou la poignée de main que deux compagnons d'infortune partagent pour chasser le désespoir. Elle inspire des paroles d'encouragement, se propage dans l'humour salvateur, libère celui qui lutte contre le désarroi, elle se réjouit du plus infime progrès et ignore le ressentiment[1]. » Ces petits riens, petits interstices où peut encore se glisser le don à l'autre, au monde. Car on est soi lorsque l'on donne quelque chose, une part de soi, aux autres, une posture qui appelle l'attention, qui nécessite que le monde dans son ensemble nous préoccupe et non que l'on en ait une simple représentation utilitariste et fragmentée. La course au temps qui caractérise nos sociétés, cette agitation frénétique qu'accentuent les nouvelles technologies de la communication qui emprisonnent plus qu'elles ne libèrent tue les vides créateurs, ceux-là même où le monde, fécond, révèle son essence.

« Un autre obstacle à notre compréhension réside en nos préjugés bien enracinés contre le style de vie de ces communautés. Nous sommes tellement aveuglés par le contexte de notre propre société que nous sommes incapables de réaliser que les biens matériels que nous possédons — ou plutôt par lesquels nous sommes possédés — sont en général obtenus aux dépens de valeurs humaines et spirituelles. (...) Ce type de culture offre une précieuse leçon à l'industriel contemporain qui, menacé d'être écrasé par le poids de la civilisation, renonce souvent aux valeurs les plus profondes et les plus significatives en s'identifiant à une suite sans fin de gadgets distrayants et presque toujours destructeurs[2]. »

Incapables d'apprendre l'autre, donc d'être adultes, enfermés dans nos croyances naïves et dérisoires, plus sûrement que dans une prison, nous nourrissons une autosatisfaction égoïste et mortifère : « Plus nous sommes

---

1. Alexandre Jollien, *Le métier d'homme*, Seuil, 2002.
2. Joseph Epes Brown, *op. cit.*

“orgueilleux” et “égoïste”, plus nous nous asservissons aux modèles qui nous écrasent[1]. »

Nous avons échoué en Amazonie colombienne ? Qu’à cela ne tienne, il nous suffira d’aller plus loin, l’Amazonie est grande. Mais l’essentiel est de ne pas se laisser entraîner par la gravité du monde, sa lourdeur, rester léger, en équilibre, dans la juste tension. Rien n’a d’importance puisque tout est grave.

1. René Girard, *Je vois Satan tomber comme l’éclair*, Grasset, 1999.

Chapitre 8

Sur les chemins de l'unité

Quelles plumes aller chercher ? Il n'y a que les Kogis qui peuvent le savoir. Il faut qu'ils aillent eux-mêmes en Amazonie afin de pouvoir choisir celles dont ils ont besoin. Mais où aller en Amazonie, dans quelle communauté à même de nous recevoir et de nous aider ? Et si tant est que nous les trouvions, comment ramener les plumes en Colombie, à Bogotá, puis dans la Sierra sans nous les faire confisquer ?

L'une des meilleures façons que je connaisse pour progresser est de se mettre en marche, de lister les problèmes à résoudre et de voir comment les aborder. Si ce voyage doit se faire, les questions trouveront facilement leurs réponses. Il y a en fait trois grandes étapes. La première se passe chez les Kogis, ils doivent décider entre eux s'ils acceptent le principe de ce voyage, et si oui, quels vont être leurs représentants pour le faire. Commencera alors une longue période de rituels et de préparation avant que les Kogis se risquent hors de la Sierra. Cela peut prendre quelques semaines ou plusieurs mois, selon l'enjeu et le nombre de personnes à consulter. La deuxième étape, qui n'est pas la plus simple, concerne la partie strictement logistique. Les billets d'avion, bien sûr, l'argent, mais surtout les papiers, passeports et cartes d'identité nécessaires pour que nos amis puissent se risquer hors de Colombie, et là, la partie est moins simple. Pour l'essentiel, les Kogis n'ont aucun carnet de santé, bulletin de naissance, ni même d'idée précise de la date à laquelle ils sont nés. Ils sont nés, c'est tout. Quant au nom utilisé vis-à-vis de l'extérieur, il peut être fluctuant, reflet des familles d'appartenance, des alliances entre clans, des mariages. Autant de paramètres qui amènent parfois l'intéressé à ne pas connaître précisément les détails de son état civil. Et sans état civil, il est difficile de faire établir des documents d'identité. La troisième étape nécessite que nous puissions identifier une communauté qui soit restée suffisamment traditionnelle pour nous permettre d'accéder aux plumes dont les Kogis ont besoin et qui accepte de nous recevoir. Je commence par la troisième question, celle qui me paraît la plus simple, et j'envoie quelques messages par Internet à des amis d'amis qui, peut-être, auront des contacts. Étrangement, pour la première question, la réponse des Kogis va nous parvenir assez rapidement comme s'ils s'étaient déjà préparés à cette éventualité. C'est Marco, Marcello et José Maria qui ont été désignés pour s'aventurer hors de la Sierra. Trois mamus, dont deux mamus *mayores* parmi les plus respectés de la communauté : le choix de leurs émissaires reflète l'importance que les Kogis accordent à cette « mission ».

Véritables guides spirituels, les mamus représentent les autorités traditionnelles de la communauté kogi. Ils sont à la fois médecins, architectes, agronomes, biologistes, astronomes, philosophes, etc. Leur éducation commence dans le ventre de leur mère, et ce, dès les premières semaines suivant la conception. Une fois choisie la famille dont l'enfant va être mamu, la mère suit un régime alimentaire très strict. Elle ne doit consommer ni sel ni viande d'animaux domestiques. En revanche, elle doit augmenter sa consommation de légumes riches en protéines, des légumes exclusivement choisis et préparés par les mamus. Pendant toute sa période de grossesse, elle devra passer de longues heures à méditer, suivre les conseils des mamus et dialoguer en permanence avec eux. Elle devra partager ses émotions, expliquer comment s'est passée sa journée, par quelles pensées elle a été traversée, quels ont été ses rêves, autant d'informations qui vont être analysées et interprétées pour aider la mère à modifier ce qui pourrait affecter la croissance de son enfant. Le fœtus est à même de capter toutes les émotions d'une mère. Au fils des mois, il fixe, dans ses mémoires cérébrales, les actions et surtout les émotions que sa mère lui transmet. C'est le mamu qui accompagne l'accouchement à l'issue duquel il conserve une partie du cordon ombilical et du placenta afin de pouvoir effectuer les offrandes nécessaires à l'éducation de son futur élève.

Pendant les premiers mois, le temps de l'allaitement, le futur mamu restera auprès de sa mère et de son « professeur ». Ce sont les deux seules personnes qu'il sera autorisé à voir. Lorsqu'il pourra accepter une alimentation autre que le lait maternel, un régime alimentaire spécifique lui sera préparé, servi dans des récipients en terre cuite, composé de viande d'animaux exclusivement chassés dans la montagne, d'insectes, d'écrevisses pêchées dans les rivières, de plantes naturelles sans ajout de sel. Entre un an et demi et trois ans, le jeune enfant est définitivement confié au mamu en charge de son éducation. Il va alors être « interné » dans un temple, une nuhé spéciale, parfois une caverne, dont il ne pourra sortir que la nuit, afin de satisfaire ses besoins naturels. Cette nuhé sera son université, et le mamu son professeur. Il ne connaîtra pas la mer, mais il connaîtra son esprit. Il ne connaîtra pas non plus le jaguar, mais il connaîtra son maître spirituel. Il ne connaîtra pas les arbres, les pierres, les sommets, le soleil et les planètes, mais il en connaîtra les esprits. Il se mettra en relation avec eux pour apprendre de chacun l'interrelation entre tous et toutes choses. C'est ce qui lui permettra d'être agronome, médecin, architecte ou astronome, car il saura la nature des relations existantes entre les forces qui composent l'univers. C'est quand il aura réussi à connaître tous ces esprits, qu'il aura pu entrer en relation avec eux, qu'il sera autorisé à retrouver la vie matérielle et la lumière. Son enseignement prendra fin lorsque sera prononcée la phrase rituelle : « Tu as appris à voir à travers les montagnes, à travers le cœur des hommes, maintenant tu es un mamu. »

Que la communauté kogi accepte que trois de ces éclairés, comme ils les appellent parfois, voyagent hors de leur territoire est à la fois un honneur et une lourde responsabilité. Il faut maintenant leur faire faire des papiers. Cela veut dire d'abord faire des photos, puis une carte d'identité et, si tout se passe bien, terminer par le passeport. Nous décidons d'aller à Ríohacha, le chef-lieu du département limitrophe de la Guajira. Peuplé à 70 % d'Indiens, il nous semble plus facile d'y effectuer les démarches. Il nous faudra trois heures de voiture et deux heures de queue pour apprendre que la machine est en panne et que de toute façon il n'y a plus de documents officiels. Ils ne sont pas arrivés de Bogotá. Les deux fonctionnaires assoupis qui nous reçoivent n'ont bien entendu aucune idée des délais d'attente et des prochaines dates de livraison. Nous n'avons plus qu'à retourner à Santa Marta, faire une autre tentative. Pour les Kogis qui nous accompagnent, il est difficile de comprendre la nature exacte du problème. Pourquoi est-il si compliqué d'avoir des papiers colombiens, puisqu'ils sont colombiens ? À Santa Marta, un instant, nous croyons réussir. Après quelques minutes de négociation, le fonctionnaire qui nous reçoit accepte d'enregistrer notre demande, malheureusement, là encore, les stocks de papiers officiels sont épuisés. Une nouvelle fois, c'est l'échec. Sur nos trois futurs voyageurs, seul Marco dispose d'une vieille carte d'identité, une vieille carte et un esprit sacrément observateur et malicieux. « Quel est le problème finalement ? nous demande-t-il. D'avoir des cartes d'identité ? Moi, je sais où trouver des cartes d'identité. »

Il y a quelques années, à l'approche d'une élection présidentielle, le gouverneur du département a donné l'ordre à son administration de remettre une carte d'identité à chaque Indien afin qu'ils puissent voter pour son candidat. À cette occasion, Marco et quelques autres Kogis se sont fait faire leurs premiers documents officiels. L'histoire ne dit pas pour qui ils ont voté, mais peu importe, les cartes d'identité sont là, précieusement conservées dans le village de Santa Rosa. Sans doute la solution à nos problèmes, car rien ne ressemble plus à un Indien qu'un autre Indien. Il suffit de choisir parmi les documents que nous montrent les Kogis ceux dont les photos correspondent à peu près aux visages et à l'âge de nos deux voyageurs, en espérant qu'ils fassent l'affaire pour solliciter les passeports auprès de l'administration. Pour augmenter nos chances, et respecter les lieux d'enregistrement de chaque document, nous choisissons de nous répartir les tâches. Je retourne avec Marcello à Ríohacha, Gentil reste avec José Maria, rebaptisé Joaquín, et Marco à Santa Marta. Ríohacha tire son nom de la rivière de la Hache toute proche. Cette petite ville marque l'entrée des territoires wayuus, des territoires décrétés zone franche, une façon presque légale de prolonger la tradition de contrebandiers de ses habitants. La *gobernacíon* (préfecture) est un petit bâtiment aux couleurs passées, installé sur le front de mer. Dans l'arrière-salle surchauffée, chacune des personnes présente doit décliner, preuves à l'appui, son nom, prénom, âge, adresse et profession. Le tout doit être accompagné de la bonne photo prise sur fond bleu aux bonnes dimensions. Je regarde Marcello.

Il ne connaît ni son âge, encore moins sa date ou son lieu de naissance, quant à la profession ! Sur la carte que nous avons, les chiffres de la date de naissance sont en partie effacés, et aucune indication n'est donnée sur le lieu précis de naissance. Dans la grande salle, la cohue est indescriptible. Les pauvres tables utilisées pour tenter de canaliser la foule sont rapidement déplacées, repoussées contre les murs. Il n'y a pas de file d'attente, aucune logique perceptible et pourtant, quelque chose semble se dessiner autour de deux personnages, un homme et une femme, imperturbables, qui ont l'air de donner une apparence d'ordre à la cohue générale.

Le premier, debout contre un mur à la peinture écaillée, remplit des formulaires, l'autre, ronde et décolorée, peste contre la grappe humaine qui tente désespérément d'obtenir le « récépissé », ce document indispensable pour retirer le futur passeport. Il nous faut ce récépissé et il nous faut ce passeport. Un simple comptoir à contourner et je fonce, Marcello collé derrière moi comme une ombre. Un soupçon de question dans un regard croisé, un *costeño*, un black de la côte Caraïbe au regard lourd, fatigué. Un document officiel attrapé dans un tiroir, puis les questions fusent. « Tu as quel âge ? » Les yeux de Marcello restent immobiles. Le stylo à la main, un léger sourire aux lèvres, l'homme attend : « L'âge, papi, tu as quel âge ? » Marcello me regarde, craintif : « Il te demande quel âge tu as, ton âge, depuis combien de temps tu es né ? » Toujours ce regard sombre, inquiet. Instant suspendu, il faut répondre, quelque chose, vite. Je lance un chiffre, au hasard : « Soixante-quatre ans ? » L'homme commence à prendre note, tout en regardant la carte d'identité. « Lieu de naissance ? » De nouveau, je me retourne vers Marcello. Présence silencieuse. Puis je donne le premier nom de village qui me vient à l'esprit : « Santa Rosa ! — Date de naissance ? » J'hésite, l'homme compréhensif m'aide à faire la soustraction. Ouf ! Quelque chose comme 1939. « Le mois ? — Avril, 22 avril ! » Voilà, Marcello est né un 22 avril 1939, à Santa Rosa.

Le papier vient prendre sa place sur la pile de sa collègue. Elle attrape le document et commence à relire les notes. Visiblement, cet « Indio » l'agace. « Il n'y a pas d'adresse. Ce document n'est pas valable. » Tentatives d'explications : « Mais il vit dans la Sierra, c'est un Indien Kogi. Pas valable ! » Confirmation, si besoin était, que l'imbécillité n'a ni frontière ni nationalité. « C'est un citoyen colombien, il doit pouvoir bénéficier d'un passeport comme tous les Colombiens. »

L'homme reprend la fiche, sort un petit carton et attrape la main de Marcello. Les empreintes ! J'essaye de lui expliquer ce que l'on attend de lui. Mettre de l'encre sur le doigt, le poser sur le papier, il ne semble pas comprendre qu'il doit pivoter son doigt de droite à gauche pour bien marquer son empreinte. Après deux essais infructueux, deux cartons déchirés, furieuse, la femme se lève en criant. Elle contourne la table et saisit durement la main de Marcello, un doigt, puis un autre, et les fait tourner en les appuyant sur le petit carton. « Comme ça, voilà, comme ça, tu comprends ? » Je sens Marcello désemparé, malheureux. Pour moi cet homme représente les Kogis, c'est un ancien, âgé de plus de soixante ans, qui va représenter les siens à l'étranger, une sorte d'ambassadeur. Face à cette femme, il n'est qu'un « Indio », un sauvage qui n'a rien à faire ici, moins ils sortent de leur montagne, mieux c'est. Pour elle, mais pas pour lui, qui me sourit gentiment en me donnant le fameux récépissé plastifié avec empreinte digitale et photo. La suite n'est plus qu'une formalité, Marcello a un passeport. Je ne peux m'empêcher de partager un petit sourire complice avec lui lorsque nous retrouvons enfin les rues animées de la ville. Reste maintenant à savoir où aller en Amazonie pour chercher des plumes, après notre malheureuse expérience colombienne.

D'après Jacques, mon ami belge de Bogotá, la communauté de Sarayacu, au sud-est de l'Amazonie équatorienne, devrait correspondre à ce que nous cherchons. Une communauté encore traditionnelle, capable de comprendre la demande des Kogis et surtout à même de leur fournir les plumes et autres objets rituels dont ils ont absolument besoin. Il ne reste plus qu'à attendre la confirmation de la communauté de Sarayacu, prendre les billets et se préparer pour le grand voyage.

Lorsque nous nous retrouvons, quelques semaines plus tard à l'aéroport, Marco, Marcello et José Maria semblent nerveux. C'est la première fois qu'ils quittent la région et qu'ils se risquent à monter dans un avion. Durant le premier vol vers Bogotá, Marcello ne va cesser de regarder le hublot avec méfiance. Arrivés à destination, nous devons attendre quelques heures notre correspondance pour Quito. Pieds nus, équipés de leurs seules mochilas, les Kogis se déplacent comme des ombres dans les couloirs fonctionnels de l'aéroport. Vitrines aux produits luxueux, voyageurs pressés ou en attente d'une correspondance, Bogotá est un aéroport parmi d'autres, mélange d'opulence et d'indifférence. Ici, on part vers l'Europe, les États-Unis, ou on revient de l'étranger, auréolé de la rencontre avec l'autre, l'ailleurs rêvé.

C'est étrange, la présence des Kogis n'attire presque pas l'attention. On les dirait invisibles. Comme s'ils étaient tellement là que personne ne devait les remarquer. Ils passent à travers nos esprits, nos consciences. J'avais déjà ressenti cela lors du voyage de Miguel et Ignacio à Paris. L'impression qu'ils se déplaçent dans un autre espace-temps. Leur présence est si évidente qu'elle est invisible. Ils sont radicalement différents par leur manière d'être, leur apparence, et totalement invisibles, tant ils incarnent cette différence. Ils « sont » kogis, expression du vivant au milieu du béton et de l'acier. Cette indifférence est souvent incompréhensible, douloureuse pour les peuples racines, ces peuples pour qui le lien est condition de survie, de respect de l'autre.

« Je suis une grand-mère indienne à la peau sombre, aux cheveux blancs et quelquefois, il m'arrive de penser que je suis invisible... Les gens semblent voir à travers moi, dans les aérogares, dans les rues, au marché. Lorsque je parle de cette étrange sensation à des amis indiens, ils me disent qu'ils la connaissent également. Je redoute de poser la question aux enfants, mais je suis persuadée que cette invisibilité doit les blesser eux aussi. Qu'est-ce qui trouble ainsi la vision des gens, pour qu'ils ne puissent pas nous voir[1] ? »

Pauvre Patricia, si seulement je pouvais la prendre dans mes bras, la serrer contre mon cœur, essayer de lui faire passer un peu de cette humanité qui nous file entre les doigts, étrangère parmi les étrangères. J'essayerai de lui expliquer que ce n'est pas tant elle que les gens ne voient plus, c'est le monde, l'autre dans sa quotidienneté que nous ne savons plus voir, interroger, dont nous ne savons ou ne pouvons plus croiser l'inquiétude. L'autre n'est plus que décor, faire-valoir, s'il se présente à nous par le biais du reflet illusoire de la société du spectacle, mais le plus souvent inexistant et transparent.

Quito. À la sortie de l'aéroport, l'un des fils de don Sabino, chaman de la communauté de Sarayacu, est là qui nous attend. Il doit nous aider à rejoindre sa communauté. Après l'avion, nous prenons le premier bus vers Puyo, la ville la plus proche de la forêt amazonienne. À Puyo, c'est Sabine, une Belge mariée avec José, un Indien Kichwa,

---

1. Patricia Locke, Indienne Lakota, *in* Art Davidson, *Nés de la Terre*, Solar, 1996.

membre de la communauté de Sarayacu, qui nous accueille. Son aide nous sera précieuse. Grâce à elle, nous rejoignons rapidement l'aéroport de la ville, ancien terrain d'aviation de la compagnie pétrolière Shell, où plusieurs sociétés, souvent propriétaires d'un seul petit avion, assurent la liaison avec les villages dispersés dans la forêt. En période de conflits ou lorsque les rivières ne sont plus praticables, ils sont l'unique lien avec le monde moderne. Fragile cordon qui relie les villages indiens à l'extérieur. La *selva* à la ville.

Lorsque nous pénétrons dans l'aérogare où sont stationnés les avions, nos trois voyageurs vont mettre du temps à accepter l'idée de devoir monter dans ces petites machines. Méfiants, ils vont longuement observer les appareils. L'avion que nous devons utiliser est un monomoteur, à peine assez grand pour recevoir quatre passagers. Marco nous demande si un aussi petit appareil peut réellement emporter des gens. Dans son esprit, la taille des avions est associée à la taille des mules qui, quand elles sont trop petites, ne peuvent porter de lourdes charges, encore moins des personnes. Assis à l'écart, il semble avoir vraiment du mal à se faire à cette curieuse idée. Voyager dans un si petit appareil. Gentil a beau leur dire qu'il s'agit d'une sorte de taxi qui roule et qui peut voler en même temps, rien n'y fait. Il leur faudra pourtant se rendre à l'évidence, c'est bien dans cette curieuse machine que nous allons poursuivre notre voyage. Lorsque l'avionnette décolle, blottis au fond de leur siège, Marco, Marcello et José Maria sont pétrifiés. Rapidement nous laissons Puyo et les contreforts de la cordillère des Andes derrière nous, pour nous engager au-dessus du moutonnement infini de la forêt amazonienne.

Les forêts tropicales représentent sans doute la plus impressionnante manifestation de la vie sur la planète. Cet écosystème, le plus riche et diversifié de la terre, produit un fascinant système d'interrelations. On y rencontre sur un seul hectare autant d'espèces arborées que dans l'ensemble des forêts de la zone tempérée aux États-Unis, autant d'oiseaux et une fois et demie plus de papillons que sur les États-Unis et le Canada réunis.

Après une petite heure de vol, la piste d'atterrissage de Sarayacu apparaît entre les arbres. Maigre ruban de terre noyé dans l'épaisseur de la forêt tropicale. C'est ici que vivent les Indiens Kichwas. Leur territoire se structure autour de quatre villages. L'un d'eux, construit en bordure de piste, est en partie constitué par les nombreuses maisons laissées par les religieux catholiques. Pendant de longues années ce sont eux qui ont pris en charge l'éducation des jeunes enfants. Un processus qui a duré suffisamment longtemps pour atteindre ses objectifs, à savoir le métissage de la population et une forme de « blanchiment » ou de modernisation de la pensée des jeunes enfants. Lorsqu'ils ont quitté les lieux, les religieux ont laissé derrière eux une communauté largement désorientée et désarmée face à la société occidentale. Malgré ces difficultés, cette acculturation, la communauté de Sarayacu est l'une des dernières en Équateur à lutter obstinément contre l'invasion de ses terres par les compagnies pétrolières.

« Les compagnies pétrolières, qui mettent en place des campagnes d'exploration à travers la forêt, développent de véritables réseaux d'informations et de recherche auxquels rien n'échappe. Avec leurs avions, elles dominent le ciel, avec leurs bateaux à moteur, elles dominent les rivières, jusqu'à mettre en place des plans dévastateurs qui détruisent les communautés [1]. »

Depuis 1938, date d'arrivée de la Shell, l'Amazonie équatorienne s'est transformée en un impitoyable champ

1. Miguel Angel Cabodevilla, *Los Huaorani. La historia de los pueblos del oriente*, CICAME, 1994.

de bataille, où la mort, lente et silencieuse, s'infiltre plus sûrement qu'un poison. Le gouvernement équatorien a directement cédé une bonne partie du contrôle et de l'exploitation de ses zones forestières à des compagnies pétrolières à capitaux étrangers, parmi lesquelles Elf, Maxus, Petro Canada, Oryx. Corruption, infiltration des communautés, confrontations violentes, chantage, tout est bon pour s'emparer du pétrole. Notre confort et notre plaisir sont directement liés à la mort de peuples, de cultures, de vie, qui puisent leur force et leur identité dans la forêt. Le mécanisme fondamental d'une telle destruction là-bas repose ici sur l'entretien permanent d'un état de manque autour d'une échelle de valeurs exclusivement matérialiste. Crainte de ne pas avoir, de ne pas posséder, course éphémère pour acquérir des signes, des objets qui, aussitôt achetés, deviennent obsolètes. Une course folle ici qui entraîne la mort là-bas. Nous le savons, nous en connaissons les réalités, et pourtant, rien n'y fait, nous continuons. Une possibilité de gains, une ressource non exploitée, nous sommes incapables de renoncer, de privilégier d'autres enjeux, d'autres intérêts, de préserver réellement l'environnement. Des derniers jardins ouvriers de Montreuil aux forêts amazoniennes, tout ce qui entrave notre développement est impitoyablement balayé, éliminé. Le prix de cette folie devient chaque jour plus élevé. Le renoncement d'un plus vers le mieux nous est impossible, et pourtant sans doute représente-t-il notre seule chance de survie.

Qui regarde aujourd'hui l'Amazonie équatorienne a sous les yeux, cartographiés, les contradictions et les paradoxes mortifères que développent nos sociétés occidentales dans ces régions du monde. Se trouvent associés, mélangés, imbriqués, territoires indiens, parcs nationaux, aires de recherche scientifique et blocs d'exploitations pétrolières, le tout sous le contrôle de l'armée et hors de toute possibilité de réelle régulation politique. Dans ces régions et dans ce contexte, les communautés indiennes sont classées par les compagnies pétrolières selon deux registres, « faciles » ou « difficiles » à coloniser. Incontestablement, la communauté de Sarayacu devait être rangée dans la deuxième catégorie : difficile !

Pourquoi est-ce à ce point difficile, voire impossible, d'imaginer des espaces hors de tout cadre de références modernes, occidentales, hors de toutes logiques de suivi, de contrôle, hors de *nos* schémas de pensée, logiques d'État, courants des pour et des contre, des visions libérales, contre la « deep-ecology », etc ? Pourquoi est-ce si difficile de penser que les peuples autochtones ne sont pas que les habitants, le plus souvent gênants, d'espaces dont nous convoitons les ressources, au nom d'un État, d'une politique, d'une idéologie, mais les habitants de terres dont l'usage et l'intégrité, dans toutes leurs composantes, leur reviennent de droit, autant, sinon plus qu'à nous ? À travers ces propos, il ne s'agit pas de remettre en cause l'idée d'État-nation, de politiques intérieures ou extérieures, ce n'est pas la question, mais bien plus de faire passer cette autre idée, pourtant simple, qu'une nation, parlons plutôt d'une communauté humaine, peut bien plus se renforcer de différences respectées que de différences annihilées ou passées sous silence. L'autre est toujours un anticorps à la bêtise, à l'ignorance, au pouvoir. L'autre est condition de survie et d'éveil. Il est composante de la vie, il la nourrit, il participe au flux vital de l'existence, comme le pôle positif face au pôle négatif, comme le jour et la nuit, où l'autre est à la fois ombre et lumière. Avez-vous déjà essayé de vous imaginer sans l'« autre », l'autre génial, l'autre « ce con », l'autre qui vous énerve, vous renvoie sa haine et sa colère, mais l'autre qui vous aime, vous accueille et vous écoute, à qui on a dit que... qui a dit que... auquel on a répondu que... l'autre miroir, l'autre source de haine et d'amour ? Sans autre que serions-nous ? Seuls, égarés dans la multitude.

« L'autre est le moteur de tout changement. Sans autrui, je ne suis rien qu'une poussière isolée sur un fil invisible et infini. Avec l'autre, je ne suis plus séparé, je me vis comme un trait d'union, un système de relations. L'autre, par son visage tour à tour inquiétant et lumineux, m'oblige à me reconnaître, il est le grand dérangeur de sens. D'un mot, d'un geste, d'un comportement minuscule, il surprend ma naissance en tant qu'être de culture. Il fait trembler ma maison intérieure où tout était en ordre depuis des générations. Mais cet ordre n'était-il pas qu'un désordre établi, une illusion dangereuse [1] ? »

À notre arrivée, une nuée d'enfants et d'adultes entoure l'avionnette. Certains en profitent pour repartir en ville, d'autres sont venus en curieux, voir qui étaient ces Kogis dont l'arrivée avait été annoncée. Parmi eux don Sabino, digne, le front ceint d'un large bandeau de couleur accueille nos trois voyageurs. Don Sabino est l'un des principaux chamans de la communauté. C'est un ancien qui conserve encore une partie de ses racines culturelles et qui continue à guider les membres de son clan sur le chemin de la tradition et du savoir. Mais peu à peu, force lui est de le constater, certains s'engagent sur d'autres voies, quittent la tradition. C'est dans sa maison, auprès de sa femme doña Corina et de ses enfants, que nous sommes reçus. Une maison représentative des maisons traditionnelles que l'on rencontre en Amazonie. Construite à quelques mètres du sol pour éviter l'humidité, son toit est constitué de palmes tressées, l'ensemble fixé par des lianes. Une grande salle indépendante sert à la fois de cuisine, de salle

1. René Barbier, sociologue à Paris-VIII.

à manger et de lieu de réunion. De nombreux habitants du village viennent régulièrement y consulter don Sabino, recevoir ses conseils. Derrière la maison coule une rivière dans laquelle les enfants jouent de longues heures, une rivière suffisamment profonde pour permettre la navigation jusqu'aux autres villages et jusqu'à Puyo, le chef-lieu du département.

La nouvelle de l'arrivée des Kogis s'est rapidement répandue dans la région. Dans la soirée, de nombreux Indiens viennent saluer Marco, José Maria et Marcello. Nombre d'entre eux ont déjà entendu parler de leurs connaissances en matière de résolutions de conflits et de médecine traditionnelle. À Sarayacu, la tradition veut que les visiteurs partagent la *chicha*, une boisson faite à partir de tubercules (yucca) mastiqués par les femmes et macérés dans de grands récipients enterrés pour que la boisson reste fraîche. La chicha est servie dans de larges céramiques sur lesquelles sont représentés certains des motifs traditionnels de la communauté, colorées à l'aide d'extraits de plantes. À peine vidés, les récipients, dont la contenance peut parfois atteindre un litre, sont remplis par les femmes qui attendent que vous ayez terminé, avant de les remplir de nouveau. Les visiteurs se doivent de boire et boire encore la chicha jusqu'à plus soif. La nuit, le rituel est légèrement différent. Les femmes vous présentent deux récipients, l'un plus petit qu'elles tiennent entre leurs mains jusqu'à ce que vous en ayez entièrement vidé le contenu, et l'autre plus grand régulièrement rempli dès que le niveau commence à baisser. Au bout de quelques heures, Marco s'est éloigné de notre groupe, impossible pour lui de continuer à boire. Mais, au moment où il s'est de nouveau approché, une jeune femme lui a proposé de la chicha. Le lendemain, à chacune de nos rencontres, de nos visites dans l'une ou l'autre des familles de la communauté, il nous faut boire de la chicha, une façon rituelle de partager et de saluer les nouveaux arrivants. Discrètement, je remplis le récipient de José Maria, qui boit allègrement, apparemment sans aucune difficulté, les litres et les litres de chicha.

Dans l'après-midi, José, l'un des fils de don Sabino, nous parle de Sarayacu, des origines de sa communauté, des problèmes rencontrés avec les compagnies pétrolières :

— Sarayacu se trouve dans la province de Pastasa, dans la forêt amazonienne d'Équateur, dans la vallée de la rivière Bonasa, à cent kilomètres en ligne droite de la ville de Puyo. Le nom de Sarayacu vient de Sara, le maïs, et Yacu, l'eau, la rivière. Sarayacu signifie la rivière ou l'eau du maïs. Ce nom fut découvert par nos ancêtres, les Tayacks. Ils sont arrivés de terres plus basses, en prenant de l'ayahuasca. Dans chaque lieu où ils prenaient de l'ayahuasca, ils donnaient le nom du lieu. Quand ils sont arrivés ici, grâce à leurs visions, ils ont vu qu'il y avait des quantités de maïs, et ils ont appelé ce lieu rivière du maïs, Sarayacu. Ici, il y a près de deux cent cinquante familles, environ mille personnes. Nous avons deux types d'organisation. Une organisation traditionnelle dirigée par les curacas. Chaque communauté a ses curacas. Ce sont eux qui s'occupent de maintenir et de guider la communauté de Sarayacu, les chemins, la place, le cimetière, la piste, etc. Il y a une autre organisation plus représentative, plus politique. Nous nous appelons junas, les gens, mais comme nous parlons le kichwa, nous nous appelons les Kichwas. Nous cherchons à renforcer nos connaissances ancestrales tant dans le domaine spirituel que dans le domaine technique, c'est-à-dire les connaissances liées à l'agriculture et à toutes les activités que nous pratiquons ici. Pour nous, c'est une démarche qui doit nous permettre de retrouver notre identité et notre dignité, comme peuple. À partir de nos racines, nous pouvons montrer et proposer notre vision de l'harmonie, de la vie, du territoire, de la terre et toute la nature qui nous entoure. Cela veut dire que nous devons récupérer la santé interne et externe, récupérer notre culture alimentaire sans laquelle la famille commence à souffrir de nombreux déséquilibres de santé, d'éducation. C'est pour cela qu'il nous semble fondamental de récupérer ces connaissances traditionnelles qui existent, mais qui sont en danger de disparition totale. C'est important que les cultures des autres mondes puissent connaître nos coutumes, notre vie, notre système. Mais elles doivent accepter le fait que nous sommes un peuple, et que nous pouvons aussi apporter des solutions aux problèmes que rencontrent les autres peuples. Faire comprendre aussi qu'il est important de respecter et conserver la nature, la mère terre, respecter les autres cultures à travers le monde, pouvoir faire comprendre et aider les autres à récupérer leur culture, leur forme humaine, particulièrement aux Occidentaux, prisonniers de la société de consommation et des lois du marché.

— Pourquoi avez-vous accepté que les Kogis viennent ici ?

— D'abord, car nous avions déjà certaines informations à propos des Kogis et aussi des Aruhacos. À plusieurs reprises, nous avions entendu parler d'eux. Personnellement, j'avais lu des articles, des documents sur leur façon de vivre, leurs problèmes, leur résistance, leur vie culturelle. Nous avions même pensé qu'il serait important d'aller les voir, de les rencontrer. Cela faisait déjà quelques années que nous avions envisagé cette idée. Mes parents et d'autres anciens voulaient aller les rencontrer. Et puis il y a eu cette nouvelle, cette surprise qui est arrivée : ils souhaitaient venir ici. Pour nous, ce fut une grande émotion et cela nous semblait intéressant qu'ils puissent venir. C'était une occasion de les connaître, connaître leur forme de pensée, leur vie, leur culture. S'ils pouvaient nous parler de leurs expériences, de leurs problèmes. C'était aussi une occasion de faire des échanges entre les connaissances des yackaks et celles des mamus, des échanges sur les pratiques médico-religieuses, et d'autres pratiques traditionnelles de la médecine indienne, leur façon de penser la nature, comment ils pensent les rivières, les grands lacs, les montagnes, les sommets, les arbres, les plantes, la terre, les animaux.

« Nous voulions aussi savoir quels sont leurs processus de guérison. Ici, nous maintenons l'équilibre à travers l'usage de la musique, pour les familles les plus en difficulté, pour les femmes, les anciens, les enfants, qui souffrent de certains déséquilibres physiques, mentaux ou spirituels. Cela nous intéresse de savoir comment ils pratiquent chez eux, dans leur culture. L'idée était aussi de nous associer au niveau des esprits du savoir et du pouvoir, pour avoir des amis qui puissent nous appuyer en cas d'extrêmes difficultés. Ici, il y a des chamans qui peuvent être très mauvais. Ils veulent seulement détruire les sages. On voulait voir comment on pourrait échanger sur ces sujets. Et on voit qu'ils ont de la force. Nous aussi, mais nous sommes face à des problèmes, dans un monde où nous devons nous défendre, nous protéger. C'est pour cela que nous pensons que leur présence est importante. Et comme ce sont des anciens, c'est beaucoup mieux pour les connaître et les respecter. Cela a suscité de très bonnes réactions. Beaucoup de gens ici ne sont jamais sortis de la forêt, ils pensent que nous sommes les seuls Indiens sur cette terre. Là, ils peuvent se rendre compte qu'il y a d'autres peuples, d'autres cultures, d'autres Indiens dans d'autres parties du monde. Les Kogis ont la connaissance des relations entre l'homme et la nature, entre les êtres vivants comme l'anaconda, le boa, le tonnerre, le ciel. C'est une forme de pouvoir que de connaître ces relations et de savoir maintenir l'équilibre, un équilibre corporel et mental. C'est le pouvoir de la connaissance. Ici, les gens respectent cela, ils savent, mais avec l'école, le collège, ils veulent de moins en moins suivre les conseils, suivre la voie traditionnelle. Nous avons comme projet de refaire un lieu de formation, où les enfants pourraient réapprendre cela, un lieu soutenu par les anciens.

« Pour les Kogis, nous savons qu'ils s'intéressent aux autres peuples. Ils veulent aussi trouver des plumes et des pierres qui existent encore ici. Nous sommes des chasseurs et nous gardons toujours les plumes. Les gens vont les apporter et puis, si des gens leur demandent des soins ou de l'aide, ils pourront les remercier en leur offrant des plumes ou des céramiques. Mais pour l'instant nous ne savons pas exactement de quelles plumes ils ont besoin. Est-ce que des couronnes de plumes peuvent faire l'affaire, est-ce qu'il vaut mieux des plumes simples, des petites ou des grandes ? Il faudra en parler avec eux. Demain, on va aller voir, on fera le tour des familles et on ira voir. Ici, nous avons encore une mémoire importante, les chants, la chasse, la pêche, les rituels, les gens savent encore ces choses. C'est un peu comme une banque de connaissances. Et c'est aussi cela qui nous préoccupe, comme pour les Kogis. Si nous perdons cela, il va y avoir d'importants déséquilibres. Ce sera la fin. Nous serions des Indiens vivants, mais "morts". Nous parlerons encore notre langue. Nous serons vivants, mais perdus dans la forêt. Cette mémoire, elle est importante pour les Équatoriens comme pour le reste du monde. C'est une richesse que nous pourrions partager. Mais aujourd'hui, il n'y a pas de respect, on ne nous écoute pas. On nous regarde comme des sauvages, des pauvres diables qui n'ont aucune idée sur rien, aucune connaissance, des sous-développés. Tous les peuples, chacun à sa manière, sont avancés en quelque chose. Ces connaissances que nous avons, nous voulons continuer à les transmettre à nos enfants. Les Kogis ne pratiquent pas les choses de la même façon que nous, mais les concepts, la philosophie sont bien les mêmes. C'est la même vision, celle de l'équilibre et de la relation avec la mère terre. Ils parlent comme nous. Comme nous, ils disent qu'être humain, cela veut dire que l'on sait penser le monde. Nous disons "junas", les hommes, ceux qui pensent le monde, toutes les formes de vie ont une pensée. Nous avons toujours été fiers et nous sommes fiers de ce que nous sommes. Le calme, la liberté, la tranquilité, ce sont des choses qui ne peuvent pas s'acheter ou se vendre, et c'est très difficile à retrouver quand vous l'avez perdu. Alors quand cela existe, il faut le garder, le préserver, et si c'est en danger, il faut le défendre et c'est ce que nous faisons, tous.

— Quels sont vos principaux problèmes ?

— Notre principal problème, ici, c'est l'éducation officielle, c'est une menace très forte. Dans la journée, tous les enfants vont à l'école, au collège, et là-bas ils leur lavent le cerveau. Certains des professeurs le font consciemment, d'autres non. C'est un danger invisible, on pense que tout va bien, mais on se rend compte peu à peu que les choses changent. Les enfants perdent les connaissances de la communauté, ils ne les pratiquent plus. L'autre danger, c'est la menace permanente de ceux qui veulent exploiter les ressources naturelles de ce territoire, l'or, le bois et surtout le pétrole. Ce sont les gens qui vivent ici qui décident, qui acceptent ceux qui peuvent venir et ceux qui ne peuvent pas venir. C'est nous qui sommes ici, nous gardons la forêt, nous la protégeons. Si nous n'étions pas là, elle aurait déjà disparu.

Le soir, dans sa maison, en l'honneur de ses invités, don Sabino organise une importante réunion, en présence de tous les membres de sa communauté. Plus de deux cents personnes se sont déplacées. Assises en demi-cercle, elles écoutent les différents orateurs. Digne, don Sabino s'avance :

— Aujourd'hui, des gens sont arrivés pour nous connaître, nous rencontrer. Pourquoi sont-ils venus, pourquoi sont-ils arrivés jusqu'ici ? Pour que tous les frères et les fils de la terre puissent être réunis. Aujourd'hui, ce sont nos connaissances traditionnelles qui se rencontrent. La prochaine fois, nous aurons plus de temps, nous pourrons faire une rencontre plus grande. Nous allons pouvoir nous réunir entre anciens, entre ceux qui ont la connaissance, qui savent, qui ont le pouvoir. Nos invités ne sont pas des voyageurs ordinaires, qui marchent en parlant et en proférant des mensonges, ce sont des personnes sages, elles savent beaucoup, elles ont un grand pouvoir. Elles sont accompagnées par des personnes qui les appuient depuis de nombreuses années. En ce qui nous concerne, nous allons partager notre culture, nos connaissances, notre manière de vivre avec nos visiteurs. Comme avant, nos ancêtres voyageaient pour acquérir et partager d'autres pouvoirs. Les Kogis sont venus pour faire pareil. Aujourd'hui est venu le temps de partager et d'échanger nos connaissances.

Puis d'autres personnes prennent la parole. Elles nous expliquent les difficultés auxquelles est confrontée leur communauté, les invasions incessantes des compagnies pétrolières, l'absence de politique claire de la part du gouvernement central en matière de protection des territoires indiens. De leur côté, les Kogis interpellent les personnes présentes sur la perte de leur culture, ils leur demandent pourquoi ils utilisent les vêtements des Blancs, attirant leur attention sur les risques qu'il y a à ne pas suffisamment écouter leurs chamans, véritables porteurs de la tradition et du savoir. Ils les invitent à rester indiens, à respecter les règles de la nature pour le bien de la terre et de ses habitants. Dans la nuit, lourdement chargé, un groupe de chasseurs rentre. La chasse a été bonne, elle permettra d'honorer les invités pendant la durée de leur séjour. Ici, sur les bords de la rivière du maïs, les Kogis se sont rapidement sentis chez eux. Ils trouvent des plantes et un régime alimentaire qui leur est familier, un climat proche de celui qu'ils rencontrent dans la Sierra. Ils retrouvent surtout les membres de leur famille. Une grande famille, avec laquelle ils ont beaucoup à partager.

Le lendemain, pour remercier les Kogis de leur visite, et répondre à leur interpellation sur la nécessité de conserver la tradition, au nom de sa communauté, don Sabino décide de préparer le rituel de l'ayahuasca.

Aux premières heures du jour, nous partons sous les frondaisons de la forêt tropicale cueillir de petites feuilles au vert profond. De petites feuilles étroites dont le balancement régulier déclenche un étrange bruit. Chacun d'entre nous se doit d'en ramasser suffisamment pour constituer un bouquet qui servira, le soir, lors de la cérémonie. L'après-midi va être employée à nettoyer les lianes et les feuilles qui constituent l'étrange breuvage de l'ayahuasca. Les animaux domestiques, chiens et poules, doivent être tenus éloignés. Il y a là Luis, qui, après plusieurs années au service des compagnies pétrolières, a choisi de revenir au village. Son calme et sa tranquillité rassurent José, don Sabino. Un à un, les morceaux de liane fraîchement cueillis sont grattés, nettoyés et déposés dans une grande marmite. Commence une longue période de cuisson à l'issue de laquelle ne restera au fond du récipient qu'un liquide noirâtre et onctueux. L'ayahuasca est une liane, une plante hallucinogène utilisée par les Indiens pour entrer en contact avec les esprits de la nature. Durant des siècles, son usage a guidé et structuré de nombreuses communautés amazoniennes. La prise d'ayahuasca nécessite au préalable une période de jeûne de vingt-quatre heures. En ce qui nous concerne, nous avons pris un petit déjeuner copieux et un déjeuner léger. Seul le dîner a été supprimé.

Vers sept heures du soir, plusieurs personnes invitées par don Sabino nous rejoignent pour le rituel. Dans la nuit, une maigre bougie éclaire le visage des participants. Un à un, ils avalent l'étrange breuvage. Ce sont les invités qui commencent, puis les fils de don Sabino, ensuite viendra le tour des Kogis, Gentil, moi et enfin don Sabino. L'obscurité est épaisse. Au côté de don Sabino, deux yackaks commencent à chanter dans la nuit, comme un guide, une sorte de repère. Face au vide, à l'inconnu que recèle ce « voyage », j'éprouve un petit pincement de cœur. Que va-t-il se passer ? Que vais-je vivre et ressentir ? Quand vient mon tour, le breuvage amer envahit ma bouche, mon corps, le goût me colle au palais, s'insinue comme dans une éponge. Quelque chose vous pénètre, un corps étranger va vous emporter, vous transformer les sens, vous en multiplier les possibles. Comment, vers quoi ? Mon voisin, un vieil homme au sourire doux, me rassure : « Au début, tu ne vois rien, puis tu vas avoir chaud, très chaud et il y aura des petites lumières jaunes qui vont apparaître, tu verras tout ira bien. » D'un souffle, il éteint la bougie. Dans la hutte obscure, seule résonne le chant des yackaks rythmé par le balancement régulier de ces feuilles crécelles cueillies le matin. Assis, le corps droit, les sens en éveil, j'attends. Que va-t-il se passer, que vais-je vivre ou ressentir ? J'avais lu quelques livres où des auteurs faisaient état de leurs expériences.

« Alors que je regardais vers le haut, dans l'obscurité, des traits de lumière à peine perceptibles apparurent. Ils s'accrurent brusquement en intensité, puis éclatèrent en couleurs brillantes. Un son venait de très loin, un bruit de chute d'eau qui augmenta progressivement jusqu'à remplir mes oreilles. Mes mâchoires commencèrent à s'engourdir.

Au-dessus de ma tête, les traits de lumière devenaient plus brillants[1]. »

À l'époque, ces descriptions me laissaient perplexe, j'avais du mal à savoir si elles étaient réelles et à quels types d'expériences physiques elles se référaient. J'avais aussi lu d'autres écrits, plus descriptifs, où il était question de l'âme qui se séparait du corps.

« L'ayahuasca ou *Banisteriopsis* libère l'âme du corps. Celle-ci peut enfin errer librement, sans entrave et regagner son enveloppe charnelle lorsqu'elle en a envie. Elle détache son possesseur de la soumission au quotidien (...) et lui permet de communiquer avec ses ancêtres. Le nom ayahuasca, ou liane de l'âme, illustre sa capacité de libérer l'esprit[2]. »

Libérer l'âme de mon corps, je souriais à cette idée, éternelle naïveté de celui qui ne sait pas. En fait, je me demandais l'effet que pouvait produire une telle expérience, au début, un peu déçu qu'il ne se passe rien. Peut-être cette substance n'aurait-elle aucun effet sur moi ? Je me souviens m'être concentré, comme s'il s'agissait de « bien » faire les choses pour qu'elles se produisent. Je garde les yeux ouverts essayant de discerner une forme, une présence. Je sais, pour les avoir vus, que Marcello, José Maria, Marco et Gentil sont assis quelque part sur ma droite. Mais malgré mes efforts, je ne distingue rien. L'obscurité est totale. Lorsque l'on ne sait pas ce qu'il va advenir, seulement qu'il va se passer quelque chose, on ne peut que se mettre à l'écoute, rester les sens en éveil. Quelque chose va arriver, mais je ne sais ni la forme que cela va prendre, encore moins où et comment cela va survenir. Il n'y a qu'à être, attendre et vivre.

---

1. Florinda Donner, *Shabono. Rites et magie chez les Indiens Iticoteri d'Amazonie*, Presses de la Renaissance, 1982.
2. *Idem.*

Puis je commence avoir chaud, à ressentir d'étranges bouffées de chaleur. Une nausée insidieuse envahit mon estomac. Comme un poids, une boule lourde et nauséeuse. Respirer encore, respirer, tenter de garder le contrôle de cette expérience, cette ouverture au monde, au vide. Rester calme, serein, et respirer encore. La chaleur se fait plus intense, mes joues sont brûlantes, de petites lucioles jaunes, sorte de petits symboles de l'infini, petits huit couchés, dansent devant moi. Fermer les yeux. Impression étrange d'une lumière intense qui envahit la tête, l'esprit. De curieuses formes apparaissent, s'enchaînent les unes après les autres. Les couleurs deviennent aveuglantes. De longs frissons me traversent le corps. Respirer encore, calmement... Ma respiration s'accélère, une envie de vomir profonde, violente me traverse le ventre. Vite, sortir. Trouver la porte, à droite, par là. Un bref instant l'air frais me soulage, calme l'épouvantable nausée qui m'envahit. Formes et couleurs s'entremêlent, donnant naissance à des êtres hybrides. Impression d'un spectacle qui se déroule là devant moi, qui envahit mon cerveau qui implose, dans les recoins enfouis de ma mémoire.

Avant de tels voyages, m'avait dit Gentil, il peut être intéressant d'identifier une question, une interrogation vis-à-vis de laquelle on souhaite obtenir une réponse. Je n'ai pas d'idée très claire sur le type de question qu'il convient de garder à l'esprit. Juste une inquiétude, pas vraiment formulée, mais quand même présente, ancrée dans mon esprit : « Et la nature, que va-t-elle devenir, si nous continuons sur cette lancée, dans cette direction, que va-t-il se passer ? »

J'ai mal à la tête, de profondes nausées m'arrachent l'estomac. Je tremble violemment. Cela fait plusieurs heures que je n'ai plus rien à vomir, mais mon estomac continue à rejeter toute trace de ce poison, de cette mixture étrange que j'ai ingurgitée. Je m'allonge sur le sol, frais, rassurant. Écouter... J'écoute les bruits de la nuit, de la forêt toute proche. Souffler, retrouver une respiration calme et sereine. La suite est difficile à raconter, à partager. Mais c'est avec beaucoup d'émotions et de respect que je salue ici les efforts de don Sabino pour montrer aux Kogis et partager avec eux les formes culturelles qui continuent à être entretenues ici, pour entrer en relation avec la nature. Une façon, pour don Sabino et les Kogis, de dialoguer entre eux, entre chamans. En ce qui me concerne, il me faudra plusieurs heures avant que je recouvre un semblant de conscience. L'impression de sortir d'un long voyage, de reprendre possession de mon corps, de retrouver une présence dans la nuit profonde, un retour morcelé, et toujours ces flashs, ces lumières multicolores, presque aveuglantes, qui surgissent dans mon esprit. Je suis là, mais je ne suis pas encore tout à fait là. Dans l'obscurité, il me semble reconnaître Marcello qui s'avance vers moi. Que vit-il ? Qu'a-t-il ressenti ? Un moment, il s'arrête, chancelant. Je lui demande comment il va, ce qu'il ressent.

— Moi, non, tout va bien, non, je ne ressens rien de particulier.

Un instant, il semble me fixer, puis il lève les bras en croix et s'engage en tourbillonnant sur lui-même dans la forêt toute proche. Le petit bonhomme blanc a disparu. Ah oui ! ma question, je m'en souviens : la nature, que va-t-elle devenir ? Ma tête tourne, l'impression d'un battement obscur qui résonne contre mes tempes. Fermer les yeux. Se laisser porter. Forêt, que vas-tu devenir ? Demi-présence, demi-conscience où la seule réalité tangible est de savoir que l'on est présent, mais ailleurs.

Soudain, je suis au-dessus d'une grande forêt immense, profonde, peut-être l'Amazonie. Un moment, je crois perdre l'équilibre. J'essaye de me rétablir. Gestes saccadés. Puis je reprends mon étrange survol. Les arbres m'apparaissent avec une netteté parfaite. Je lève la tête, des arbres, encore des arbres, à perte de vue. Il me semble que la forêt bouge, oui, elle bouge. Étrange mouvement des arbres qui se déplacent, comme s'il n'y avait pas vraiment de forêt, mais simplement son reflet, son image à la surface de l'eau. Le reflet des arbres s'anime et s'enroule, comme un tourbillon liquide qui s'accélère et disparaît brutalement par un trou obscur. Les arbres sont littéralement avalés. Le tourbillon s'accélère et la forêt disparaît, totalement engloutie, brusquement il ne reste plus rien qu'un immense désert, dont le souffle brûlant me fouette le visage. Quelques pas, je vacille, le corps désarticulé m'entraîne, gestes saccadés, équilibre instable, je tremble de tout mon corps. Serait-ce la réponse ? La transformation de la forêt en désert ? Trouver quelque chose, un repère pour garder l'équilibre. Dans la profondeur de la nuit, la pâleur d'un tronc. Quelques pas, le tronc semble s'éloigner. Efforts douloureux, pénibles, pour rejoindre cet arbre qui m'échappe et se dérobe. Sorte de point fixe dans l'univers vacillant qui m'entoure. Un pas, encore un. De la main caresser l'écorce, goûter sa fraîcheur. Après avoir enserré le tronc avec mes bras, j'appuie mon front contre son écorce. Brusquement, de nouvelles images surgissent. Impression saisissante d'être dans le tronc, d'en ressentir les mouvements, la vie. Je vois, ou est-ce une impression, les cellules, la sève, les fibres de l'arbre, devant moi, comme une sorte de spectacle surréaliste. Non, ce n'est pas possible. Reculer, s'éloigner, reprendre mes esprits. De nouveau la nuit. La brise rafraîchissante qui remonte de la rivière. De nouveau, poser le front contre ce tronc. Les images resurgissent, colorées, claires, d'une netteté impressionnante.

Il y aura encore le visage sage et posé de nombreux anciens, visages inconnus perdus dans les recoins obscurs de ma mémoire, ou visages connus, comme celui de ma grand-mère qui décédera quelques mois plus tard. Sur ces images, qui défilent au ralenti, les visages sont magnifiques, sereins, visages emprunts de douceur et de beauté. Je crois que j'ai pleuré. Un sourire, puis ils tournent la tête. Impression qu'ils s'éloignent vers d'autres mondes, d'autres instants. Impression qu'ils me confient quelque chose, leur force sereine, leur gentillesse. Tous sont beaux, de cette beauté lumineuse, expression d'une vie intérieure dense et profonde. Leur sourire reflète la douceur du monde. Toute cette douceur dont l'humanité est capable, cette humaine douceur, de vie sereine, ouverte aux autres, au monde. Il y aura des tunnels, profonds, angoissants, tunnels sans fin qui emportent vers le néant. Et ces lumières éblouissantes. Le corps épuisé, vidé au sens propre et au sens figuré, nettoyé, peut enfin trouver le repos. Dormir ! Vers cinq heures du matin, juste avant de sombrer dans un sommeil sans rêve, entrecoupé de quelques flashs éblouissants, je me suis souvenu d'une autre appellation donnée à l'ayahuasca par les peuples d'Amazonie : *la petite mort*.

Le matin, ce sont les chants des oiseaux qui me tirent de ma torpeur. Je me sens gauche, encore nauséeux. La seule évocation de cette expérience provoque en moi une forte envie de vomir. Allongé à mon côté, Gentil n'a pas l'air en meilleur état. Il me parlera d'une vision de cauchemar, un hamburger géant, avec des dents, qui vomissait des saucisses, des centaines de saucisses. Les Kogis ont été très impressionnés, eux qui dans la Sierra dialoguent avec la nature sans l'aide d'aucune plante hallucinogène.

Au-delà des problèmes évoqués lors de la réunion chez don Sabino, les habitants de la communauté de Sarayacu sont confrontés à de nombreuses pathologies qu'il leur est parfois difficile de soigner. Certains ont donc sollicité les Kogis et leur ont demandé s'ils pouvaient les soigner, ce qu'ils ont accepté. Mais la nouvelle s'est répandue, et la maison de don Sabino s'est rapidement transformée en centre de santé, où affluent, chaque jour, de nouveaux patients. Les Kichwas savent aussi pourquoi les Kogis sont venus, quelles sont les raisons qui les avaient conduits à se risquer si loin de leur territoire, et chaque patient ou chaque famille qui vient en consultation arrive avec de nombreuses plumes, y compris de magnifiques couronnes multicolores, utilisées pour leurs danses ou leurs cérémonies. Rapidement, les Kogis disposent ainsi d'une impressionnante quantité de plumes, y compris des plumes de guacamayas, les plus importantes pour la réalisation de leurs rituels.

Pendant que les Kogis tentent de répondre à la demande croissante des habitants de Sarayacu, un phénomène étrange se produit. En fin de journée, l'obscurité est déjà là, quand une lumière vive, suivie d'un grondement lointain, puis d'une profonde explosion, illumine l'obscurité épaisse de la forêt. Le grondement s'est prolongé plusieurs secondes, la lumière irréelle a illuminé le village, puis s'est éteinte aussi soudainement qu'elle avait surgi. Il semble que ce soit une météorite s'écrasant dans la jungle à quelques kilomètres du village. Un événement que les Kichwas associent à un phénomène surnaturel, lié à la présence des Kogis sur leur territoire.

La veille du départ, de nombreuses personnes tiennent à saluer les Kogis. D'autres, venant de loin, veulent encore se faire soigner. La hutte où ils dorment est remplie de plumes. Sur ce plan, et sur le plan de la rencontre, le voyage était une réussite. Les Kogis sont partis en invitant les Kichwas à venir les visiter, sur leurs terres, là-bas, dans la Sierra. Lorsque l'avionnette décolle de Sarayacu vers Puyo me vient à l'esprit cette phrase de don Sabino, prononcée lors de notre dernière réunion, à propos des colons et des compagnies pétrolières. Une interrogation à laquelle je suis bien incapable de répondre. « Pourquoi viennent-ils sur nos terres piller et détruire ? Nous n'avons jamais été chez eux. Nous n'avons jamais rien volé chez eux. Alors ? Pourquoi ? »

Au retour, il nous faut passer une journée à Quito pour trouver une caisse solide où nous pourrons emballer nos plumes. L'occasion d'essayer de comprendre comment la société équatorienne, une société composée en majorité de métis et d'Indiens, a pu peu à peu se convertir au commerce.

Le centre de la ville est divisé en deux parties : un Quito colonial et un Quito moderne. C'est dans la partie coloniale que survit la majorité des Indiens. Devenus commerçants, ils vendent des articles d'artisanat ou des objets hétéroclites, pour la plupart « Made in China », sur des étals qui s'alignent dans les rues étroites de la vieille ville. Curieusement, ici les gens s'arrêtent, se retournent sur notre passage. Des Indiens sont surpris de rencontrer d'autres Indiens. Surprise de la rencontre avec l'autre, mais sans doute avec eux-mêmes. Rencontre d'Indiens qui fuient leur culture, la laissent s'échapper, avec d'autres fiers d'être indiens. Entre les poupées Barbie, les hot dogs et les serviettes de plage ornées de magnifiques Mickey, cela doit être difficile pour les Kogis de comprendre et d'assimiler ce spectacle. Voir une telle quantité d'Indiens oublier leurs traditions pour devenir commerçants et s'entasser dans une ville est un choc. Sans doute ont-ils du mal à comprendre comment une communauté peut à ce point oublier ce lien privilégié qui fonde son système politique et social, qui donne un sens à son existence. Comment cela est-il possible ? Comment peuvent-ils oublier leurs engagements auprès de la mère nature ? Pour les Kogis, c'est une découverte déprimante. S'il y a quelque chose dont ils se sentent fiers, c'est bien d'être kogis, dans la Sierra, pour faire vivre les lois de la mère terre.

À la cathédrale, ce sont les gargouilles et les têtes d'animaux accrochés au flanc de l'édifice qui attirent leur regard, suscitent leurs interrogations. Des tigres ici ! D'où viennent-ils ? Que représentent-ils ? Un groupe de jeunes lycéens, vêtus d'un uniforme strict, s'approche timidement. Ils sont tous métis ou indiens. Ils s'interrogent sur les Kogis. D'où viennent-ils ? Qui sont-ils ? Où vivent-ils ? Imperturbable, l'homme d'Église qui les accompagne explique que ce sont de « vrais Indiens ». On les sent surpris, surpris et déjà gênés. Que vont-ils devenir lorsqu'un monde ne les protégera plus du monde ? Des rues, des banques, des panneaux publicitaires, puis un grand magasin, où nous entrons à la recherche d'une caisse en plastique. Entre les rayons de sous-vêtements et les batteries de casseroles, les regards se font plus détournés, la gêne est presque palpable. Ces Indiens-là ont honte de leur histoire. Les regards se portent sur les Kogis, puis sur nous. Parenthèse. Je suis tellement habitué à marcher à leur côté qu'il m'arrive d'oublier qui ils sont, d'où ils viennent. Pour moi, ce sont des frères, des amis.

L'après-midi, une fois les plumes soigneusement empaquetées, nous partons visiter l'autre Quito, le Quito moderne et touristique. Après quelques heures de marche, de découvertes, une terrasse, quelques parasols. L'envie de partager une boisson fraîche, un sandwich, comme n'importe quel touriste qui visite un autre pays. Nous nous installons. Le serveur mettra longtemps avant de venir. On le sent gêné. Sans doute ne sait-il quelle attitude adopter, sous le regard de sa patronne qui nous observe de l'intérieur, en partie cachée derrière les rideaux. Des Indios et pieds nus, sur sa terrasse, visiblement nous n'étions pas les bienvenus. Nous n'étions pas des clients acceptables. Le tourisme est supportable lorsqu'il laisse chaque chose à sa place, les Indiens en forêt et les touristes dans les sites touristiques. Qu'est-ce que ce tourisme, qui n'est plus

« voyage », puisqu'il importe avec lui ces normes et son conformisme, ce tourisme qui utilise l'espace à sa convenance, plus qu'il ne se laisse interroger, surprendre par un autre différent ? Le voyage et la rencontre ne sont plus. Vive le tourisme, exportation maladive de nos modèles, nos attentes, nos cadres de références qui nous rassurent, qui lissent les questions et gomment les risques d'altérité. Dans le voyage, l'autre est moi. Dans ce tourisme, l'autre n'est plus, il n'a plus sa place. Comme dans les musées, l'autre n'est là que par les signes exposés de sa disparition silencieuse. Ce jour-là, l'« autre » sillonne Quito, regarde intrigué ces quartiers commerciaux où s'agite notre insignifiante hébétude. Ce jour-là, l'autre, c'est nous, pour les yeux étonnés de nos trois voyageurs kogis. Ce jour-là, j'étais triste, triste et furieux. Quelle bêtise, quelle ignorance ! Le soir, les Kogis vont discuter longtemps, sur ce voyage, cette rencontre :

— C'est bien ce voyage, tout ce travail que nous avons fait. Il faut continuer à chercher ce matériel traditionnel pour que les mamus puissent entretenir la tradition. Avant de partir, un mamu m'a dit : « Si tu arrives à retrouver des plumes, alors je t'aiderai à refaire une nuhé pour apprendre aux jeunes. » Maintenant que nous avons les plumes, nous allons pouvoir faire la nuhé et former les jeunes. Dès notre retour, nous allons choisir un enfant qui va pouvoir apprendre. Il va réapprendre tout le travail, pour réintégrer la tradition. Avant, pour enseigner nous devions emprunter les plumes à d'autres mamus, puis elles ont été volées et on ne pouvait plus enseigner. Et quand tout disparaît, sans mémoire et sans tradition, les difficultés arrivent. On ne savait pas comment on allait faire pour aller si loin. En venant de Santa Marta, je pensais : Mais que va-t-il m'arriver pendant tout ce chemin ? Est-ce que je vais tomber de l'avion ? J'avais peur dans les nuages, je pensais que nous allions disparaître. Avant de monter dans le petit avion aussi, j'avais vraiment peur. Et puis, on est bien arrivés, là où nos frères nous attendaient. Maintenant, ça va bien. Là-bas, nos frères nous ont bien reçus, bien accueillis, ils ont chassé des singes et des petits cochons pour nous recevoir. Ils étaient contents de nous voir et nous aussi, nous étions contents d'être avec eux. Nous ne parlons pas la même langue, mais nous sommes tous égaux, tous frères. Là-bas, ils font encore les choses comme les ancêtres, ils ont encore des forêts, des animaux, les rivières sont belles. Mais on dirait qu'ils perdent leurs traditions. Avant, je pense qu'ils n'étaient pas comme cela, ils devaient avoir les cheveux longs, et puis ils ne devaient pas avoir de vêtements de « civilisés ». Ils ont accepté une école de l'extérieur, ils laissent perdre la culture. Nous, nous gardons nos vêtements, nous marchons sans chaussures pour caresser la terre. C'est bien d'avoir vu cela. Il faudra expliquer, chez nous, dans la communauté, pourquoi nous devons garder notre mémoire. Cette ville, Quito, elle est vraiment très belle, beaucoup plus belle que Santa Marta, et très grande. Mais si Quito est mieux que Santa Marta, Santa Marta est mieux que Ríohacha et Ríohacha mieux que Río Ancho. Il y aura toujours quelque chose de mieux, quelque part. Ici, ça ressemble quand même un peu aux maisons des fourmis. Maintenant, il faut faire le chemin pour retourner chez nous, dans nos maisons Il est très long ce chemin, si on pouvait marcher pour se rendre visite, cela serait plus simple, mais là...

Lors de notre voyage de retour vers Bogotá, une autre surprise nous attend, mais pas celle que nous imaginons. Traverser une frontière avec pour seuls bagages une grosse caisse chargée de plumes multicolores nous paraissait pour le moins risqué. Je m'imaginais la scène, les Kogis, Gentil et moi, obligés de répondre aux questions de douaniers suspicieux sur le motif de notre voyage, l'origine de ces plumes : Pourquoi nous les ramenions d'Équateur vers la

Colombie ? Comment avions-nous fait pour nous les procurer, etc. ? Mais il ne se passe rien, nous quittons l'Équateur sans difficultés particulières. En revanche, lorsque nous montons dans l'avion, pour une raison que j'ignore, Marco, Marcello et José Maria se voient attribuer trois places à l'avant, alors que Gentil et moi avons nos places dans les dernières rangés. En soi, cela n'a guère d'importance. La surprise vient plus tard, désagréable. Avant que l'avion décolle, une hôtesse nous avertit que le commandant de bord a ordonné que nos trois amis soient débarqués : « Car ils n'ont pas de chaussures, et leur aspect ne leur permet pas de rester dans cet avion... » Est-ce que ce sont les hôtesses qui l'ont convaincu ou s'est-il rendu compte que les Kogis ne sont pas seuls ? Il finit par revenir sur sa décision et nous décollons. Gentil, d'habitude si calme, est dans un état de colère rare. Il veut parler au commandant, lui demander des explications. Impossible. D'ailleurs, dès l'atterrissage, il disparaîtra rapidement. Il est difficile de savoir si nous avons affaire à un commandant stupide et raciste, ou à un officier qui applique les ordres de sa compagnie. Quoi qu'il en soit, nous sommes de retour dans la Sierra. Nous avons accompli notre mission et répondu à la sollicitation des Kogis. Est-ce l'effet de la colère, de l'humiliation subie ? Pendant tout le vol du retour, Gentil me parlera comme il parle rarement, avec émotion. Lui, d'habitude si serein, est triste, triste et furieux. Les deux vols jusqu'à Bogotá puis Santa Marta suffiront à peine pour qu'il recouvre son calme.

— Dans la Sierra, comme dans de nombreux territoires indiens, les Kogis luttent pour maintenir l'équilibre de la terre par le biais de rituels et de connaissances spécifiques qui permettent aux hommes d'appréhender les règles de la nature, d'apprendre à les connaître et à les respecter. Ils luttent comme ils peuvent pour rester indiens, dans leurs diversités, sur des terres indiennes, supportant en silence les jugements de valeur, les regards condescendants de la société occidentale qui, non contente de les reléguer dans les zones les plus difficiles ou inhospitalières les menace d'éradication, réduisant les derniers survivants à la mendicité et à la dépendance. Pendant ce temps-là, cette société occidentale, prétendument « civilisée », au nom du développement, de façon aveugle et inconsciente, travaille à la disparition de la planète. Quelle est cette société occidentale, noyée sous des études, des expertises, saturée de centres de recherches universitaires, d'études ou d'analyses de haut niveau, qui refuse de voir et d'entendre ce qui compose son environnement, qui se contente d'utiliser ce qu'elle y trouve et de le jeter en fonction de ses besoins ? Que lui a apporté l'exploration de l'espace à la recherche de nouvelles formes de vie, sinon l'opportunité de pouvoir les détruire, si tant est qu'elles existent, puisqu'elle ne comprend pas et détruit systématiquement toute vie sur terre, jusqu'à sa propre vie ? Sachant cela, on peut être sûr que nous ne pourrons pas apporter grand-chose de bon à d'éventuelles formes de vie que nous pourrions découvrir sur d'autres planètes. Quelle est cette société occidentale qui dispose de connaissances, mais qui refuse de reconnaître et de rencontrer les savoirs et les connaissances des communautés indiennes, cette société qui, au nom d'une prétendue « civilisation » ou « développement », se permet de marquer les autres, les Indiens, de l'étiquette de « sauvages » ou d'« archaïques » ? Quelle erreur et quel aveuglement, car être sauvage pour les Indiens, ce n'est rien d'autre qu'être libres. L'homme capable d'établir une relation avec son frère l'arbre, avec son frère le fleuve, son frère l'air et toutes les formes de vie qui composent son environnement, qui est à même de comprendre et d'entendre la richesse et la densité du silence est libre. S'ils n'avaient pas à subir la pression et le dénigrement de nos sociétés modernes, les Indiens pourraient sûrement vivre

« sauvagement » heureux. L'homme occidental ne se rend pas compte qu'il est lui-même un sauvage, avec la liberté en moins. La ville n'est rien d'autre qu'une jungle, celle du développement. On y rencontre la contamination, la pollution, le bruit incessant, la violence, on y rencontre aussi le métro, qui ressemble à l'Anaconda sacré de nombreuses communautés indiennes. Dans ces villes, il suffirait de couper l'énergie une heure pour que cela tourne au désastre et au chaos. Dans ces villes, on trouve des espèces de grottes où vivent et travaillent des hommes des cavernes développés, on rencontre des millions d'esclaves, victimes de leurs propres développements, des esclaves qui ne peuvent faire un pas sans rendre hommage à leur dieu, l'argent. Si c'est ça, l'homme moderne et développé, un esclave, un esclave de lui-même, soumis à l'argent comme l'étaient les esclaves à leur maître, au temps de la traite des Noirs, alors je préfère rester auprès des Kogis un sauvage sous-développé. Et que dire du cannibalisme ? Jour après jour, dans ses mots, ses comportements, au travail, dans l'entreprise, l'homme moderne est un cannibale. Quel est l'homme qui ne désire pas prendre la place de l'autre, avoir une meilleure position sociale que lui ? Quelle est l'entreprise qui ne rêve pas d'être la première, qui ne souhaite pas acheter ou faire disparaître ses concurrents ? Non seulement, c'est du cannibalisme, mais c'est une forme de cannibalisme impitoyable, vorace, cruel. Quelle tristesse de voir l'usage que nous faisons de notre intelligence, ces énergies, ces compétences que nous mobilisons pour augmenter nos capacités de destruction ! Le paradoxe est le suivant : alors que les communautés indiennes encore porteuses de savoirs traditionnels luttent gratuitement, de façon désintéressée, pour tenter de sauver ce qui peut encore l'être de la planète, les sociétés modernes luttent pour sa destruction... Peut-être serait-il temps de regarder un peu en arrière pour que nous puissions nous aussi retrouver notre mémoire ?

À écouter Gentil, nous serions acteurs d'une société primitive devenue folle. Et les derniers hommes, reclus volontaires de notre folie, observeraient notre naufrage. Étrange renversement de perspective qui voudrait que ceux que nous pensons primitifs soient les plus civilisés, et nous qui nous pensons civilisés soyons les vrais sauvages.

« En créant les villes, en inventant le béton, le goudron et le verre, les hommes ont inventé une nouvelle jungle dont ils ne sont pas encore les habitants. Peut-être qu'ils mourront avant de l'avoir reconnue[1]. »

Comble de l'ironie, dans la revue de la compagnie aérienne, aimablement distribuée à sa clientèle, on peut voir une photo de Manuel et de sa famille qui vivent à Pueblito. Le commentaire parle des légendaires Kogis et de leur magnifique culture incroyablement préservée. L'article se termine par une proposition de séjour qui, bien sûr, intègre la « découverte de la civilisation kogi ». En image, sur une plaquette, en support de vente, oui, en réalité dans un avion, non !

Santa Marta. Le temps de faire quelques courses et déjà nous repartons vers les hauteurs de la Sierra. Marcello, José Maria et Marco sont contents et pressés de retrouver leurs familles, partager leur expérience. Gentil et moi sommes juste heureux de monter dans la Sierra poursuivre ce chemin de mémoire. Et puis, je suis curieux de voir comment vont réagir les Kogis à la vue des plumes, de leurs couleurs, de leurs tailles, de leurs histoires. Lorsque nous chargeons les mules qui nous attendent à l'entrée de la vallée, la caisse beige et bleu qui abrite notre trésor trône comme un trophée. Bien sûr la montée est longue et difficile, plus de dix heures de marche, il y a toujours les paramilitaires, la guérilla, mais quel bonheur de pouvoir de nouveau s'engager sous les frondaisons sombres de la

1. J.-M.G. Le Clézio, *op. cit.*

forêt. Le pas est rapide, léger. Nous quittons la Colombie pour retourner en terre kogi.

— Chaque fois que tu remontes, tu oublies que le chemin est difficile, me glisse Gentil. Je connais le chemin, mais pourtant, j'ai l'impression de redécouvrir quelque chose, la difficulté s'efface dès que l'on approche des premiers villages. À chaque voyage, il y a plus de choses et encore plus de choses à apprendre, et l'on oublie que le chemin est long, que les villages sont plus hauts, plus retirés. Plus le chemin est ardu, plus cela signifie que nous avons à apprendre, et si les villages sont si loin, si difficiles d'accès, c'est que les Kogis y conservent quelque chose de particulièrement précieux, de particulièrement secret, à l'abri du monde, quelque chose d'éloigné que la civilisation ne doit pas pouvoir voler. De fait, il ne s'agit pas d'explorer ou de se mettre dans la peau du conquistador avide de secrets, de découvertes, il s'agit simplement d'apprendre la nature, de partager les connaissances des Kogis. Finalement, le fait que les villages soient difficilement accessibles n'a guère d'importance, au contraire.

La montée se passe au rythme des familles que l'on rencontre, des moments de détente dans les torrents que nous traversons. Dès les premières heures, les Kogis nous ont distancés. Pressés de rentrer, pressés aussi d'annoncer la nouvelle. Lorsque les ombres s'allongent, nous laissons la forêt pour suivre les gorges profondes qui mènent à la vallée de Santa Rosa. Puis le chemin rejoint le lit tumultueux du torrent. Une grande passerelle, et nous arrivons devant la lourde porte qui symbolise l'entrée du village. Les maisons sont presque toutes occupées. Ce soir, il y aura foule dans la nuhé.

Au milieu de la soixantaine de huttes rondes qui constituent le village, deux maisons carrées détonnent, l'une sert pour les cérémonies et la préparation des repas collectifs, l'autre est une église, construite ici il y a plusieurs siècles par des moines capucins. De l'extérieur, rien ne la distingue des autres maisons. Mêmes murs en torchis, même toit de chaume, même soubassement en pierres rondes, polies par les eaux furieuses du torrent. Mais à l'intérieur, tous les éléments du rituel catholique sont là, presque anachroniques en ces lieux. Un autel, une Vierge à l'enfant, haute de plus d'un mètre, un encensoir, un crucifix décorent le fond de la hutte. « On ne sait pas pourquoi ils sont venus construire cela ici, me dira Manuel. Pour nous, cela ne veut rien dire. Mais tous les deux ou trois ans, on refait le toit et on entretient les murs. Si des petits frères sont venus jusqu'ici pour construire cette église, ça doit être important, alors on l'entretient. » Un moment, j'imagine les habitants d'une commune française se réunir pour proposer aux musulmans de repeindre leur mosquée. « Puisque c'est important pour eux. »

La récupération et la restitution de plumes semblent avoir provoqué une sorte d'électrochoc au sein de la communauté, comme si elle se réveillait d'un long sommeil. Ce sont les mamus qui manifestent le plus grand intérêt. Certains sont venus de vallées éloignées. C'est à eux que revient la responsabilité de « nettoyer » les plumes, un préalable indispensable avant de pouvoir les utiliser. Des offrandes vont être faites aux maîtres spirituels des oiseaux qui ont été sacrifiés, puis elles seront baptisées pour être accueillies dans le monde des vivants.

Ce n'est qu'au bout de trois jours que nous serons invités à rejoindre Marcello, Marco, José Maria et les autres mamus présents, au-dessus du village, sur une plate-forme spéciale construite sous la nuhé de Marcello. Il est six heures du matin. Bleu et beige, la caisse est là, incongrue. Aujourd'hui, plusieurs couronnes vont être refaites. L'air est encore frais. Ombres et lumières des premiers rayons du soleil. Nous sommes exceptionnellement autorisés à filmer le début du travail, pour la mémoire, mais aussi pour

« montrer aux petits frères, ceux qui nous aident là-bas, les Français », que leur soutien est important. « Les couronnes vont être refaites, pour montrer aux enfants, nous explique Marco, mais surtout pour les *nourlaneukui*, les danseurs. » C'est José Maria qui est autorisé à ouvrir la boîte, sortir et lisser les couronnes. C'est lui qui sait quelles plumes choisir, comment les arranger, selon quelles logiques en associer les formes et les couleurs. Aregoce, un jeune Kogi, va l'assister pour apprendre. Autour des plumes peu à peu sorties de la caisse et des sacs où elles avaient été emballées, une étonnante conversation s'engage :

— Tisser ces couronnes de plumes, pour nous, c'est un peu comme pour vous écrire des mots sur un papier. La mère nous a laissé l'histoire, les règles de la vie, mais sans plumes, nous ne pouvons plus écrire cette histoire, alors nous perdons notre mémoire. Avec les plumes, nous pouvons travailler pour protéger la terre. Tous les animaux peuvent voir que nous pouvons parler avec les autres animaux, avec les rivières, les grottes. Avec les plumes, on peut de nouveau parler avec l'esprit des choses. Le pouvoir est là. Il faut que l'on continue à utiliser les plumes, c'est le savoir, le chemin que nous ont laissé les anciens, c'est notre responsabilité de protéger, de faire vivre cette mémoire.

Le lieu choisi pour cette opération ne l'a pas été au hasard. Ces plates-formes, d'une vingtaine de mètres carrés chacune, délimitées par de petits murets de pierres, représentent une carte, comme un modèle réduit de la Sierra, ses vallées, ses montagnes, ses animaux, sa dynamique. Les plates-formes du bas relient aux terres chaudes les plantes, les animaux, l'écosystème que l'on peut y rencontrer. Plus haut, se trouvent les plates-formes qui représentent les terres tempérées, et tout en haut, juste sous la nuhé de Marcello, celles des terres froides, du bout du monde où se rejoignent pensées et énergies. Se déplacer d'une plate-forme à une autre est une façon symbolique de se déplacer d'une vallée à une autre de la Sierra, d'un versant à un autre, et de savoir où et comment effectuer les rituels indispensables à l'équilibre de cette miniplanète que représente la Sierra. C'est sur une plate-forme du haut que les Kogis se sont installés pour travailler leurs couronnes, le neuvième monde, là où tout se rejoint.

— Les couronnes ont un ordre, c'est comme cela qu'elles doivent être, les grandes plumes en haut, mais celles qui manquent, ce sont les petites plumes rouges, pour les bras et le reste. Cette grande plume signifie la terre, la terre est ronde, mais en haut, il y a d'autres mondes, ces plumes signifient le neuvième monde. Les danseurs, quand ils travaillent avec les musiciens, se réunissent, se retrouvent tous dans le neuvième monde, le dernier. Tout ce dont nous parlons, nos paroles aussi, montent et viennent dans le neuvième monde. Quand nous parlons de choses importantes, elles rejoignent le neuvième monde. C'est comme le chapeau des mamus, le neuvième monde, c'est le bout du monde. C'est là, là que doivent se faire les offrandes, là où se réunissent les paroles, là où se retrouve le travail spirituel que nous faisons, là où se retrouve le tout, l'unité.

Après quelques heures, José Maria laisse la place à Aregoce, son élève. Il est jeune, il doit apprendre. Alors, quelque part dans une vallée perdue de la Sierra, commence un incroyable travail de mémoire surveillé, accompagné, par plusieurs mamus, assis ou debout, en arc de cercle. Pendant que José Maria et Aregoce agissent dans la matière, les Mamus pensent l'action, sa justesse, son équilibre, dans l'esprit d'Aluna, car la pensée toujours accompagne l'action, lui donne forme et cohérence. Tous parlent et nourrissent un étonnant dialogue.

— Maintenant que l'on peut récupérer cette mémoire, ce serait bien que les petits frères nous amènent d'autres plumes. Ici, dans la Sierra, c'est difficile de les trouver.

Mais nous, on veut continuer à faire vivre l'esprit des choses, on veut continuer notre travail spirituel, pour cela, il nous faudrait d'autres plumes, beaucoup de plumes.

Un autre mamu continue :

— Vous les petits frères, Éric, Gentil, vous nous avez aidés avec des choses matérielles, nous devons maintenant travailler et vous aider avec notre travail spirituel. Quand vous voyagez ailleurs, nous devons vous protéger avec notre travail spirituel. Gentil, Éric, ils nous aident avec des choses matérielles. Tous les mamus de Santa Rosa, on va travailler pour les aider spirituellement, eux nous aident, nous devons les aider, on va faire le travail ensemble, pour eux, pour nous, pour la terre, tous ensemble nous devons travailler, penser les choses justement.

Puis un autre encore, comme si leurs mots exprimaient une pensée à même de guider et d'encadrer l'action, vers l'art subtil de tisser les plumes :

— Ces plumes qui viennent de si loin, on va les protéger comme nos femmes et nos enfants, les aimer, les caresser. Les plumes et le tissage nous disent comment faire les choses, c'est avec ces plumes que l'on va faire notre travail spirituel. Nous aussi nous avons un dieu, Kalguacha, à qui nous devons demander qu'il aide les deux petits frères qui nous ont aidés. Nous devons penser les choses pour le travail spirituel, pour que les petits frères nous aident. On va tisser les plumes, faire les couronnes pas seulement pour ici, Santa Rosa, non, elles pourront servir à d'autres villages, d'autres mamus. Cette couronne que l'on tisse va être belle, comme elle était avant. C'est comme cela que nous devons récupérer la mémoire traditionnelle, garder les choses. Les anciens qui savent les danses vivent toujours, moi, je peux, je sais encore enseigner les danses avec les plumes, moi je sais, j'ai appris des anciens.

Peu à peu, une couronne prend forme. Matériaux et couleurs sont associés dans un étonnant patchwork fixé sur une trame en fibres végétales. Les heures passent, lentement. Depuis l'aube, les mamus sont debout, immobiles, certains parlent, d'autres sont simplement là, silencieux. Au rythme du tissage, la couronne reprend vie. Marcello, Marco, Aregoce, José Maria nous donnent à comprendre la signification et l'importance de ces plumes, ce qu'elles permettent.

— Avant, quand quelqu'un arrivait à la réunion de mamus sans plumes, les autres mamus voyaient les choses, ils voyaient qu'il n'avait rien. Maintenant, nous devons bien expliquer aux jeunes, aux enfants, à quoi servent ces plumes. Nous, nous avions les anciens pour apprendre, nous devons apprendre aux jeunes, c'est difficile, mais nous devons le faire. Quand on apprend bien à danser avec les plumes, les enfants, les mamus, alors Kalgualcha peut nous reconnaître et nous voir. Il verra que nous apprenons bien les choses. Kalguacha va nous voir, comme si on avait de beaux vêtements, propres, bien tissés. Avant, ils dansaient avec les plumes, cela fait très longtemps. Maintenant, elles étaient perdues, abîmées, alors on était en train de perdre les danses, et on ne savait pas comment faire. Quand j'étais petit, mon père m'emmenait voir un mamu qui savait danser. Quand je le voyais danser, je trouvais cela très difficile, mais j'ai appris, j'ai compris les choses, maintenant, je sais, je peux apprendre aux enfants. Quand j'étais petit, je connaissais les plumes, j'admirais leurs couleurs, mais je ne savais pas à quoi elles servaient, maintenant je sais. Nous allons pouvoir de nouveau enseigner les choses. Merci beaucoup pour ces plumes, nos petits frères. Ce sera bien s'ils pouvaient nous aider à en trouver d'autres. Nous avons besoin de plus de plumes, pourquoi ? Pour les couronnes, mais aussi pour les manches et les vêtements, pour refaire les danses traditionnelles. Si on était partis seuls chercher des plumes, on n'en aurait jamais trouvé, et puis nos petits frères sont venus, ils nous ont aidés à trouver les plumes, et vraiment on les remercie. Les petits frères, comment ont-ils su, comment ont-ils pensé que ces plumes pouvaient nous servir ? Comment ont-ils compris ? Nous, cela fait des années que l'on cherchait des plumes. On a été à Santa Marta, car on nous avait dit qu'il serait possible d'en trouver, mais il n'y avait rien. On demandait, mais personne ne nous aidait. Aujourd'hui, nous avons retrouvé des plumes. Les plumes ont leurs pères et leurs mères dans la Sierra. Pour eux, nous devons faire des offrandes et tout le travail spirituel nécessaire. Pour ces plumes, nous devons aussi faire des offrandes... pour qu'elles puissent se nourrir et vivre comme une personne. Comme des gens, elles doivent manger et boire pour vivre. Nous sommes nés de la terre, alors c'est la terre qui nous aide, qui nous donne les choses, qui nous donne le sein, comme la mère à ses enfants. La terre nous aide, les mamus, mais aussi les enfants, la communauté, nous devons l'aider, faire tout le travail spirituel pour que nous soyons en accord, en harmonie, qu'elle continue à nous donner ce dont nous avons besoin. Les petits frères sont venus de France, de très loin, maintenant, ils nous donnent les objets, les choses nécessaires pour le travail spirituel. Oui, les anciens ont toujours dit que des mamus anciens allaient revenir, que les anciens morts allaient se réveiller. Maintenant, on peut voir que c'est vrai, ils viennent d'autres pays pour nous aider à faire revivre la culture traditionnelle. On a bien vu que les petits frères nous ont amené des plumes, pour nous, c'est comme la nourriture pour la terre, de la nourriture spirituelle, la terre peut aller mieux, elle se sent contente. Avant, chacun avait un savoir particulier. Un mamu connaissait les danses de la nourriture, un autre celles du vent et de la brise. D'autres connaissaient les danses du soleil, de la lune ou de l'obscurité, de la nuit. On savait pratiquer ces danses. Pour le baptême des maisons, pour les mariages, on savait faire tout cela. Maintenant, là, nous avons une couronne refaite. Nous l'avons faite pour qu'elle reste ici, pour faire vivre la mémoire. Voilà, c'est bien, la couronne est prête, mets-la sur la tête, vas-y, porte-la, pour voir si elle va bien.

À ces mots, après être resté toute la journée debout, immobile, le frère de Marcello se saisit lentement de la couronne. Il la dispose précautionneusement sur sa tête puis lève doucement les yeux. Il n'y a plus de mot. Rien que le silence, à peine troublé par le bruissement des grandes feuilles de bananier caressées par le vent. Instant suspendu, harmonie du souffle. Je regarde le frère de Marcello, je voudrais l'embrasser. Il semble ému. L'instant est d'une beauté magique, suspendu. Puis il baisse la tête. La couronne est terminée. Elle va être rangée dans une boîte en roseau spécial. Il y aura un rendez-vous, plus tard, plus haut, pour danser. Corps et esprits vont être purifiés, amenés à un état de sensibilité extrême, qui permettra aux formes du vivant de se retrouver, de renouer les liens. Le tambour est là, omniprésent, lancinant, les flûtes, les maracas qui, encore et encore, emportent l'esprit, jusqu'à le relier à l'essentiel. Seuls les reflets de l'or trahissent les corps qui dansent et dansent encore, comme une porte vers le monde, une porte que l'on cherche en soi. La mémoire n'était pas morte. La mémoire permettait de voir encore. Pour un temps, l'ordre du monde est préservé.

Chapitre 9

Le cœur du monde

« La véritable sagesse ne peut être trouvée que loin des gens, dans la profonde solitude. On ne la rencontre pas à travers le jeu, mais seulement dans la souffrance. La solitude et la souffrance ouvrent l'esprit humain. C'est donc là que le chaman doit puiser sa sagesse. »

Igjugarjuk, chaman inuit,
propos transcrits par Knud Rasmusen.

Gentil vient de partir. Je reste seul avec les Kogis. C'est en Colombie, au cœur de la Sierra, que je souhaitais écrire les dernières lignes, le dernier chapitre de ce livre. Sur les terres lointaines où est née cette histoire, là-bas, dans cette montagne où des hommes et des femmes, ensemble, tentent de vivre libres, de se choisir un futur différent de celui que la singularité du monde moderne impose au reste de la planète. Ce que va être ma vie là-haut, comment vont se passer mes journées, je n'en ai pas la moindre idée. En revanche, il y a une chose que je sais, c'est que je retrouve une famille, des amis, et ça...

C'est chez Marco, dans son clan, que je vais passer les prochaines semaines. Marco, je le connais depuis plus d'un an maintenant. C'est avec lui que nous sommes partis pour l'Équateur, Marco qui m'a ouvert les portes de la Sierra. Quatre-vingts ans, peut-être plus, difficile de lui donner un âge. Ceux qui le connaissent de longue date disent qu'ils l'ont toujours connu comme cela, petit bonhomme rondouillard, aux cheveux gris et au nez déformé par une impitoyable maladie. À l'évocation de son prénom, celui par lequel il est identifié à l'extérieur de la communauté, l'émotion m'envahit, mais aussi la tristesse.

Marco est un être humain, tout simplement, un être humain droit, juste, au service des autres, de sa communauté, à l'écoute du monde. Oh, il n'est sûrement pas parfait. Il lui arrive d'élever le ton, de rester en retrait quand il pourrait sans doute s'engager. Il a sûrement des défauts ou des traits de caractère qui prêteraient à sourire, dont on pourrait se moquer. Mais quel être humain ! Quel homme tourné vers l'extérieur ! Tristesse aussi, car cette humanité-là, nous la nions, nous ne lui reconnaissons ni existence ni valeur.

Marco et sa famille habitent à l'écart du village. Les quelques maisons qui composent son univers dominent les flots tumultueux du rio Ancho. Aux côtés de Javier et de Tonio, ses deux fils, j'installe mon hamac dans la nuhé des hommes. Plaisir des jours qui passent, du quotidien partagé. Cette nuit, il fait froid, un froid vif qui pénètre dans la hutte. Autour du feu une dizaine de formes sont allongées. Quelques enfants étendus sur des peaux, le corps recouvert d'une maigre couverture. Au fond, cinq adultes lovés dans de petits hamacs de corde. Tonio, Javier et trois autres Kogis arrivés ce matin. Dans la nuit, une ombre. Elle se déplace, furtive, discrète. Rapidement relevés, les troncs du foyer raniment quelques flammes qui s'élèvent et transpercent l'obscurité. Blotti au fond du hamac, je reconnais Marco. Déjà l'obscurité reprend ses droits, les lumières s'estompent. Dans la nuit, Marco se lèvera plusieurs fois pour mettre de l'eau à chauffer, caler la porte qui laisse filtrer un filet d'air glacial ou raviver le foyer. Toujours discret et silencieux. Il est comme cela, Marco, au service de sa famille, ses enfants, de sa communauté, de l'autre. Un être humble et exemplaire dont les yeux et le sourire laissent parfois percer une pointe de malice. Dans notre vocabulaire, sans doute dirions-nous qu'il a du charisme, de la présence, que son comportement et sa personnalité suggèrent plus qu'ils n'imposent. C'est un ancien, digne et généreux, avec qui et vers qui on a envie d'aller. De ces anciens accomplis qui donnent à voir et à comprendre, de ces anciens passeurs d'invisible qui permettent aux plus jeunes de trouver leur voie.

Sans doute l'âge et la vieillesse peuvent-ils être de jolis futurs pour peu que l'on sache les atteindre. Mais seul l'exemple peut rendre les chemins de la vieillesse acceptables. Savoir vers qui, vers quoi l'on tend, et comment. Vieillir, mon Dieu, ce n'est pas seulement regarder les rides malheureuses qui s'insinuent dans les recoins d'un visage, découvrir la peau qui se flétrit, le corps qui vous abandonne, cela ne peut pas être si triste, et est-ce vraiment ce que nous souhaitons pour nous, pour nos anciens ?

« Qu'un homme puisse mourir sans amour, juste comme un vieil arbre qui s'effondre au bord d'un chemin, est le signe d'une sérieuse régression spirituelle[1]. »

Non, vieillir est tout autre chose, presque une œuvre d'art. Comme une trace éphémère, une signature, expression d'une vie accomplie. Entre le cœur et les mains des anciens se cachent les secrets de demain. C'est de leur mémoire, de leur vigilance, de leur façon de voir et de comprendre le monde au-delà de ses apparences que dépendent la forme, les possibles des hommes. Ils ne

1. Boubacar Boris Diop, cité par Anne-Cécile Robert, dans *L'Afrique au secours de l'Occident*, éditions de l'Atelier, 2004.

doivent pas seulement être respectés, mais bien plus se faire respectables, par un chemin qui toujours cherche le juste. Et le juste qui demande l'écoute du corps et du cœur, une écoute de tous les pores de la peau pour donner forme à l'énergie qui nous traverse. On n'est pas ancien parce qu'on vieillit, c'est trop facile, trop simple, et juste insupportable. Non, on est ancien, un état sans plus, parce qu'on porte l'alchimie de la vie. On l'incarne en conscience, on en épouse les rythmes, jusqu'à ne faire plus qu'un avec eux, lorsqu'on ne cherche plus à posséder mais à donner. Alors le monde s'offre à nous, et nous sommes enfin libres. Cette alchimie qui parfois pétille dans l'ombre d'un regard, au coin d'un sourire malicieux, ne me dites pas que vous ne l'avez jamais observée. Mais sait-on encore être attentif au monde qui nous entoure ? Ces anciens-là ont suivi un chemin qui leur a permis d'être jeunes jusqu'au bout, complètement. Étape après étape, ils ont su intégrer et dépasser chaque expérience de la vie, des expériences qui, dans les grandes traditions, deviennent rituels. Il n'y a qu'en se réalisant jusqu'au bout, qu'en prenant le risque de vivre sa vie, de l'habiter que l'on peut vieillir en paix. Sinon, on arrive au soir de son existence, aigri, adolescent insatisfait, sans cette étincelle d'humilité et d'humour qui révèle les anciens. « L'orgueil se juge achevé, disait Lanza del Vasto, l'humilité se croit perfectible. »

Gare de l'Est, six heures quarante-trois du matin. Pourquoi quarante-trois et non quarante-deux ? Je n'en sais rien. Lorsque j'écris ces lignes, je suis dans le compartiment d'un train en partance pour Nancy. Un train anonyme, sans âme, ou peut être si, avec une âme justement, un de ces vieux trains qui prennent encore leur temps. Un train où claquent les boggies, où les rails qui défilent accueillent le regard. En face de moi, un homme caché derrière son journal, un journal large aux caractères gras, de ces journaux qui bruissent lorsque l'on tourne les pages. Le corps massif, il parcourt les rubriques économiques, les mâchoires serrées, comme s'il craignait de perdre quelque chose. Cheveux courts, blazer bleu marine, pantalon gris, forcément gris. J'esquisse un sourire. Peut-être était-ce la fatigue, je ne sais pas, je tente d'engager le dialogue, raisonnablement, quelque chose comme : « Bonjour. » Je n'obtiendrai aucune réponse. L'inconnu du six heures quarante-trois restera obstinément caché. Pourtant il y a quelqu'un derrière ces yeux, je le sens, je le sais. Envie de pleurer. Alors notre « autre jour », « demain », « plus tard » ressemblera à ça, autant d'humanité qu'un mur de pierre ? Ça ne parle pas, ça ne sourit pas, ça ne regarde pas, c'est vivant, mais déjà mort. Nous sommes parfois tellement inhumains, voire effrayés par l'humanité qu'un possible sourire nous effraye. Pensez-vous ! un sourire venant d'un inconnu. Jusqu'à dix ans, peut-être onze, un sourire est encore acceptable, preuve de l'innocence de celui qui vous l'offre, ensuite, cela devient bizarre. Alors que dire d'un adulte ? Cela devient carrément malsain. L'homme s'est brusquement levé, a ouvert la porte coulissante et est parti. Peut-être avait-il lu dans mes pensées. Il s'est installé dans un autre compartiment, là où il ne risquait pas un sourire. Passé un certain âge, on ne sourit plus. Si bien sûr, un peu, à travers son statut de père, de mère, de grand-père, d'ami, mais sourire à des étrangers, non ! Dans un sourire, il y a l'idée d'étoiles lointaines, de magie d'un instant, de possible ouverture à l'autre, le début d'un échange, minuscule, ténu. Sourire de rien, sourire pour rien, sourire pour donner. Bien sûr, nous sommes dans un train, il est six heures quarante-trois, et il pleut. Rien là qui prédispose à la chaleur humaine et à ces petits riens qui rendent la vie sinon agréable, pour le moins supportable.

Oui, oui, je sais, vous allez me dire qu'il ne s'agit là que d'une anecdote sans importance, et c'est bien le propre d'une anecdote que d'être sans importance. Mais, si l'on y regarde de plus près, c'est bien dans ces anecdotes, ces petits riens qui parsèment notre existence que vient se nicher notre humanité. Elles révèlent tellement de l'attention que l'on porte à l'autre, de l'écoute, du respect, de l'engagement. C'est aussi dans ces petits riens quotidiens que vit la politique, entendu au sens d'une place prise dans la cité. Cela veut bien dire que dans nos actes, même les plus anodins, transparaît ou non quelque chose d'humain, de l'attention à l'autre. Elles disent tout, ces anecdotes, parfois même elles nous trahissent. Elles sont l'expression visible d'une façon de vivre, d'être au monde. Observez ces petits riens, vous verrez ce qu'ils nous crient. Jean-Claude Guillebaud s'est arrêté, lui, sur un genre bien particulier de petits riens urbains, faits pour exclure les plus pauvres, tels « ces cônes métalliques de quatre centimètres de haut, disposés devant certaines vitrines de la place de l'Opéra afin d'empêcher que l'on ne puisse s'asseoir. Ils sont l'équivalent humain de ces piques à pigeon qui protègent les monuments du guano, en tenant à l'écart les volatiles ».

Tenez, je vais vous en raconter une, de ces anecdotes. C'était la troisième ou quatrième nuit que je passais chez Marco avec sa famille. Ce matin-là, au réveil, la hutte est vide. Discrets, presque furtifs, ses occupants sont partis travailler. Quelques filets de lumière sur le sol trahissent l'arrivée du soleil. Sortir, profiter de l'instant. Devant la porte, immobile, assis, Marcello est là, qui semble attendre quelqu'un, Marco peut-être. Deux mochilas chargées sont posées à ses pieds. Marcello ! C'est un bonheur de le revoir. À soixante-dix ou quatre-vingts ans, le bonhomme est à la fois discret et plein de vie. Lui et son frère sont les gardiens de Santa Rosa. Mamu au savoir reconnu, sa nuhé vient d'être reconstruite, plus grande, plus large, à quelques centaines de mètres au-dessus du village. Préparer un café, sur les braises du foyer, remplir deux tasses. Nous passons de longues minutes à nous réchauffer, en dégustant le breuvage brûlant. Au bout de quelques instants, je lui demande l'objet de sa visite. Ses yeux semblent papillonner, puis il ouvre l'une des mochilas et sort délicatement de leur protection un, deux, puis trois œufs.

— Ils sont pour toi, car ici, il n'y a pas grand-chose à manger. Ces œufs sont bons, ils te feront du bien.

Je regarde les œufs, l'air un peu bête.

— Mais d'où viennent-ils ? Où étais-tu ?

— Là-haut dans ma ferme, là-haut ! me dit-il en me désignant l'arête lointaine qui borde la vallée. Il faut que je rentre maintenant, ma famille m'attend.

J'apprendrai que pour se rendre « là-haut » comme il dit, pour rejoindre sa ferme, un bon marcheur mettra trois ou quatre heures. C'est de là qu'il était venu sans doute de nuit, pour m'apporter trois œufs, et c'est là-bas qu'il repartait. Anecdote sans importance, me direz-vous ? Non, je ne pense pas. Marcello venait de me faire un extraordinaire cadeau. Il m'avait donné des œufs, bien sûr, et dans la Sierra c'est une denrée précieuse, et il m'avait donné son temps. Une journée, pour une heure que nous avons partagée. Lorsqu'il est parti, ému, je ne savais même plus comment dire merci en kogi. *Zendjalé*, Marcello. *Zendjalé* pour ce cadeau. Je les ai longuement regardés, ces œufs, ne sachant trop comment les manger. À la coque ou au plat, ou peut-être en omelette avec l'une des dernières boîtes de thon gardées précieusement pour une grande occasion. Ce sera une omelette, mélangée avec quelques pommes de terre, une omelette partagée en cinq, puisque Marco et sa famille viennent de rentrer chargés d'énormes sacs d'avocats.

Dans l'après-midi, Manuel me fait signe, il faut aller

chercher du bois. Une tâche qui semble anodine et à ma portée. Quoi de plus simple que de ramasser quelques branches mortes et de les ramener pour la cuisine ou pour chauffer la hutte ? Erreur, grave erreur, vous me croirez si vous voulez, mais ramasser et ramener du bois est un travail qui se doit d'être précis, méticuleux, presque une œuvre d'art. Dans la Sierra, en altitude, le bois est une ressource rare qui nécessite des précautions et de l'anticipation. Il convient tout d'abord de connaître et d'identifier quels sont les arbres dont le bois mort produira un vrai bois de chauffage, un bois qui chauffe longtemps et sans dégager de fumée. Le *goyaba*, *copeï* en kogi, est l'un de ceux-là. Il est dense, il brûle lentement et longtemps. Bien sûr, il pousse loin du village, dans des gorges inaccessibles.

Anticipation et gestion « durable » de la ressource. Nous y sommes. On ne ramasse pas de bois mort sans couper d'autres branches, vertes celles-là, qui serviront plus tard à d'autres. Et l'arbre ainsi élagué, se trouvant fortifié, poussera mieux. Il est en fait taillé pour produire du bois de chauffage. Le bois une fois coupé, il faut le dépouiller de tout ce qui dépasse, épines, brindilles, nœuds pour éviter de se blesser lors du transport. Chaque branche, coupée et préparée lors d'un précédent passage, est alors débitée en morceaux de quatre-vingts centimètres à un mètre vingt disposés par ordre décroissant de taille dans un grand sac tissé en fibre végétale. L'ensemble, qui peut peser de vingt à cinquante kilos, est chargé sur le dos et maintenu en équilibre par une sangle qui passe sur le front. Commence alors la descente vers la maison. Si les passages dégagés dans la végétation épaisse conviennent aux Kogis, plutôt de petite taille, en ce qui me concerne, ils m'obligent à progresser plier en deux si je ne veux pas basculer dans la rivière ou m'étaler de tout mon long avec mon chargement. Il est évident que seul dans la Sierra, je ne vaux pas grand-chose. Mes chances de survie sont sans doute de l'ordre de 10 à 15 %, guère plus. Modestie et solidarité prennent ici tout leur sens.

Nous qui parlons depuis à peine dix ans de développement durable, sans doute serions-nous bien inspirés de voir ce que représente une telle notion chez les Kogis. Ici, chaque ressource est rare et précieuse. Elle doit être consommée, utilisée, avec parcimonie et reconstituée au fur et à mesure de son utilisation.

Il s'agit bien de prélever le strict nécessaire, sans grever les potentialités du futur, voire même en les augmentant. En ce qui nous concerne, nous sommes loin, très loin d'un tel comportement, pour la simple raison que nous prélevons toujours plus, souvent en détruisant et en produisant des déchets dont on ne sait que faire. Pire, nous pouvons nous permettre individuellement ou collectivement n'importe quel acte, n'importe quel comportement, dont nous ne supportons pourtant pas les conséquences, ce qui cultive notre irresponsabilité. Nous ne savons pas où vont les déchets que nous produisons, et nous n'avons aucune idée, ou très vague, de l'origine des produits que nous consommons. Nous n'en sommes pas particulièrement fautifs, c'est la société dans son ensemble qui est organisée de cette façon. Nous voilà déresponsabilisés, car loin, très loin des conséquences de nos actes. Chez les Kogis, le développement durable n'est pas un vain mot, c'est une condition de survie.

Plusieurs fois, j'irai chercher du bois, puis nettoyer une parcelle, puis encore chercher du bois, et de nouveau nettoyer une parcelle. Peu à peu, le corps se casse, les bras deviennent lourds, la fatigue assomme. Un jour, nous irons rejoindre d'autres Kogis, plus haut, pour nettoyer un chemin. Quatre-vingts, cent Kogis sont là, répartis en deux groupes. Le premier dégage la végétation et coupe les branches les plus gênantes, le second comble les trous et élargit les parties devenues trop étroites. Travail collectif encore. La progression est rapide, l'ambiance mêle efficacité et plaisanteries, un peu comme des amis qui se retrouveraient le temps d'un week-end pour faire un déménagement. On se connaît, on plaisante, mais il faut travailler. Lorsque les Kogis ont vu que je venais travailler avec eux, les moqueries ont fusé :

— Eh bien ! au moins ici, il sert à quelque chose.

— Mais il a l'air de savoir se servir d'une machette !

— Oui, mais s'il se coupe, on aura l'air malin, on en fera quoi ?

— Faudrait le garder, il travaillera à notre place.

Nous passerons deux journées à refaire ce chemin, deux journées à partager leur plaisir d'être kogis dans la Sierra. Puis il y aura la descente vers le village. Certains sifflent, d'autres chantent leur joie d'être ici maintenant, ensemble. De nouveau, il faudra aller chercher du bois, cueillir des avocats. Ce jour-là, Marco a eu pitié de moi, il a varié les plaisirs. Construction des maisons, nettoyage des chemins, réparation des ponts, entretien des champs, pose de collets pour la chasse, pêche, tissage, c'est en répétant, jour après jour, l'ensemble de ces activités qu'un jeune Kogi peut devenir kogi. Un enchaînement de tâches qui nécessite une discipline de fer et qu'il faut effectuer, sans relâche, jusqu'à les maîtriser parfaitement.

« Le maître ne hâte rien, l'élève s'avance sans précipitation, personne n'est pressé. (...) Mais pour en arriver au point où le savoir se "spiritualise", il faut une concentration totale des énergies physiques et spirituelles (...). L'instruction, en parole ou par action, par le mot ou la démonstration exemplaire, est naturellement aussi vieille que l'humanité. Il ne saurait y avoir de famille ni de système social, si isolé ou rudimentaire soit-il, sans enseignement ni pupillarité, sans maîtrise ni apprentissage accomplis [1]. »

1. George Steiner, *Maîtres et disciples*, Gallimard, 2003.

J'avais encore à l'esprit cette réflexion de Casimiro, ce jeune Kogi de dix ans qui m'avait expliqué sans sourire que son rêve était de devenir kogi. Lorsque je lui avais dit que je ne comprenais pas bien sa réponse, il avait eu cette jolie remarque : « Je veux savoir bien cultiver la terre, construire une maison, connaître les lois de nos ancêtres, celle de la nature pour parler avec elle, pour la protéger. Je voudrais avoir une famille et savoir la protéger. » À dix ans, il était en train de me dire gentiment qu'il souhaitait pouvoir être autonome et responsable. Le problème en ce qui me concerne, c'est que je ne sais rien faire. Je ne suis pas autonome, encore moins responsable. Ici, je ne suis rien d'autre qu'un poids mort un peu pataud, incapable de se déplacer en forêt, affligeant par son incapacité à évoluer le long du torrent sans glisser et faire fuir les poissons. En ce qui concerne l'agriculture, il me faudra plusieurs journées, plusieurs semaines, avant de comprendre quelles plantes peuvent être considérées comme mauvaises herbes à certains endroits et nécessaires à d'autres, quels fruits doivent être ramassés et comment nettoyer la terre sans l'abîmer. Plusieurs journées avant de commencer à pouvoir engager un maigre dialogue avec la nature, comprendre les règles indispensables pour qui veut survivre sur ces terres, retrouver les gestes. Plusieurs journées pour commencer à être d'ici.

Un soir, Marco m'a glissé dans un sourire, un de ses sourires inimitables qui lui donnent un air de malin génie : « Demain, nous partons *más ariba*, plus haut, dans une autre finca. » À ma question de savoir ce qu'il entendait par « plus haut », il s'est contenté de désigner le versant bleuté d'une vallée lointaine, un versant sombre, abrupt, couvert d'une de ces forêts profondes dont la Sierra a le secret. Chaque famille kogi à toujours plusieurs terres, plusieurs fincas, entre lesquelles elle se déplace, une diversité de lieux qui leur permet de varier leur régime alimentaire, leur mode de vie et, d'une manière générale, leur environnement géographique et social. Plus haut, il y a un autre climat, une autre végétation, d'autres animaux. Plus haut, il y a en fait un autre monde, un autre versant de la culture kogi.

En partant ce matin-là, j'ai l'impression que Marco me fait passer une autre étape, qu'il me conduit un peu plus loin dans son univers. Eux emportent une machette, quelques fruits et des avocats. Moi, c'est plus compliqué. Il y aura une lampe de poche, une chemise et un pantalon de rechange, deux tee-shirts, un drap, là-haut il fait froid, une trousse de toilette, et un hamac, une gourde et quelques produits anti-moustiques. Horreur, à moi tout seul, je mobilise les trois quarts de la charge disponible sur le dos de l'âne qui nous accompagne. J'ai l'impression de ne rien emmener, et pourtant, il y en a encore trop.

La montée sera longue, très longue. Les sentiers, vagues traces rapidement avalées par la végétation, se glissent comme ils peuvent, entre deux gorges, sur le fil d'une arête, le long d'une pente raide. Ici, marcher est une seconde nature, une forme de méditation, une manière discrète de dialoguer avec les lieux que l'on traverse, leur histoire, leurs habitants. Une rencontre, une pause, un échange — les avocats contre des châtaignes ou du maïs — puis de nouveau quelques heures de marche. Un membre de notre groupe s'éloigne pour visiter un oncle, une sœur, donner quelques mangues et repartir avec des haricots. Il nous rejoindra, plus loin, plus tard. Les pauses se passent toujours à proximité de quelques cannes à sucre, le long d'une rivière ou à l'ombre d'un arbre fruitier.

« Au fil de leurs pérégrinations, chaque colline, chaque vallée, chaque versant montagneux devient un métier où se tissent le dessin et la trame de leur existence. Les familles kogis sont perpétuellement en mouvement et se déplacent d'un champ à l'autre pour défricher, entretenir et cultiver chaque lopin. (...) La vie quotidienne des Kogis est tout entière imprégnée par ces itinéraires sacrés. (...) Ce parcours incessant de leur environnement ne reflète pas seulement une existence itinérante, mais aussi un réseau de relations profondes et de connaissances intimes de ce que les Kogis considèrent comme un legs sacré que leur ont transmis les anciens. (...) Les Kogis croient profondément au sacré et à la pureté de la vie. Ils croient aussi qu'ils sont ici, aujourd'hui, pour rendre l'harmonie à un monde ébranlé [1]. »

Dans l'après-midi, le chemin devient abrupt, presque un mur. Et Marco, qui continue à me répéter, avec le même sourire : « *más alla, más alla* » (plus loin, plus loin). Une longue arête et nous débouchons sur une minuscule plateforme, sorte de répit géographique qui interrompt momentanément notre montée. L'âne est rapidement déchargé. Toujours en riant, Marco me conseille de me reposer. Devant nous, il n'y a plus de chemin, juste la forêt immense, impénétrable. Où va-t-on passer ? Comment va-t-on continuer ? La charge répartie, le harnais accroché dans les branches d'un manguier, nous reprenons notre route un peu plus chargés, le pas moins assuré. Une trace à peine visible à flanc de montagne, comme une faille, une porte entre les arbres, et l'on s'engage dans la forêt. Marco ouvre la route, son pas est sûr. Puis viennent Rosa, sa fille Catalina, Javier et moi. Manuel ferme la marche. Changement d'univers. La lumière disparaît, aspirée par la vallée. Tout devient plus sombre, caché du monde par une épaisse couverture végétale. Caché ou protégé du monde, cela dépend sans doute du monde dont on parle. La vie bruisse, fourmille sous mille formes différentes, mille couleurs. Dans la forêt tropicale, sur les pentes abruptes de la Sierra, la progression se fait plus lente, difficile, presque chaoti-

1. T.C. McLuhan, *op. cit.*

que. Impossible de trouver un rythme, un équilibre. Lianes, racines, troncs morts, feuilles immenses ou minuscules forment un entrelacs instable. Le sol glisse, se dérobe. L'air est plus lourd, plus humide. Ici, on ne se préoccupe que du pas suivant, où poser le pied, quel trou éviter, sur quelles racines ne pas glisser. La vue est limitée aux troncs, lianes, arbres aux feuilles immenses qui rendent l'ambiance presque oppressante. Un rideau de lianes, sorte de voilage vert et moussu, cache un torrent furieux. Le traverser. Puis remonter une longue gorge, à flanc de forêt, creuser quelques marches dans la boue et la mousse, avant d'arriver enfin devant une petite maison ronde, posée sur une minuscule plate-forme accrochée à la montagne.

Nous sommes à Maleïche. Tout est gris, vert, toutes sortes de vert, voilé par de longs bancs de brume, oppressant. Entre la sueur, l'humidité, la pluie qui commence à tomber, les corps coulent, dégoulinent, mélanges de moiteurs poisseuses et gluantes.

C'est là, perdus dans cette forêt des brumes, dans cette nature dense et luxuriante, que nous allons passer plusieurs jours. Plusieurs jours à pêcher, à chasser, à chercher de petits fruits qui ressemblent à des châtaignes, mais dont le goût est particulièrement amer. Plusieurs jours à nettoyer, encore, les quelques clairières cultivées par les Kogis et où poussent, dans un désordre très étudié, yucca, *malengué*, *guineo* (bananes), pommes de terre et autres tubercules, dont les formes et les couleurs me restent inconnues. La pente est tellement raide, la terre si fragile qu'il faut nettoyer le sol, non plus à la machette, mais à la main, pour éviter de tout abîmer. Dire que les Kogis vivent avec la nature, qu'ils « sont » la nature est une chose, la vivre au quotidien en est une autre. Dès six heures du matin, nous sommes à pied d'œuvre. Les heures s'écoulent lentement, sans interruption, au rythme du travail dans les champs. Vers la mi-journée, l'arrivée des moustiques oblige au repli vers la hutte. Le ciel se couvre, les nuages sombres barrent l'horizon.

Des moustiques, il y en a de toutes les formes, de toutes les couleurs. Il y a les minuscules, qui vous piquent sans même que vous vous en rendiez compte, ceux qui ressemblent à quelque chose de connu. Ils piquent, ils dérangent, mais, ma foi, on se connaît déjà. Et puis il y a toute une variété de bestioles rampantes, volantes et vrombissantes, plus impressionnantes les unes que les autres. Des moyennes, des grosses et des très grosses dont on peut admirer les pattes, le dard et le torse coloré. On dirait les chars d'assaut de la famille moustique. Leurs vrombissements s'entendent de loin. Les plus grands mesurent entre trois et quatre centimètres, de véritables monstres. Sentant ma réticence, Manuel et Catalina en ont attrapé quelques-uns pour me montrer l'animal en détail, sa constitution. On dirait une énorme mouche, avec un dard monstrueux qui doit faire la moitié du corps. Histoire de s'amuser un peu plus — les occupations sont rares par ici — Manuel a immobilisé les pattes de l'animal, relâchant ses ailes qui se sont mises à faire un terrible vrombissement. En riant, il a alors ouvert la bouche pour y enfourner l'animal, sans le lâcher. Le vrombissement des ailes dans la caisse de résonance que constitue la bouche donne un effet sonore intéressant, proche de la guimbarde.

Après les champs et la pause guimbarde, nous sommes allés installer des pièges, une dizaine. Dans la forêt, à cette altitude, il est possible d'attraper de petits rongeurs, rats, écureuils, parfois quelques oiseaux, sorte de grosses poules des forêts qui viennent agrémenter les repas quotidiens. Le système est ingénieux, réglé au millimètre près et très efficace. Une grosse pierre, suspendue en équilibre au-dessus d'un appât, assomme l'animal trop téméraire. Chaque jour, nous ramènerons une ou deux prises qui finiront directement dans la soupe. Quand ce n'est pas la chasse, c'est la pêche. Avec Rosa, nous descendons dans un gros torrent qui bouillonne en contrebas de la hutte. La première fois, j'ai voulu partir avec mes chaussures. Le regard contrit de Rosa m'a fait comprendre que c'était la dernière des inepties. Pêcher avec des chaussures, décidément, je n'étais vraiment pas bon à grand-chose. La pêche, cela relève du cayoning en forêt tropicale dans une eau tumultueuse et glaciale. Les poissons semblent issus d'un croisement entre des poissons-chats aux longues moustaches et des écrevisses. Petits, dix à quinze centimètres, presque transparents, ils se cachent dans les trous d'eau ou sous les rochers. Avec une rapidité et une adresse impressionnantes, Rosa réussit chaque fois à ramener une quinzaine de ces bestioles aquatiques. Ce n'est pas tant de les pêcher qui me pose question, mais de les manger. Bouillies, elles sont gluantes et il convient de les manger tout entières, un « vrai régal ».

Le soir, dès dix-huit heures, on se retrouve dans la hutte, autour du feu. Faire cuire quelques châtaignes au goût amer, plaisanter de rien, des jours qui passent. Je ne sais pas comment a fait Rosa, mais ce matin, en plus de son travail, elle a réussi à cueillir de délicieux petits fruits jaunes sucrés et parfumés, qu'elle a cuits et mélangés avec un morceau de sucre de canne. Un vrai régal cette fois ! Dehors, la pluie claque et dégouline de feuille en feuille, un brouillard épais enveloppe les formes et les couleurs. Le vide s'installe, dense, immense. Il n'y a absolument plus rien pour occuper l'esprit. Le temps prend une autre consistance. Les bruits sont là, le souffle régulier de ceux qui dorment, un geste apaisant. Puis plus rien. Un sourire peut-être. Ici, quelque chose vous emporte ailleurs. Au fur et à mesure des jours qui passent, on a presque l'impression de se fondre dans le lieu, de lui appartenir. On se nourrit de ce que l'on y trouve, de ce que la nature veut bien nous donner. Les frontières s'estompent, les formes changent, fantasmagoriques, impression fugace que le lieu vous parle et que vous lui parlez. La nature n'est plus mystère, elle est.

Les moments de répit, je les trouve dans le torrent gelé qui dévale entre les arbres sous la hutte ou le soir, dans le hamac, à côté du feu. Là, enfin, le corps peut se détendre, l'esprit s'apaiser, partir loin, ailleurs. Les premiers jours, l'expérience s'est avérée difficile. Sur le plan physique, alimentaire et psychologique, la rupture était totale. Il faudra du temps pour que mon corps accepte cette épreuve. À force de vivre en ville, dans des espaces aseptisés où la nature est ornement, objet exotique de consommation, notre corps perd ce lien au vivant, à ses contraintes, ses rythmes, sa dureté aussi. Car, si la nature peut être belle — et cette forêt est belle — elle peut être violente. Certains de ses pièges sont mortels. Vigilance et attention sont les garants de votre survie. C'est dans cette ambiance, et de nuit, que vivent les *kuiwis*, les élèves mamus, dont l'enseignement peut durer jusqu'à dix-huit ans. Pendant de longues années, ils ne connaissent rien d'autre que cet univers végétal, et les maigres ressources alimentaires qu'il dispense. Les seuls voyages qu'ils seront autorisés à effectuer sont des voyages intérieurs, à la rencontre de l'esprit des choses, qui prévalent à leurs formes incarnées. Pour cela, les élèves mamus se doivent de développer une hypersensibilité obtenue en déformant les rythmes du sommeil, de la respiration, des battements du cœur, etc. L'élève chaman, par ce qu'il mange, ce qu'il voit, ce qu'il sent, puis ce qu'il ressent, devient partie intégrante de la vie. Être le vivant, en comprendre le rythme, n'est alors plus un vain mot, mais une réalité physique. C'est là-haut, que je l'ai compris.

Lorsque nous sortons de la forêt, pour descendre vers Santa Rosa, j'ai l'impression de changer de monde, de revenir vers la « civilisation ». Nous allons voir d'autres

Kogis, discuter, retrouver des espaces plats, retourner au village. Bref, une vie sociale. La descente s'effectuera en douceur, presque comme dans un rêve. Douceur du temps, du vent léger qui remonte la vallée, des multiples fleurs que Manuel me fait découvrir. Car Manuel est un Kogi qui aime les fleurs. Il ne peut s'empêcher d'en chercher de nouvelles. Longuement, il en admire les formes et les couleurs avant d'inspirer profondément pour s'enivrer de leurs précieux parfums. Dans ces instants-là, un indescriptible sourire traverse son visage. Nous resterons de longs moments assis dans la profondeur d'une forêt à écouter. *« Si tu écoutes vraiment, tu entendras la terre qui te parle »*, me dira-t-il dans un demi-sourire.

Il y a foule à Santa Rosa. Comme nous, de nombreuses familles sont descendues de leurs fincas. Les huttes sont ouvertes, le village nettoyé. Les enfants se retrouvent. On prend des nouvelles d'une famille, des derniers événements, des grandes réunions à venir. Devant une maison, pendu par les pattes, un mouton est dépecé, sa peau sèche sur le toit. Plus loin, c'est un bœuf qui va être tué, sa viande partagée entre les habitants du village. Depuis sept ans que nous cheminons aux côtés des Kogis, ici aussi la nouvelle s'est largement répandue à travers la communauté : des petits frères nous aident à retrouver nos terres, à réveiller notre culture. Certains sont venus à La Luna se rendre compte par eux-mêmes, d'autres, c'est le cas de Marco, Marcello, José Maria, on l'a vu, ont fait le voyage en Équateur, d'autres encore ont participé aux nombreuses réunions régulièrement organisées pour socialiser la démarche, partager les informations, prendre les justes décisions. Tous savent maintenant que, derrière les mots, il y a des actes. Les terres sont là, des objets en or ont été restitués, des plumes ont été rapportées d'Équateur, des petits frères ont écouté les paroles des mamus, des anciens. Ensemble, nous, vous, adhérents de l'association, et eux, habitants du « centre » du monde, peut-être allons-nous parvenir à faire mentir cette impitoyable sentence qui veut que les derniers représentants des peuples racines soient condamnés à s'adapter ou à disparaître.

Peut-être un jour finirons-nous par comprendre que de leur survie dépend notre survie. Que si les centaines de communautés racines, réparties à travers les cinq continents, viennent à disparaître, c'est nous qui allons disparaître. Contrairement aux apparences et à ce que semble refléter l'actualité, il n'existe pas aujourd'hui une seule manière d'habiter le monde, un seul cadre de références pour en aborder la complexité et les problèmes. Le système économique dans lequel nous évoluons, qui nous contraint beaucoup plus que nous ne le maîtrisons, n'est qu'une construction intellectuelle, une parmi d'autres possibles. Il ne résulte pas d'une logique d'évolution historique, d'un système politique, économique et social, mais de choix et de décisions, ou plutôt de non-choix et de non-décisions prévues, planifiées et tellement intégrées qu'elles n'interrogent plus, jouant le rôle de normes, ce qu'elles ne sont pas. Il existe d'autres modèles, d'autres principes possibles de fonctionnement, mais nous ne pouvons pas les comprendre. Ces sociétés, dont fait partie la société kogi, ne sont pas pensables à travers nos grilles et outils d'analyse. Lorsqu'on essaye, malgré tout, d'adapter des faits à une théorie, les Kogis apparaissent alors comme une société sous-développée, pire, une société qui refuse le progrès, qui n'a pas de chef. Impensable, une société sans chef, cela ne marche pas. Et pourtant...

« Si le confort et la sécurité des uns ne peuvent s'obtenir que par la destruction des autres, si la vie des uns signifie forcément la mort des autres, le sursis des derniers hommes libres touche à sa fin. (...) Ainsi s'éteindra à jamais une humanité à la fois distincte et semblable, dont nous avions encore beaucoup à apprendre, mais que certains préfèrent laisser mourir au nom d'un développent de plus en plus aléatoire. En anéantissant les cultures indiennes, c'est notre propre tombe que nous sommes en train de creuser[1]. »

Il ne s'agit ni de les idéaliser ni de les plaindre ou de les juger, simplement de les accepter avec leurs regards, leurs différences, au sein de la communauté humaine. De les comprendre comme des hommes et des femmes confrontés aux mêmes difficultés que tous groupes humains et qui ont choisi d'y faire face de façons différentes. S'ils existent encore ici et maintenant, ce n'est sans doute pas comme simples témoignages d'un autre temps, exotisme dépassé, sur lesquels on s'émerveille le temps d'un séjour touristique, mais comme une opportunité de rencontres avec une autre manière de penser le monde et d'autres réponses aux éternelles questions de l'humanité que sont la jalousie, l'égoïsme, la violence, le pouvoir et la peur ; des réponses différentes, car reliées au vivant, des réponses humaines, et de ce fait largement aussi modernes qu'archaïques.

« La rencontre avec le monde indien n'est plus un luxe aujourd'hui. C'est devenu une nécessité pour qui veut comprendre ce qui se passe dans le monde moderne. Comprendre n'est rien, mais tenter d'aller au bout de tous les corridors obscurs, essayer d'ouvrir quelques portes, c'est-à-dire, au fond, tenter de survivre[2]. »

Ce que nous avons à comprendre, c'est que leur prétendu retard est sans doute la plus grande chance de survie qui soit offerte à nos sociétés modernes. Alors, quelles sont les valeurs, les autres façons de concevoir les relations humaines, auxquelles se réfère la mémoire des Kogis, qu'ils essayent à tout prix de conserver, de faire vivre ?

---

1. René Fuerst, *op. cit.*
2. J.-M.G. Le Clézio, *op. cit.*

Quelle est cette mémoire ? Que pourraient nous dire les Kogis et les derniers peuples racines, si tant est que nous sachions les écouter ?

Qu'il est important d'être d'un lieu, d'un territoire. Le territoire fonde l'identité, par l'autonomie qu'il appelle, qu'il nécessite pour y vivre, y survivre. On est touareg, car on vit dans le désert, kogi en étant relié à la Sierra. En ville, qui sommes-nous ? À quoi, à qui sommes-nous reliés ? Quelle autonomie pouvons-nous développer ?

Que cette appartenance à un territoire permet de ne pas se sentir coupés ou dissociés de la nature. Au contraire, les peuples racines pensent en être partie intégrante au même titre qu'un arbre, une rivière ou un animal.

Que de l'association des contraires naît la vie. L'ordre et le désordre, la respiration et l'inspiration, juste tension entre plusieurs composantes identifiées et canalisées. Les règles de la tradition doivent permettre de réguler, canaliser, et non de supprimer l'énergie et la violence de la vie.

Que devenir « humain » est un processus, enchaînement de plusieurs étapes. Une phase d'expansion, de construction contre, une phase de stabilité et une phase de réalisation et d'ouverture. Un chemin qui mène de l'unité inconsciente vers l'unité consciente, en passant par la dissociation. Un processus à travers lequel on apprend à identifier, canaliser, puis dépasser ses émotions. Ce processus se doit d'être canalisé, ritualisé, sous peine de déstructurer le groupe dont il est issu. Dans un tel processus, le temps ne peut être compris exclusivement dans sa dimension linéaire. Il doit être aussi appréhendé dans des cycles toujours renouvelés, qui seuls permettent l'ouverture des champs de conscience.

Que l'action collective, inscrite dans un processus d'humanisation, permet l'expression d'une « juste » pensée. Elle reflète la qualité des relations sociales d'un groupe. Actions, pensées et exemplarité ne peuvent être dissociées.

Que seule l'expérience permet de développer la conscience, conscience d'un enjeu, d'une situation, nécessaires pour permettre l'engagement et la responsabilité.

Que la finalité de ces sociétés n'est pas le profit ni la propriété privée, qui subordonne le social à l'individu. La finalité reste l'équilibre d'un tout qui dépasse l'organisation sociale d'une juste tension entre l'individuel et le collectif.

Que ces sociétés ne peuvent être comprises à travers nos prismes morcelés. Dans ces univers, des domaines réputés séparés comme l'économique, le politique, la santé, l'éducation, la justice font partie d'un tout, d'une cohérence sociale globale et mouvante dont il convient en permanence de garder l'équilibre. Pour les sociétés « modernes », la valeur ultime tient de la personne humaine considérée comme la plus haute autorité. Dans les sociétés dites « racines », la valeur ultime est accordée à la société elle-même, dans sa référence à la cohérence d'un tout.

Que la relation aux autres, à soi, au monde est une primauté, non pas issue d'une éthique ou d'une morale, mais de l'expérience de la survie. Il faut, pour nourrir ce lien, être capable d'abandonner quelque chose, une part de nous-mêmes au profit du collectif, de l'ensemble plus vaste auquel nous appartenons. Ce lien doit être identifié, entretenu, ritualisé, non pas comme une prison, mais comme une voie vers la liberté. Il permet de maintenir le champ de l'économique, de la possession, sous le contrôle d'un champ politique nourri par le collectif.

Que les mondes des esprits, des ancêtres, de l'énergie sont des mondes avec lesquels il convient de rester en contact permanent. Des mondes réels qui fondent notre monde visible, pâle reflet de la réalité, qui, elle, reste invisible.

C'est la conscience collective que ces hommes et ces femmes ont de ces composantes de leur nécessaire tension qui leur permet d'être humains ensemble. Cette conscience qui leur permet de se « sentir » plus que de « savoir » l'impermanence de cet état et la nécessité de le faire vivre comme un éternel recommencement.

Alors que j'écris ces lignes, assis devant la hutte de Marco, retrouvée avec bonheur, je chasse ce qui ressemble à une mouche bleue et verte posée sur mon avant-bras. D'un geste sec, Santiago, un jeune Kogi venu rejoindre Javier son père, écrase l'animal. En fait de mouche, j'avais sur mon bras une *nuche*, un de ces insectes qui pondent leurs œufs dans la moindre blessure ou coupure que vous avez sur le corps. Au bout de quelques jours, les œufs commencent à éclore sous la peau pour se transformer en larve, une larve qui mettra vingt-huit jours avant de donner naissance à une autre mouche, vingt-huit jours pendant lesquels l'animal se développe et se nourrit du corps dans lequel il s'est installé, vingt-huit jours de souffrance. L'insecte se rencontre essentiellement à proximité des zones d'élevage. Il rend fou de douleur les animaux qui, parfois, se jettent dans un ravin pour échapper à leur souffrance. La première fois que j'ai vu Santiago, il est resté silencieux, lointain, observateur discret de ces « étrangers » qui arrivaient chez Javier, son père. Avec sa famille, il habite à l'entrée des passes qui permettent l'accès vers les hautes terres de la Sierra. Javier en est le gardien discret et efficace. Personne ne peut monter vers les villages d'altitude sans s'arrêter chez lui, expliquer les motifs du voyage, la durée du séjour, les personnes que l'on va rencontrer, sans doute aussi l'état d'esprit dans lequel on entreprend ce voyage. Il joue le rôle que jouaient certains Tayronas, ancêtres des Kogis, à l'entrée de leurs cités de pierres lorsqu'ils demandaient aux visiteurs de se « confesser ». Il s'agissait alors d'exprimer ses idées « noires », de verbaliser ses peurs, de partager ce qui avait ou n'avait pas été fait, afin de pénétrer en paix dans la cité, sans risquer de porter atteinte à l'équilibre social du groupe. À quatorze ans, Santiago apprend ce que sera sa vie de Kogi sur ces terres, ce rôle de gardien, à la fois passeur et frontière entre le monde de l'extérieur, dehors, et l'intérieur, là-haut.

C'est le lendemain qu'il s'est coupé la main. Une chute violente sur la lame acérée de sa machette. Entre le pouce et le reste de sa main, la chair est profondément entamée. Le sang, filet rouge vif, coule, régulier, jusqu'au sol où une petite mare commence à se former. Il va perdre l'usage de son pouce. Déjà Rosa pose un garrot rudimentaire et nettoie la plaie. Légèrement à l'écart, Marco semble pensif, ailleurs. Sa main droite s'agite dans un mouvement caractéristique, qu'il fait lorsqu'il soigne quelqu'un ou tente de rétablir un équilibre brisé. Naïf, je lui propose les quelques éléments de ma trousse de pharmacie, désinfectants, compresses stériles. Je ne suis pas sûr qu'il m'ait entendu. Malgré la douleur, Santiago ne prononce pas un mot. Il est pâle. Puis Marco s'approche doucement. D'une main, il prend ses doigts, de l'autre il semble faire quelques mouvements circulaires au-dessus de la blessure. Il me regarde, esquisse un sourire et desserre le garrot. Le sang ne s'écoule plus, mieux, la plaie semble sèche, plus exactement elle semble s'être vidée de son sang. Et Marco de me lancer : « *Ahora puedes hacer lo tuyo* » (Maintenant, tu peux faire ta médecine). L'incident était clos. Devant mon regard incrédule, Rosa se contentera de répéter à plusieurs reprises : « *Marco sabe, Ya, Marco sabe* » (Marco sait, il sait). Discret, Marco est déjà parti remplir deux grandes calebasses, au mince cours d'eau qui court derrière les huttes. Plus tard, alors que nous préparons des grains de maïs pour les poules, il me parlera de la maladie, et de son travail pour éviter les déséquilibres avec la mère nature.

— Pour nous la maladie est une forme de punition. Cela veut dire que nous n'avons pas respecté les lois de la nature. C'est par la maladie que la nature récupère ce qui lui est dû. Une façon, pour le malade, d'être contraint de payer une dette qu'il n'aurait pas honorée. Le non-respect des lois de la nature peut être sanctionné par une maladie ou un accident. Cela peut directement toucher la personne concernée ou ses proches. Si la cause du déséquilibre n'est pas rapidement identifiée, régulée, les maladies vont s'étendre, affecter d'autres membres de la famille, voire provoquer la mort des animaux domestiques. Qu'une personne vienne à mourir sans avoir « payé sa dette » ou régler la cause du problème, et les déséquilibres physiques ou psychologiques risquent non seulement de s'amplifier, mais surtout de se transmettre à d'autres générations. Chez nous, la maladie n'est pas uniquement considérée comme le problème physique ou physiologique d'une personne, elle peut affecter l'ensemble d'une famille, des membres d'un clan ou d'un village. Nous avons deux types de médecine, une médecine préventive et une médecine curative. La médecine préventive est en lien direct avec la dimension spirituelle des Kogis. Tous les actes, les comportements d'une personne sont en relation avec les actes et les comportements des autres personnes. Rien n'existe pour exister, et exister a un « coût spirituel » dont il convient de s'acquitter. De la même façon qu'un être humain a son esprit, son Aluna, chaque « forme » vivante à un esprit, une énergie, l'air que nous respirons pour vivre, l'arbre dont nous avons besoin pour construire nos maisons ou nous réchauffer, les rivières pour boire, irriguer nos plantations. Ne pas payer pour les services que nous offre l'autre, quelle que soit sa forme, c'est prendre le risque d'enfreindre les lois de la nature et de laisser venir le chaos. La maladie est l'une des principales manifestations du non-respect de ces règles et de l'irruption du déséquilibre chez une personne. Maintenir de bonnes relations avec tout ce qui compose la nature, ce qui nous environne, c'est maintenir l'équilibre. La nature ne connaît pas l'égoïsme, mais elle a ses règles. Si je veux couper un arbre, je dois d'abord en demander l'autorisation à l'esprit de l'arbre, il ne me le refusera pas, mais je dois d'abord le demander et faire les offrandes nécessaires pour cela. La mère nature est généreuse, mais elle ne tolère pas les erreurs, tôt ou tard, il faut payer. Un jour, les petits frères vont se rendre compte, mais il risque d'être trop tard. L'utilisation de la médecine préventive est l'une des grandes forces de notre communauté. En permanence, nous nous réunissons entre nous, avec le mamu pour parler, pour dire, pour tenter d'identifier les manques ou les déséquilibres, et pour faire les offrandes correspondantes. C'est une façon de garder de bonnes relations entre nous.

« Le traitement d'une pathologie sera réalisé après le traitement de la dimension spirituelle. Lorsqu'une personne ou une famille retrouve la paix et le chemin de la juste pensée, la pensée en relation, alors il est possible de soigner la blessure ou la maladie. Si ce préalable n'est pas rempli, le mamu ne peut trouver le chemin, les clés du traitement. Il lui est nécessaire de connaître la gravité au dommage causé à la nature. C'est de l'identification de cette rupture “spirituelle”, sa gravité, sa nature, que va découler le traitement le plus approprié. Nous utilisons aussi de nombreuses plantes médicinales, en infusion, en cataplasme, en bain aussi. Parfois, nous demandons au malade de changer de lieu, d'étage thermique, ce qui l'oblige à changer de climat, d'alimentation et de relation sociale, il sera amené à visiter et vivre dans une autre famille, à établir d'autres relations. C'est une forme de thérapie très efficace, surtout sur le plan psychologique. Nous utilisons aussi des massages réalisés à l'aide de certaines graisses animales, de résines. Parfois aussi, nous prescrivons des minéraux extraits de pierres ou de plantes. Il arrive que nous soyons affectés par des épidémies. D'après nous, elles proviennent des erreurs et du manque de respect des petits frères vis-à-vis des lois de la nature. Ce n'est pas nous qui commettons ces déséquilibres, mais nous sommes malgré tout obligés de tenter de réparer les erreurs commises, de faire les offrandes pour vous aussi. C'est pareil pour tous les problèmes écologiques, c'est une forme de maladie qui provient de votre non-respect de la nature et des dégâts que vous lui causez jour après jour. Notre médecine préventive est un moyen de maintenir l'unité et la cohérence de la communauté, d'éviter que surgissent des déséquilibres. La curative tente de traiter ces déséquilibres. C'est ce que nous allons faire pour Santiago, c'est aussi ce que nous allons faire pour toi, pour t'éviter des déséquilibres.

Le lendemain, nous partons rejoindre la loma, sorte de lieu qui peut être d'usage collectif ou plus spécifiquement réservé à un seul mamu. C'est là que les Kogis pensent le monde et équilibrent ses énergies, le soignent. C'est là que les mamus essayent de mettre en harmonie les pensées, les actes et les lieux. La loma de Marco est à quelques centaines de mètres de l'endroit où nous vivons avec sa famille, perdu dans un bosquet épais, au pied d'une falaise. Pour s'y rendre il faut suivre un raidillon discret, passer une arête de pierres et redescendre dans une petite forêt de bambous. Entre le pied de la falaise et un curieux rideau de végétation qui baigne l'endroit d'une lumière verdâtre, on distingue l'entrée d'une grotte, sorte de passage vers l'autre monde, celui des esprits et des énergies. Devant l'entrée, plusieurs pierres sont disposées en arc de cercle. On dirait un temple, un temple naturel où convergent les énergies du ciel et de la terre. À notre arrivée, Santiago dégage l'entrée de la grotte masquée par d'épaisses dalles de pierre. Chacun se choisit une place d'où il ne bougera plus pendant plusieurs heures. Immobile, entre soi et soi. Sous la direction de Marco, nous commençons à penser le monde, nos actes, le chemin qui nous a menés jusqu'ici, les intentions qui nous ont animés, ce que nous allons faire demain, la façon dont nous allons le faire. Nous commençons à penser en chargeant notre Seiwa.

— Quand on apprend, il faut se confesser, expliquer à quoi on pense, aujourd'hui, hier sur le chemin, dire ses intentions. L'énergie fonctionne avec les intentions. C'est pour cela que nous travaillons avec les mamus, car nous faisons tout ce travail spirituel de la pensée. Quand on va voir un mamu, on va là où on se confesse, dans un lieu spécial et on commence à parler. C'est la première chose que l'on fait avec ceux qui viennent nous voir, dire ce qu'ils pensent, ce qu'ils ont fait avant de venir, parler, me glisse doucement Manuel, avant de s'installer à mes côtés.

Parler, bien sûr, n'est-ce pas ce que me rappelait encore Marco il y a peu ? Les séances peuvent durer de quelques heures à plusieurs jours. Il s'agit pour le mamu de travailler le Seiwa des hommes ou des femmes qui viennent le solliciter. Un Seiwa est une sorte d'assurance entre les énergies du vivant, la conscience que nous en avons, et la façon dont nous l'incarnons dans notre vie et à travers nos actes. Un Seiwa enregistre les énergies, en garde une trace qui sera à la fois portée par son propriétaire et gardée dans la loma du mamu avec lequel vous avez travaillé. Un Seiwa se conserve toute une vie, comme reflet du chemin de chacun vers la conscience et l'éveil.

Aller à la loma est un travail d'endurance, de patience, certains diraient de méditation. Il faut parfois parler tout haut pour exprimer ses pensées, parfois cheminer seul dans son cœur et son esprit. Au bout de plusieurs heures, les membres s'engourdissent, le moindre détail de la loma s'inscrit dans la tête et dans le corps. Les pierres, les arbres, les odeurs, l'ambiance de l'air, chaude, brûlante, puis plus fraîche qui annonce la fin de la journée. Peu à peu, au-delà de la douleur, du temps qui passe, l'esprit s'échappe, se fond avec le lieu, en épouse les formes et l'énergie. Imperturbable, quasiment immobile, Marco guide le travail en s'appuyant sur une étrange céramique ronde, sur laquelle sont gravés plusieurs motifs. « Une sorte de carte pour guider notre travail, me dira-t-il. C'est le grand-père de mon père qui me l'a transmise. » Après de longues heures passées à la loma, Marco tend la main pour récupérer les petits objets symboliques qu'il a confiés à chacun à notre arrivée. Ces objets doivent être « baptisés », pour être accueillis dans le monde des vivants. Au fur et à mesure de la journée, ils se sont chargés de l'énergie de chacune des personnes présentes. Ils représentent une sorte de condensé de leurs pensées. Chacun en a reçu deux. L'un va rester propriété de la personne qui l'a travaillé. Il reflétera son énergie et ses pensées tout au long de son existence. L'autre va rester là, confié à l'esprit de la mère terre, dans une chrysalide vide, délicatement déposée au fond de la grotte. Marco récupère les quelques objets, les dépose dans la chrysalide et se faufile dans un boyau qui disparaît sous terre. À la lumière du jour, le fond de la grotte dévoile une multitude de chrysalides « enregistrées », gardées là par la mère terre. L'image est saisissante, ici se trouve concentrée une partie de la pensée du peuple kogi. Adossé contre la paroi, Marco parle doucement.

— Pendant son existence, l'homme doit traverser neuf étapes, neuf niveaux cosmiques, neuf vies. Ces niveaux cosmiques partent de l'intérieur de la terre, en forme d'anneaux, de spirales. Le premier niveau est le plus petit, de là partent les choses pures, spirituelles. Pour passer à un niveau supérieur, il faut passer par une évolution intérieure. Chaque niveau est plus large que le précédent, jusqu'au cinquième. Les quatre premiers niveaux sont des étapes spirituelles qu'il faut pouvoir traverser et intégrer, avant d'arriver au cinquième niveau et de pouvoir se matérialiser, de prendre une forme. C'est le cas de l'homme, de la nature. L'homme doit ensuite revenir à cet état de pureté qu'il avait lorsqu'il était au premier niveau, lorsqu'il a commencé à se différencier du tout. Pour cela, il faut qu'il continue son ascension et sa transformation, à travers quatre autres niveaux, ce qui lui permettra alors d'atteindre sa neuvième vie, le neuvième monde où il retrouvera de nouveau la mère spirituelle. Dans les premiers niveaux, l'homme se différencie, se coupe de son Aluna. Il commence à créer son propre Seiwa, qui devient plus complexe, à chaque étape, à chacune des étapes de transformation. Au niveau actuel, le cinquième niveau, Aluna abandonne la matière, pour accéder aux niveaux suivants. Pour cela, il faut laisser les choses en harmonie, il faut payer les différentes manifestations, les différentes formes de chacun des Seiwas. Si les différentes manifestations de Seiwa sont équilibrées, sont « payées » par la forme, Aluna peut poursuivre son chemin. Dans le cas inverse, Aluna devra attendre dans un lieu spécial appelé Chundua, attendre que les générations suivantes paient la dette et rééquilibrent leur Seiwa. Au-delà du cinquième niveau, chaque étape, chaque cercle devient plus petit, plus pur, jusqu'au neuvième niveau, où il sera enfin possible de se reposer et de profiter d'une vie entièrement spirituelle.

Déjà, les pierres plates sont remises en place, les jeunes Kogis se dirigent en silence vers le raidillon et l'arête de pierres. J'ai l'impression d'émerger d'un long rêve. Un peu comme lorsque l'on sort d'une salle de cinéma après un bon film, où l'on a découvert un autre univers, et que l'on revient brutalement, comme ça, dans la réalité. Lorsque nous atteignons le village, le ciel commence à se couvrir, puis devient sombre et menaçant. À cette époque de l'année, dans les hautes vallées de la Sierra, le temps semble réglé par un invisible mécanisme. Il n'est pas vraiment nécessaire d'avoir une montre, la nature scande parfaitement les différents instants de la journée. Vers treize heures, chaque jour, la pluie est là, violente, qui emporte tout. Chacun se replie dans sa hutte. Le ruissellement de l'eau devient torrent, puis arroyo furieux. Bientôt, l'horizon se ferme, voilé par la brume. La pluie durera jusqu'au soir.

La veille de mon départ, il y aura un dernier repas pris en famille, devant les deux huttes de Marco et de sa femme Rosa. Une soupe chaude, quelques morceaux de viande et deux rondelles d'ananas. Un repas de fête. Le soleil éclaire une nouvelle journée. Les pluies torrentielles de la nuit semblent avoir nettoyé la terre. L'air est clair, lumineux. L'instant est tranquille. Dans ces moments-là, les échanges sont plus simples, plus profonds. Avant de partir, Marco me reparle de la mémoire, de ce chemin que nous avons fait ensemble. Comme s'il voulait être sûr que j'en comprenne bien l'importance.

— Pour nous, la mémoire, ce sont les connaissances des lois de la nature, leur origine, et leur futur. Ces lois existent à travers le savoir des mamus les plus anciens. Perdre la mémoire, pour nous, c'est un peu comme si les planètes perdaient le soleil, tout risque de devenir obscur, tu comprends ? Une communauté humaine sans mémoire, il ne lui reste plus qu'à se l'inventer. Mais une mémoire inventée ne peut pas fonctionner, parce qu'elle est basée sur ce que les hommes veulent qu'elle soit et non sur ce qui a été et sur ce qui est réellement. Dans la nature, il n'y a pas de différences, pas de bien ou de mal. Il y a un ensemble de forces qu'il faut maintenir en équilibre, si une force vient à en dominer une autre, alors le chaos s'installe. Les petits frères ont perdu la mémoire, c'est pour cela qu'ils sont obligés de faire des lois, et encore des lois, une loi au-dessus de l'autre, mais jamais égales. C'est pour cela qu'ils ont le pouvoir, mais aussi les guerres et les maladies. Chaque loi les oblige à faire d'autres lois et encore d'autres lois. Cela n'a rien à voir avec une mémoire collective, à même de guider une action. La mémoire ne s'écrit pas, elle doit se vivre, chaque jour. Quand la mémoire ne se pratique pas, elle se perd, elle n'a pas été faite pour être conservée, mais pour être vécue et partagée. Pour nous, la mémoire, c'est un peu comme les yeux qui ont été faits pour voir, s'ils se ferment, tout devient obscur. Seuls ceux qui ont une mémoire encore vivante peuvent savoir où ils vont. Voilà pourquoi nous voulons préserver notre mémoire, voilà pourquoi ce que vous faites est important pour nous et peut-être pour vous. La mémoire ne s'écrit pas, elle doit se vivre, chaque jour.

Cette nuit-là, discret comme à son habitude, Marco s'affaire longtemps autour du foyer. Il cuit, puis emballe quelque chose soigneusement dans de larges feuilles de bananier. Le lendemain, au petit matin, je me réveille sans force. Impossible de me lever, de sortir du hamac. Et pourtant, c'est aujourd'hui qu'il faut redescendre, retrouver Gentil à l'entrée de la vallée. J'ai l'impression d'être tombé malade et de redevenir sain. Depuis plusieurs semaines, mon alimentation ne comporte plus de sel, plus de sucre, plus de conservateurs, colorants, adjuvants et autres produits chimiques. Physique, alimentaire, psychologique, la désintoxication est violente. Mon corps n'en peut plus. Pourtant, je dois redescendre. Un dernier bain dans les grandes piscines aux eaux claires à l'entrée du village, et vers sept heures, nous nous engageons sur le chemin du retour.

Retour vers qui, vers quoi ? Je ne sais plus. Qui sont ces Kogis que je quitte, cette famille qui m'a accueillie sans jugement, sans question ? Quel est le monde vers lequel je reviens, d'où lui vient sa folie, pourquoi est-il à ce point inconscient de lui-même, de ce qu'il est ? Pourquoi ne peut-il faire la paix ? Les sommets voilent encore le chemin d'une ombre apaisante. Puis l'air devient tiède. De la vallée, remontent des bouffées de chaleur, des odeurs lourdes, enivrantes. Chaque pas me rapproche de l'agitation des villes, m'éloigne d'un monde où vivent des hommes. Certains Kogis sont partis avant le lever du jour, d'autres partiront plus tard. Marco et José Maria m'accompagnent. Ils ont vu ma fatigue. Quelques centaines de mètres devant moi, je devine leur présence vigilante. Attentifs, ils bouchent un trou, dégagent une branche morte qui pourrait gêner le passage. Parfois, son poporo entre les mains, assis au bord du chemin, José Maria m'attend, s'assure que je ne suis pas trop fatigué, se moque de moi, bien sûr. À mi-parcours, la descente devient plus difficile. Ma tête bourdonne, la fièvre me gagne. Décidément, avec la Sierra, je n'écris que des histoires extrêmes, tumultueuses. Ce sont les Kogis qui m'ont sauvé d'une mort certaine, il y a près de dix-huit ans, ce sont encore eux qui m'aident à regagner la vallée aujourd'hui. Sans doute doivent-ils être fatigués d'avoir des malades chez eux. Lorsque nous retrouvons enfin la gorge étroite où s'engouffrent les eaux furieuses de la rivière, Marco et José Maria sont arrivés depuis de longues minutes. Sur une large pierre plate qui domine la rivière, quelques feuilles de bananier sont étalées. De sa mochila, Marco sort un paquet, sorte de grosse boule de feuille et d'herbe qu'il dépose sur sa nappe improvisée. Viennent ensuite deux maracuyas qu'il ouvre et dont il écrase délicatement la chair, avant de la mélanger dans l'eau d'une calebasse. La boule de feuilles et d'herbe une fois ouverte laisse apparaître un poulet, déjà découpé, quelques pommes de terre et trois ou quatre tubercules de yucca. Il y a une grande élégance dans la façon qu'à Marco de préparer ce repas, d'en disposer les éléments, de m'inviter à me servir. Il me laissera manger le premier.

Une dernière fois, se glisser avec bonheur dans les eaux fraîches du torrent. Puis commence la dernière étape de la descente. Raidillons et passages abrupts s'enchaînent. Les jambes lourdes, je peine. Impression pénible que je n'arriverai pas au bout. Que suis-je venu chercher ici, dans ces montagnes ? Qui suis-je venu rencontrer ? Que suis-je venu comprendre ? La fièvre me voile les yeux. Le souffle court, je marche comme un automate, absent. Est-ce la chaleur, la tristesse de quitter ces lieux, la douleur et la difficulté du chemin, je crois que j'ai pleuré. Seul dans cette immense forêt, j'écoute encore sa voix, ses mille bruissements, le crissement caractéristique du serpent, dont le corps fluide se déroule lentement entre les feuilles mortes. Puis marcher, encore marcher, jusqu'à en perdre la conscience. Une passerelle, quelques minutes d'effort, et je reconnais enfin le dernier carrefour, la trace discrète qui remonte vers les nuhés où chaque famille qui rejoint ou quitte la Sierra peut venir se reposer.

Plusieurs Kogis sont déjà là, descendus jusqu'aux limites de leurs territoires. Leur présence parle plus qu'aucun mot, aucune parole. Ils sont là, c'est tout. Ils repartiront demain, plus tard. Le gardien du lieu, des nuhés et de leurs esprits, ouvre les portes et ranime rapidement les foyers. Les premiers arrivés s'installent, accrochent leurs hamacs. Avocats, bananes, viande séchée s'empilent. Chacun amène quelque chose, pour les jours à venir. Dons et échanges sont au cœur de la société kogi.

« Affirmer que les chasseurs-cueilleurs vivent dans l'abondance, c'est donc nier que la condition humaine est une tragédie concertée et l'homme, un forçat qui peine à perpétuité dans une perpétuelle disparité entre ses besoins illimités et ses moyens insuffisants[1]. »

Dans la simplicité et la convivialité, nous sommes bien, simplement bien. Se réchauffer autour du feu, partager le repas. Face à la nécessité, les Kogis ont réussi à développer

1. Marshall Sahlins, *op. cit.*

et entretenir un art de bien vivre. Certes, ils sont pauvres au regard de nos possessions et de nos richesses économiques. Mais ils sont dignes, dignes et fiers d'être kogis. Ils ne souffrent pas de la faim, peu de la maladie, hormis celles qui leur sont apportées de l'extérieur. Ils sont pauvres, mais pas misérables. Leur système de relations et de liens qui maintient l'équilibre de tout avec tous rejette en permanence le chaos vers l'obscurité, là où les hommes sans règles et sans repères errent et se perdent.

« Le mot générosité, tiré du latin *genere*, n'a pas seulement un sens moral, puisqu'il signifie en latin archaïque “produire”, “procréer”, “engendrer”. Dans une société de don, la générosité ne relève donc pas de la simple éthique, mais du principe vital — et par conséquent social — qu'est la procréation, la transformation d'une activité naturelle en source de richesse [1]. »

Il existerait donc aujourd'hui, au XXIe siècle, une société où l'idée même de pauvre et de misère n'aurait pas de sens, où la gestion des ressources, notamment alimentaires, resterait sous le contrôle du politique. Ce modèle que nous recherchons, que nous appelons de nos vœux, serait là, sous nos yeux, et nous ne pourrions pas le voir. Peut-être, car l'existence du « pauvre » conforte nos représentations, notre identité. Pour exister et être reconnu en tant que possédant riche, il faut des pauvres. Leur inexistence pourrait risquer de mettre à bas notre modèle, et c'est insupportable. Même dans leurs misères, ils nous sont nécessaires. Ils nous rassurent dans ce que nous sommes. Ce soir, nous parlerons encore et encore des prochaines terres à acheter, de Duanama, et de cette écriture retrouvée, et de l'espoir naissant de rester kogis sur des terres kogis, de rester humains. Marco parlera de la chicha en Équateur, de la peur qui le tenailla à l'idée de monter dans cet étrange taxi

1. Majid Rahnema, *op. cit.*

volant. Marcello évoquera notre passage dans les locaux de la préfecture à Ríohacha. C'est José Maria qui parlera des kuiwis, ces jeunes enfants formés pour devenir mamus. Ils ont été choisis. Grâce au matériel retrouvé, leur formation va pouvoir démarrer, bientôt. Puis viendra cet étrange propos, sorti de l'obscurité.

— Eric, Gentil, vous n'êtes pas des petits frères, vous êtes les esprits de nos anciens qui sont revenus pour nous aider. Maintenant, nous savons le chemin, le travail qui est fait, nous allons pouvoir refaire les choses, maintenir la lumière.

Au petit jour, chacun s'en retourne discrètement, nous vers la vallée et Santa Marta, les Kogis vers leurs terres, là-haut. Avant de partir, Marcello me donne une magnifique mochila, comme ça, pour m'accompagner. Son tissage reflète la qualité d'une vie, sa beauté. Ce sont Sukua (enfant) Javier et Santiago, les deux fils de Janvier, qui ont été désignés pour nous accompagner jusqu'à la première piste, où nous attend la voiture. Âgés d'environ douze et quatorze ans, c'est à eux que revient la tâche délicate de guider les mules dans la végétation épaisse de la forêt. Instable, en partie éboulé, le chemin est glissant. Le ciel est sombre, presque noir. Treize heures, les premières gouttes frappent les grandes feuilles de palmier. Rapidement, la pluie devient dense, épaisse. Quelques volutes de fumée bleutées s'échappent de huttes cachées. Présences. Les ruisseaux grossissent, puis débordent. Imperturbables, Javier et Santiago poursuivent leur route. La pluie s'infiltre partout, n'épargne aucun recoin. Une dernière côte, la terre rouge est glissante, de la latérite. Apparaissent enfin les barrières qui marquent les zones d'élevage. Un torrent à traverser, une longue clôture et nous arrivons devant le patio d'une grande ferme où les membres désœuvrés d'une famille nous regardent, incrédules. Ici, les étrangers viennent de la vallée, rarement de la montagne. Sous la pluie, nos sacs déchargés s'alignent contre le mur de la ferme. Envie de faire durer cet instant, de partager encore un peu cet insaisissable parfum d'ailleurs. Pas un ailleurs exotique, non, un ailleurs familier, de chaleur et de simplicité. Mais ici, hors de leur territoire, les Kogis deviennent des Indios, des sauvages, vulnérables, soumis à tous les risques, tous les déséquilibres. Je le sais, ils le savent. *Néinikuku, entchivé.* Au revoir, c'était bien. Un claquement de langue, une vieille bâche que l'on réajuste sur l'échine des mules. Sous la pluie fine, Sukua Javier et Santiago disparaissent déjà dans l'obscurité naissante de cette fin de journée. Et maintenant quoi ? Santa Marta, Bogotá, Paris.

« Quand vous n'avez plus personne pour partager, vous devenez pauvre, et c'est ce qui se produit lorsque l'on arrive en ville [1]. »

1. *Ibid.*

Épilogue

> *« Les hommes, dit le petit prince, ils s'enfournent dans les rapides, mais ils ne savent plus ce qu'ils cherchent. Alors, ils s'agitent et tournent en rond. »*
>
> Antoine de Saint-Exupéry, *Le petit prince.*

Accompagnateur de montagne, j'ai été sauvé par toutes ces années passées à sillonner un espace, à passer et repasser par des lieux, jusqu'à en connaître la moindre odeur, le moindre relief. Connaître n'est pas le mot juste. Intégrées, ces impressions finissent par faire partie de votre corps, de votre esprit. L'espace vous habite, vous ne faites plus qu'un avec lui. Le lien est là. Sans être né sur ces terres montagnardes, je finissais par m'en sentir le fils, par le corps et par l'esprit. Aujourd'hui, après plusieurs années passées entre Paris et la Colombie, lorsque je pense à mes racines, ma région, au sens d'une appartenance, d'un lien, je pense à ces terres de montagne, à cette vallée de Peisey-Nancroix en Tarentaise. Je profite de ces quelques pages pour remercier ses habitants, Frédéric, Luc, Michèle, Noëlle, Éric, François, Jean, Alain, Gérard, Gilbert et Marcelle, Joëlle, Annick, Chantal, Honoré, Edmond, Dédé, et tant d'autres qui m'ont accueilli « quelque part », qui m'ont permis de me construire un chemin, une identité, un équilibre. Plus que toutes les écoles, la montagne m'a tout appris. C'est sans doute à ces années privilégiées de mon existence que je dois de ne pas m'être perdu dans la suite de ma vie. Sans doute aussi était-ce une sorte de préparation pour une deuxième rencontre, plus tard, plus loin, une rencontre dont j'ignorais tout, dans d'autres montagnes, ailleurs.

Et maintenant quoi ?

Tout cela se bouscule dans mon esprit. D'un côté, je retrouve l'activité du conseil en entreprises qui reste mon métier de base, son exigence de rentabilité, de rigueur, et de l'autre, il y a ce travail d'accompagnement des peuples racines, l'appel à la survie dont il est porteur. Comment ne pas s'y perdre, où trouver des repères ? Équilibre toujours !

Entre les mots, les lois, les moyens, les envies, les croyances, les jalousies, les peurs, le vertige est là. Quels possibles ? Quels passages ? Comment se sortir de l'effroyable piège dans lequel nous nous enfermons nous-mêmes plus sûrement que dans une nasse, d'autant plus sûrement que nous nous y enfermons avec toute la volonté, l'énergie et l'intelligence d'un peuple sûr de son fait, sûr de lui, qui ne doute de rien, surtout pas de lui-même ?

« Le capitalisme est lancé dans une fuite en avant qui prend l'allure d'une course à l'abîme, dans la mesure où il lui faut toujours plus d'investissements, de profits, de marchés, de bien à produire, de ressources à exploiter, de besoins à satisfaire, de populations à faire consommer, de production et de consommation, et où cette expansion illimitée est incompatible, à terme, avec le cadre limité de l'espace terrestre et avec le maintien des équilibres nécessaires à la pérennité de ses ressources [1]. »

---

1. Christian Carle, *Du risque de fin du monde et de sa dénégation*, éditions de la Passion, 2004.

Comment continuer ? Comment donner vie à ce chemin ? Après le contrat social proposé en son temps par Jean-Jacques Rousseau, le contrat naturel proposé plus récemment par le philosophe Michel Serres, comment penser, faire vivre un nouveau pacte de vie ? Un pacte entre les hommes, leurs parts d'ombre et de lumière, mais aussi et surtout entre les hommes et le vivant, car l'un ne peut pas aller sans l'autrc. Un pacte qui nous permet, de toute urgence, de redécouvrir les liens qui nous rattachent au monde.

Encore une fois, le doute m'envahit, la fatigue aussi. Les informations écoutées sur les ondes d'une radio nationale y sont sans doute pour quelque chose. Ce jour-là, le responsable d'un parti politique parle de l'affaire Juppé, d'actes graves, de citoyens bafoués, puis, avec les mêmes mots, il parle de politique, de l'avenir, du chômage, des impôts. Les mots s'enchaînent, sorte de litanie vide de sens. Il dit que son parti devra être jugé sur ses idées et ses projets. Là on sourit, un peu. Puis de nouveaux, des mots que l'on écoute machinalement en préparant le repas ou en rangeant la maison. Des mots vides qui ne touchent plus, qui ne relient plus. Des mots spectacles qui occupent l'esprit plus qu'ils ne l'interrogent. Des mots pour des mots, des mots pour du bruit. L'envie vous prend de pester, de râler contre le vide, l'incohérence, ce spectacle inutile et lassant. Puis, l'à quoi bon vous gagne, vous continuez à éplucher vos courgettes, plus tristement, presque résigné, avec un goût amer dans la bouche.

« S'il y a quelque chose qui patine, à l'évidence, aujourd'hui, dans les démocraties occidentales, et conduit au désengagement des citoyens sur lequel ensuite on gémit en vain, sans doute cela tient-il d'abord à ce que le jeu de l'opposition n'y fonctionne plus, ou sinon demeure un pur effet de surface sans jeu effectif, alors que la démocratie, dans son principe grec, repose sur la possibilité d'un affrontement des discours, discours contre discours, logos contre logos[1]. »

Le monde patine peut-être car il n'y a plus de véritables débats d'idées, mais il patine sans doute aussi car il donne l'impression, du moins en ce qui concerne le champ du politique, de ne plus être en prise avec le réel, de ne plus avoir de sens. Comme s'il y avait deux univers : celui du spectacle politique relayé par les médias, et celui du monde, le vrai, caché, abstrait, lointain.

« Le décalage est tel entre le monde politique et les gens d'en bas. Les gens de tout en bas, comme nous. (...) S'ils [les politiques] s'intéressaient un peu plus à la société, ils verraient bien qu'on n'est pas tous pareils. De toute façon, j'ai jamais eu l'impression qu'ils me parlaient à moi. Ils sont dans leur monde et, moi, j'ai bien assez à faire avec mes soucis. (...) Quand les huissiers vont arriver à la maison, on sera seuls, et c'est tout[2]. »

Parfois, spectacles et réalités se percutent sous nos yeux ou à nos oreilles d'auditeurs incrédules. Ce jour-là, après une courte page de publicité, toujours sur la même radio nationale, c'est la voix de l'abbé Pierre qui arrive sur les ondes, cinquante ans après son fameux appel de 1954, le voilà qui tente encore une fois, une dernière fois, d'éveiller nos consciences. Avec sa voix cassée, sa voix d'ancien, il nous parle de choses simples, de pauvreté, d'indulgence, de compassion. Il s'adresse à ceux qui ont, leur demandant d'aider ceux qui n'ont rien. Ses mots prolongent une vie entière d'actes et d'engagements. Il semble là avec nous, proche, car parlant de choses proches, juste, car parlant de choses justes. Donnant directement vie à ce constat de

1. François Jullien, *L'ombre au tableau. Du mal ou du négatif*, Seuil, 2004.

2. Cité par Agathe Logeart, « Saint-Nazaire. Les oubliés du bout du quai », *Le Nouvel Observateur*, n° 2052, 4-10 mars 2004.

Marc Augé : « Une utopie planétaire ne sera concevable que du jour où nous réussirons à faire de ces événements, ces mots, ces cadavres qui apparaissent parfois sur nos écrans, l'objet premier de nos préoccupations [1]. »

Et c'est ce que nous montrent ceux et celles, trop rares et invisibles, qui s'emparent des mots, des cadavres, des souffrances, pour y consacrer leur temps, leur énergie et proposer, plus que des réponses, des possibles porteurs d'espoirs. C'est à croire que, face aux enjeux du XXIe siècle, nos représentants politiques pensent et agissent encore avec des concepts et des façons d'une autre époque. Élus et citoyens, gens du Nord et gens du Sud, ne serions-nous pas locataires du même siècle, confrontés aux mêmes enjeux ? Qui ouvre la presse, aujourd'hui, ne peut manquer d'être surpris par cet étonnant paradoxe dans le même journal, la même revue, un lecteur attentif sera confronté à deux types d'informations totalement contradictoires. D'un côté est invoquée la nécessaire reprise de la croissance pour le bon fonctionnement de nos économies mondialisées, de l'autre il est dit que le développement de ces mêmes économies est la cause directe de la destruction accélérée du vivant, de la nature et donc de nous-mêmes. Entre les deux, vous, moi, nous... Et les informations qui s'enchaînent semblent rythmer notre impuissance. La guerre en Irak, le génocide au Rwanda, le Darfour, la Tchétchénie, le conflit israélo-palestinien, les intermittents du spectacle, les professionnels de la santé, les enseignants, les chercheurs, les petits actionnaires d'Eurotunnel, les routiers, les fonctionnaires, mon voisin qui jamais ne décroche un sourire. On interviewe ceux qui sont pour et ceux qui sont contre. Ceux qui sont sûrs et ceux qui ne doutent de rien, ceux qui veulent aller sur Mars et ceux qui tentent de survivre dans les bidonvilles. Un tumulte

1. Marc Augé, *op. cit.*

derrière lequel transparaissent la violence, l'insatisfaction, la méchanceté, l'inconscience, présents comme le pus qui suinte d'une plaie qui, obstinément, se refuse à cicatriser. Par nos mots, nos comportements, nous donnons vie aux ressentiments, à la rancœur, la colère, à la jalousie, parfois, cette jalousie dont parle René Girard en ces termes : « Si l'on cessait de désirer les biens du prochain, on ne se rendrait jamais coupable ni de meurtres, ni d'adultères, ni de vols, ni de faux témoignages. (...) L'envie, la jalousie et la haine uniformisent ceux qu'elles opposent. »

Et puis, il y a la vie, ses mystères, contre laquelle nous sommes entrés en guerre.

« Vous autres, les Blancs, considérez comme un danger tout ce qui échappe à vos règles de vie. Vous êtes habités par la peur, la peur des Indiens, des hommes à peau noire et de tous ceux qui sont différents de vous. Votre peur se mue en haine et n'apporte que mort et destruction. Vivre en harmonie avec la nature et avec vous-mêmes est impossible pour votre race. Vous êtes toujours en guerre. Avoir un ennemi donne un sens à votre existence. Maintenant que nous sommes vaincus, (...) il ne vous reste qu'à retourner la haine sans limite qui vous ronge contre vos semblables [1]... »

Aujourd'hui, force est de constater que nous sommes confrontés à un système global qui s'emballe, qui nous échappe et sur lequel il ne semble plus possible d'avoir prise. Un système nourri par notre soif insatiable de plaisir, de pouvoir, de jouissance, d'ego exacerbé. Ceux qui auraient la responsabilité d'informer les citoyens des véritables enjeux auxquels ils sont confrontés, d'essayer de poser les bonnes questions pour tenter d'y faire face se

1. Yves Swolfs, *Durango*, vol. 13, *Sans pitié*, Alpen Publishers, 1998.

taisent. Un silence mortel sur lequel il faudra bien s'interroger un jour.

Il y a dans ce triste constat une interrogation qui laisse perplexe, songeur. Si nous savons que les activités humaines détruisent le monde, la terre, qu'elles menacent notre survie, si nous le savons et que, malgré tout, nous continuons, voire même nous accélérons ce processus, c'est bien que quelque chose, quelque part, nous dépasse, nous amène à mettre en place une dynamique d'autodestruction, une dynamique qui emporte avec elle les peuples qui disposent encore des connaissances dont nous aurions besoin pour survivre.

Il y a là quelque chose de fascinant : voir l'humanité se précipiter vers sa disparition, toujours plus vite. De quoi sommes-nous libres, si nous ne pouvons ni interrompre ni modifier ce processus, si nous ne sommes même pas capables, fondamentalement capables, de l'interroger ? Nous n'avons même pas cette conscience.

Bien sûr, il y a des discours, des projets de loi, des colloques, des séminaires, des livres, des expériences, mais les discours restent bien souvent des discours, les projets de loi restent projets, ou quand ils sont votés, ils sont inapplicables et inappliqués, et les essais sont souvent marginaux. Alors on hésite, faut-il en rire, ou faut-il en pleurer ? Pleurer sur la dramatique absurdité de ce monde, qui sait, mais qui ne fait pas. Le roi est nu. Il ne s'agit même plus de savoir si l'on est pour ou contre, il s'agit de survie à long terme, d'engagement et de responsabilité vis-à-vis des générations futures. Aujourd'hui, on nous annonce que le taux de consommation des ménages a augmenté de 1,4 % sur l'année, et que — soulagement — la croissance devrait repartir dès le début de l'année 2005. Dans le même temps, écrits, articles se multiplient sur les dangers que suscite notre mode de développement.

« La vie fout le camp. En trente ans, les populations des

espèces terrestres ont diminué de 15 %, celles des espèces marines de 35 %. Et dans les eaux douces des rivières, des étangs et des lacs, c'est la catastrophe, la baisse y atteint 54 %. Notre planète est en train de vivre la sixième grande extinction de son histoire. La dernière avait mis fin à l'existence des dinosaures. C'était il y a 65 millions d'années. Trop de destruction d'habitats naturels, trop de prélèvements sur les ressources, trop de pollution. Depuis quatre siècles, la cadence de ce désastre augmente, les espèces disparaissent près de mille fois plus vite que ce que l'on a pu observer par le passé. (...) Dans certains coins de la campagne chinoise, on n'entend même plus les oiseaux chanter, ils ont disparu. (...) En Guyane, pour extraire l'or, on détruit le couvert forestier et on envoie environ 50 tonnes de mercure par an dans les rivières. La flore et la faune sont touchées, mais surtout, 60 % des Indiens Wayanas, qui habitent la forêt, sont gravement intoxiqués. Il se prépare là-bas, en silence, un scandale sanitaire énorme [1]. »

Étonnante schizophrénie, confusion des esprits, où les problèmes de pauvreté et d'environnement, qui relèvent de la survie, sont présentés de la même façon, sur le même plan, que les résultats des matchs de football, les cours de la Bourse et la relance de la croissance. Et nous revoilà revenus au début, aux premières pages de ce livre, à ce constat, ce paradoxe des temps modernes. D'un côté, nous détruisons notre cadre de vie, nous créant nos propres maladies, comme nous le rappelle le professeur Dominique Belpomme dans son ouvrage *Ces maladies créées par l'homme :* « La plupart des maladies dont nous souffrons aujourd'hui ne sont plus d'origine naturelle, mais résultent de notre civilisation. D'une manière ou d'une autre,

---

1. Gérard Petitjean, *Le Nouvel Observateur*, n° 2051, 26 février-3 mars 2004.

l'homme les a fabriquées, et cela ne fait que commencer. (...) En ne faisant rien, nous nous condamnons [1]. » De l'autre, nous appelons de nos vœux la poursuite, voire même l'augmentation de la croissance économique et pourtant... « Le monde est trop petit pour le progrès. La mondialisation est notre ultime clôture. Les pensées politiques ne sont pas prêtes à limiter le progrès tant elles sont obsédées par l'expansion du bonheur et des biens... Elles refusent de faire face à la forclusion [2]. »

D'où vient cette croyance que nous assène la presse en général, la presse économique et les acteurs de la vie politique en particulier, cette idée qui affirme que notre salut viendrait de la croissance économique, une croissance toujours plus rapide, plus forte ?... Jusqu'où ? Quelle irresponsabilité ! Bien au contraire, ce sont nos problèmes qui viennent de la croissance économique. Comment aujourd'hui, des hommes et des femmes compétents, intelligents, dont le métier est de nous informer ou de prendre, faire prendre des décisions qui engagent un peuple, un pays et plus largement ses partenaires, comment peuvent-ils encore défendre cette idée de plus en plus archaïque, pour ne pas dire dangereuse, que l'avenir d'un pays passe exclusivement par la croissance économique ? Ce concept de croissance (à ne pas confondre avec le mouvement) est non seulement impossible, mais il est mortifère. Impossible, car au temps des espaces finis, on ne peut plus indéfiniment réagir et penser comme on a pu le faire au temps des colonies et de l'extension économique des pays du Nord. Mortifère, car il détruit doublement le vivant et la nature qui nous sont indispensables à nous, êtres de nature, pour survivre sur cette terre : à travers le pillage accéléré des ressources naturelles ; à travers la production accélérée

1. Albin Michel, 2004.
2. Paul Virilio, *Le Nouvel Observateur*, 26 février-3 mars 2004.

et non maîtrisée de déchets et à travers le développement, la valorisation et la diffusion des représentations et des croyances associées qui sous-tendent ces pratiques (notamment par le biais des différents systèmes éducatifs).

« L'homme est libre de fuir la réalité, de ne pas concentrer son esprit et de dévaler aveuglément toutes sortes de routes sinueuses et escarpées, mais pas d'éviter l'abîme qu'il refuse de voir. (...) L'homme est libre de choisir de ne pas être conscient, mais non d'échapper aux conséquences de son inconscience : la destruction[1]. »

Il y a là quelque chose de l'ordre du déséquilibre, un déséquilibre énergétique qui est en train de se produire et que nous nourrissons avec frénésie. Le rééquilibrage va être terrible. On ne pourra en sortir que par la violence et la rupture. Comme si trop de mensonges, trop d'aveugles inconsciences ou de cynismes égoïstes ne laissaient plus d'autres alternatives. Il faudrait un courage immense, un courage individuel et collectif. Il faudrait de l'humilité et du respect, toutes ces valeurs que l'on scande, parfois, que l'on appelle, sans jamais ou si peu, leur donner vie. La question clé est : Pourquoi sommes-nous à ce point incapables de faire face, de réagir, face à cet inéluctable que nous nourrissons et qui nous menace jour après jour ? Pourquoi acceptons-nous cet inacceptable ? Et en définitive, pourquoi ne sommes-nous pas « humains », libres et conscients, ou libres car conscients ?

De fait, aujourd'hui, devant cette alternative, trois solutions s'offrent à nous :

Soit nous continuons, jusqu'à la catastrophe, la rupture brutale, violente, qui plongera nos sociétés, de plus en plus fragilisées du fait de leur dépendance technologique, dans le chaos et l'obscurité.

Soit nous portons au pouvoir un (des) dictateur(s) qui

1. Ayn Rand, *La vertu d'égoïsme*, Les Belles Lettres, 2004.

imposeront, au mieux par la loi, au pire par la force, les mesures que nous n'aurons pas été capables de mettre volontairement et démocratiquement en place.

Soit, enfin, nous sommes capables d'un saut de conscience, d'un changement de « paradigme », qui nous permette enfin collectivement d'apprécier la réalité des enjeux auxquels nous nous trouvons actuellement confrontés. Un saut de conscience qui ne pourra venir que de la société civile. « Les idées originales circulant de moins en moins dans le monde politique, ce sont parfois les initiatives privées qui font avancer les rapports sociaux [1]. »

Un ensemble d'hypothèses déjà largement développées et présentées en son temps par le philosophe Hans Jonas, dans son ouvrage *Pour une éthique du futur*. Pour modérer notre puissance et les destructions de la nature qu'elle engendre, il faudrait consentir à de sévères mesures de restrictions par rapport à nos habitudes de consommations débridées. (...) Plus on tardera, plus ces ajustements, nécessaires à notre survie, seront difficiles. Tout cela doit être envisagé en raison de la vérité toute simple selon laquelle une terre dont la surface est limitée n'est pas compatible avec une croissance illimitée (...). Pour cela, il convient de travailler à l'idée d'une paix entre l'esprit et la nature, paix pour l'amour de laquelle la présomption de l'homme renonce à beaucoup de choses auxquelles l'habitude paraît lui donner droit. »

Face à ce constat, de nouveau trois questions viennent à l'esprit :

Combien de temps l'ancien modèle, dont les logiques de fonctionnement ne permettent plus de faire face aux enjeux et aux déséquilibres qu'il a lui-même créés, va-t-il se maintenir en place, reculant d'autant notre indispensable mutation ?

---

1. Bernard Werber, *op. cit.*

La société des hommes, entendue comme émergence d'un système vivant parmi d'autres, mais particulier car il a la possibilité de prendre conscience de lui-même, va-t-elle pouvoir entrer dans une phase adulte et à quel prix ? « ... La solidarité entre les hommes, le respect de la nature ne seront plus à penser sous la forme d'un contrat optionnel conclu sous la menace de mort ou sous la peur, mais au contraire comme le respect de la vie, réconciliant l'homme avec lui-même, en enjambant la barbarie néolibérale, autrement dit, nous devons penser l'homme au-delà de cette figure hystérique et gesticulante de l'individu [1]. »

En quoi, les sociétés racines, mémoires, peuvent-elles contribuer à cette mutation, et que sont ces mémoires, dont parlent les Kogis, qui pourraient nous aider à progresser sur nos chemins ?

Aujourd'hui, je reste persuadé que nous avons le pouvoir d'apprendre à être humain ensemble, condition indispensable pour que le monde prenne un autre visage. Point de message messianique, de lendemain qui chante, de futur enchanté et enchanteur que l'on pourrait acheter sur catalogue, mais un chemin simple, redoutable chemin visant à décoder ces mystères qui nous habitent, nous traversent et nous transportent, apprivoiser ces sentiments, ressentiments, haines, colères, jalousies et autres pulsions qui aveuglent notre regard. En se rapprochant de son histoire personnelle, pas à pas, chacun fait l'expérience de l'universel qui relie. Ce possible, il est là, en chacun d'entre nous, c'est à la fois notre pouvoir et notre liberté.

« Vous ne pouvez pas vivre dans la protection sans jamais vous exposer et être en même temps des aventuriers de la spiritualité. Soyez audacieux, soyez fous à votre façon, de cette folie aux yeux des hommes qui est sagesse

1. Miguel Benasayag, *Le mythe de l'individu, op. cit.*

aux yeux de Dieu. Prenez des risques, cherchez, cherchez encore, cherchez partout, cherchez de toutes les manières, ne laissez échapper aucune occasion, aucune possibilité que le destin vous donne, et ne soyez pas chiche, mesquin en essayant de discuter le prix[1]. »

Peut-on sérieusement continuer à ne pas s'interroger, à ne pas faire évoluer fondamentalement nos pratiques et nos comportements ? Peut-on continuer à s'enfermer dans une préservation égoïste de nos intérêts, se satisfaire d'un statu quo, acceptable puisque nous ne sommes pas encore confrontés aux conséquences de nos actes ?

Nous n'avons finalement qu'une seule question à nous poser, qu'une seule et éternelle question, à savoir : voulons-nous, ou non, être humains ensemble ? On pourrait rajouter qu'il y a urgence. Dans l'idée d'être humain, il y a un choix, une décision de s'extraire, un effort pour dépasser notre nature humaine, pour tendre vers une posture humaine, issue d'un chemin de conscience et du dépassement des limites qu'impose l'expérience. Seule la transmutation intérieure personnelle peut permettre de tendre vers cette posture. Une transmutation indispensable, si nous voulons faire évoluer collectivement notre façon d'habiter le monde.

De tout temps et en tout lieu, des sociétés ont tenté de créer les conditions pour que soient identifiées, canalisées et pacifiées nos pulsions, non par le biais d'un ordre imposé de l'extérieur ou d'une idéologie salvatrice, mais bien plus par le biais de l'expérience partagée qui, pour ne pas être destructrice, se doit d'être ritualisée. Certaines communautés, certaines cultures, c'est le cas des Kogis, ont gardé la mémoire de ce chemin, d'autres l'ont détruite, ou ils en ont perdu le sens. Cette mémoire n'a pas d'âge, pas de lieu spécifique. Multiple dans ses formes, elle est

1. Arnaud Desjardins, *in* Danielle et Olivier Föllmi, *op. cit.*

unique dans ses finalités, elle ne se décrit pas, ou peu, elle se vit. Les hommes qui l'ont parcourue sont le plus souvent des êtres légers au regard pétillant. D'une extrême vigilance, ils vont au bout des choses, sans y accorder d'importance mais en y étant entièrement présents. Être humain procède d'un processus de vie, d'expériences et non d'un état qui pourrait s'acquérir suite à des études ou par le biais de connaissances sanctionnées par un diplôme. On ne naît pas « être humain », on naît, simplement humain, avec nos pulsions, nos possibles. Notre deuxième naissance consiste à devenir humain, faire ce choix de s'engager dans ce chemin qui demande effort, exposition et humilité. Et c'est ça le rôle, la fonction noble d'une tradition : permettre à chacun, dans sa culture, de s'engager dans ce chemin, à la fois somptueux et terrifiant. Ce chemin a pour vocation de permettre l'équilibre, d'en percevoir les composantes, pour tenter jour après jour de l'incarner, de lui donner sens dans ces petits gestes infimes qui jalonnent une vie.

« Ce qui compte sur le chemin, ce n'est pas un état de perfection, mais la reconnaissance des moments d'imperfections. Seule cette reconnaissance nous oblige à poursuivre notre transformation [1]. »

Un tel chemin ne vous dit pas ce qu'il faut faire, vous ne trouverez jamais d'indication sur ce qui est bien ou mal, au regard d'une situation donnée, il vous place en situation d'expérimenter vous-même les règles que s'est donné le collectif auquel vous appartenez. Il vous donne, à travers l'expérience, le possible-vouloir, ou non, de les faire vôtres.

« Toute conception du monde doit être vécue de l'intérieur pour être comprise, et le fait de la partager renforce

1. Karlfried Graf Dürckheim, *Chemin de vie*, La Table Ronde, 1997.

le lien entre les hommes et leur appartenance à la communauté[1]... »

Alors, comment s'engager sur ce chemin, comment donner corps à cette écomodernité, sorte de réinvention-réconciliation des peuples racines à travers nos expériences de la modernité, de réconciliation du sens née de la conscience, des émotions, de la raison et du vivant ? Non pas pour copier ou revenir en arrière, mais plus simplement pour réinventer et faire revivre, dans notre culture, certains des principes et certaines des valeurs qui fondent les traditions comme celle des Kogis.

La première étape consisterait à reconnaître, publiquement, la situation particulièrement difficile dans laquelle nous nous sommes engagés, à mettre des mots sur ce mortifère paradoxe qui est le nôtre, une société économique basée exclusivement sur une logique de croissance dont les principes détruisent les conditions mêmes de la vie ; une façon de suspendre ce déni de réalité, ce « syndrome du *Titanic* » dont parle Nicolas Hulot.

Ensuite, il conviendrait d'admettre et de comprendre que nous sommes des êtres vivants soumis aux mêmes règles, aux mêmes besoins que tout être vivant, donc reliés à l'air, à l'eau, aux minéraux, comme nous le rappellent les Kogis.

Nous pourrions alors comprendre, réellement comprendre, que nous avons cette incroyable liberté, à la fois immense et magnifique, d'être humains, c'est-à-dire d'effectuer des choix conscients.

En reprenant conscience de cette humanité, nous pourrions quitter la tyrannie du temps, accepter de réinvestir le champ du don, seul moyen de faire évoluer la finalité strictement économique qui est la nôtre aujourd'hui ; nous pourrions faciliter la mise en place d'expériences partagées

1. Ernesto Sabato, *op. cit.*

au niveau d'un immeuble, d'un quartier, d'un village, d'une région, condition d'un engagement et d'un partage des responsabilités ; passer d'un plus vers un mieux ou un différemment.

Par le don, nous pourrions alors redevenir de quelque part, un espace géographique et / ou de valeurs, un quelque part que l'on pourrait se réapproprier par le biais de l'expérience partagée, car : « Quand on leur coupe leurs racines, les hommes deviennent fous[1]. »

Pour cela nous devons réinvestir d'urgence les cinq champs dont l'interrelation harmonieuse fonde notre capacité à être humain : le champ du territoire ; le champ biologique pour reprendre conscience du vivant, de sa réalité et de ses contraintes ; le champ des émotions pour les identifier et les canaliser ; le champ de l'esprit et de la raison pour reprendre le temps de penser le monde ; le champ du sens pour sortir d'une finalité strictement économique. L'apprentissage de notre humanité passe par notre capacité individuelle (expérience) et collective (accompagnement) à cheminer, se déplacer, expérimenter ces cinq plans. La finalité ? La paix, toujours la paix, de soi avec soi, de soi avec les autres et de soi avec le monde... Une paix est toujours éphémère, équilibre précaire lié à une personne, à une époque qui a permis la mise en place et l'épanouissement de tels processus. C'est un travail continu que d'y tendre, que d'y veiller, que d'en permettre l'épanouissement. C'est un travail qui doit se renouveler à chaque cycle, à chaque génération, et dont la transmission gratuite doit pouvoir permettre l'épanouissement.

C'est une responsabilité qui, dans les sociétés racines, est assumée par les chamans, véritables maîtres du chaos qui savent écouter, sentir et relier entre eux la multitude de signes annonciateurs du déséquilibre. Plus que jamais

1. Dominique Wolton, *L'Express*, 24 avril 2003.

nous avons besoin de ces êtres-là capables de rééquilibrer les dysharmonies que nous créons entre nous et le monde, nous et l'univers, nous et nous. Des êtres souvent discrets, mais tellement présents pour qui sait voir et écouter. Humbles, ils restent loin de la lumière et pourtant ils sont lumineux. Souvent, ce sont leurs yeux qui parlent à leur place, parfois leurs postures, leurs façons d'être et de se relier, à vous, aux autres. Ce sont des êtres attentifs et vigilants, qui sont, plus qu'ils ne parlent ; qui respirent, plus qu'ils ne bougent. Présents, là où vous ne les attendez pas, absents, là où vous les pensez utiles. Décalés, car reliés par l'expérience à un univers de références dont nous avons perdu l'accès, voire même la perception. Bien sûr qu'ils parlent, qu'ils nourrissent échanges et dialogues, mais sur d'autres plans, avec d'autres mots. Alors, pour nous, ils apparaissent le plus souvent comme des êtres de silence. Ce sont des êtres frontières, passeurs entre les règles du vivant, qu'ils portent pour les avoir vécues et intégrées, et nos règles et représentations culturelles, les dérèglements psychiques, psychologiques qu'elles génèrent. Ils savent vivre, dépasser et transformer les tensions de la frontière, les paradoxes qu'elles suscitent.

Dans nos sociétés modernes, nous cheminons seul, de façon aléatoire et hasardeuse. Dans les sociétés racines les cheminement sont canalisés, ritualisés, accompagnés. Dans le premier cas, ils détruisent, dans le second, ils construisent. C'est sans doute cela, et tellement plus, que nous soufflent les Kogis. Et c'est sans doute la mise en pratique de ces principes qui nous permettra de questionner et faire évoluer notre modèle actuel. À cette condition que nous pourrons faire vivre, par choix et non pas sous la contrainte, ces territoires de demain où il sera possible d'être humains ensemble.

Pendant les derniers jours passés sur les terres de La Luna, j'ai voulu planter quelques arbres, des caracolis, de ceux qui appellent la pluie, qui permettent la vie. Leur croissance rapide leur vaut d'atteindre très vite une taille impressionnante. Ils font partie des grands, des géants de la forêt tropicale, si caractéristiques dans la Sierra. Le temps des graines de caracoli étant passé, j'ai cherché un endroit où elles avaient germé en quantité pour sélectionner de jeunes plants et les replanter sur les espaces dégradés. En deux jours, une trentaine ont pris place sur le versant érodé et abîmé d'une petite colline. Trente arbres à devenir. Trente arbres pour une forêt demain. Trois jours de plaisir à creuser la terre, la sentir, lui demander d'accueillir avec bienveillance ces nouveaux enfants. Trois jours que terminera une magnifique averse tropicale, de ces averses denses, brutales qui nourrissent la terre, la portent, la transforment pour demain, plus tard. Planter des arbres, semer des mots, c'est toujours la vie qui conduit notre chemin, ses pulsions, ses errances, car de la nature naît la vie, et la nature « sait ». Peut-être ces mots permettront-ils un nouveau chemin, pour que cette nature qui nous est commune à tous redevienne objet de soin, d'attention, de paix.

Au moment où j'écris ces dernières lignes, Gentil m'appelle. Coup de téléphone lointain pour une mauvaise nouvelle. Cinq Kogis dont une fillette de dix ou douze ans ont disparu entre les villages de Santa Rosa et de Río Ancho, sans doute exécutés par les paramilitaires. Peu à peu, les derniers hommes meurent, étouffés par notre indifférence barbare, ou est-ce de l'impuissance ? Entre l'amour et la violence, saurons-nous choisir notre chemin ?

Bibliographie

Aubenas, Florence et Benasayag, Miguel, *Résister c'est créer*, La Découverte, 2002.

Augé, Marc, *Pour qui vivons-nous ?*, Fayard, 2003.

Assmann, Jan, *Maât, l'Égypte pharaonique et l'idée de justice sociale*, La Maison de vie, 1999.

Balandier, Georges, *Civilisés dit-on ?*, PUF, 2003.

Barbier, Geneviève et Farrachi, Armand, *La société cancérigène*, éditions de La Martinière, 2004.

Benasayag, Miguel, *Le mythe de l'individu*, La Découverte, 2004.

Benasayag, Miguel, *Sans visages. L'impossible regard sur la pauvreté*, Bayard, 2004.

Bénichou, Grégory, *Le chiffre de la vie*, Seuil, 2002.

Bruchac, Joseph, *Sagesse des Indiens d'Amérique*, La Table Ronde, 1995.

Cabodevilla, Miguel Angel, *Los Huaorani. La historia de los pueblos del oriente*, Cicame, 1994.

Carle, Christian, *Du risque de la fin du monde et de sa dénégation*, éditions de la Passion, 2004.

Davidson, Art, *Nés de la Terre*, Solar, 1996.

Davidson, Art, *Les peuples en danger du monde*, Solar, 1996.

Duplin, Éric, *L'hystérie identitaire*, Le Cherche Midi éditeur, 2004.

Dürckheim, Karlfried Graf, *Chemin de vie*, La Table Ronde, 1997.

Eliade, Mircea, *Aspects du mythe*, Gallimard, 1963.

Eliade, Mircea, *Le sacré et le profane*, Gallimard, 1965.

Epes Brown, Joseph, *L'héritage spirituel des Indiens d'Amérique*, éditions du Rocher-Le Mail, 1996.

Föllmi, Danielle et Olivier, *Offrandes*, éditions de La Martinière, 2003.

Foucauld, Jean-Baptiste de et Piveteau, Denis, *Une société en quête de sens*, Odile Jacob, 1995.

Fuerst, René, *Indiens d'Amazonie. Ressemblances et dissemblances*, Georg éditeur, 1993.

Girard, René, *La violence et le sacré*, Grasset, 1972.

Girard, René, *Je vois Satan tomber comme l'éclair*, Grasset, 1999.

Goldsmith, Edouard, *Le Tao de l'écologie*, éditions du Rocher, 1993.

Gorz, André, *Misères du présent, richesse du possible*, Galilée, 1997.

Halter, Marek, *La mémoire inquiète*, Robert Laffont, 1993.

Jollien, Alexandre, *Le métier d'homme*, Seuil, 2002.

Jonas, Hans, *Pour une éthique du futur*, Rivages, 1998.

Jullien, François, *L'ombre au tableau. Du mal ou du négatif*, Seuil, 2004.

Le Clézio, J.-M.G., *Haï*, Albert Skira éditeur, 1991.

Lévi-Strauss, Claude, *Tristes tropiques*, Plon, 1955.

Lewis-Williams David, *L'esprit dans la grotte. La conscience et les origines de l'art*, éditions du Rocher, 2002.

Lipovetsky, Gilles et Charles, Sébastien, *Les temps hypermodernes*, Grasset, 2004.

McLuhan, T.C., *L'esprit de la terre*, éditions du Rocher, 1994.

Narby, Jeremy et Huxley, Francis, *Chamanes au fil du temps*, Albin Michel, 2002.

Onfray, Michel, *Esthétique du pôle Nord*, Le Livre de poche, 2002.

Ost, François, *La nature hors la loi*, La Découverte, 1995.

Pelt, Jean-Marie, *La loi de la jungle*, Fayard, 2003.

Popper, Karl, *À la recherche d'un monde meilleur*, éditions du Rocher, 2000.

Purce, Jil, *La spirale mystique*, éditions du Chêne, 1974.

Rahnema, Majid, *Quand la misère chasse la pauvreté*, Fayard-Actes Sud, 2003.

Rand, Ayn, *La vertu d'égoïsme*, Les Belles Lettres, 1993.

Reclus, Élisée, *L'homme et la Terre*, La Découverte, 1998.

Reeves, Hubert avec Frédéric Lenoir, *Mal de terre*, Seuil, 2003.

Robert, Anne-Cécile, *L'Afrique au secours de l'Occident*, éditions de l'Atelier, 2004.

Sabato, Ernesto, *La résistance*, Seuil, 2002.

Sahlins, Marshall, *Âge de pierre, âge d'abondance. L'économie des sociétés primitives*, Gallimard, 1976.

Schultes, Richard Evans et Hofman, Albert, *Les plantes des dieux. Botanique et ethnologie*, éditions du Lézard, 1993.

Sebald, W.G., *De la destruction comme élément de l'histoire naturelle*, Actes Sud, 2004.

Seralini, Gilles-Eric, *Génétiquement incorrect*, Flammarion, 2001.

Sheldrake, Rupert, *L'âme de la nature*, Albin Michel, 2001.

Smouths, Marie-Claude, *Forêts tropicales, jungle internationale. Les revers d'une écopolitique mondiale*, Presses de Sciences Po, 2001.

Souzenelle, Annick de, *Le symbolisme du corps humain*, Albin Michel, 1991.

Steiner George, *Maître et disciples*, Gallimard, 2003.

Swolfs, Yves, *Durango*, vol. 13, *Sans pitié*, Alpen Publishers, 1998.

Tamisier, Jean-Christophe (sous la direction de), *Dictionnaire des peuples*, Larousse-Bordas, 1998.

Tiberghien, Frédéric, *Au travail !*, Jean-Marie Laffont, 2003.
Tierney, Patrick, *Au nom de la civilisation*, Grasset, 2002.
Werber, Bernard, *L'encyclopédie du savoir relatif et absolu*, Albin Michel, 2000.
Zweig, Stefan, *La guérison par l'esprit*, Le Livre de poche, 1991.

« Achetez de la terre, on n'en fabrique plus. »

Mark Twain (1835-1910)

L'association Tchendukua-Ici et Ailleurs est une association de soutien aux habitants de la Sierra Nevada de Santa Marta.

Elle réunit ceux et celles qui souhaitent préserver un mode d'existence basé sur le respect et l'harmonie.

Association Tchendukua-Ici et Ailleurs

11 rue de la Jarry
94300 Vincennes
Tél : 01 43 65 07 00
Fax : 01 43 65 09 52
E-mail : tchendukua@wanadoo.fr
Site : www.tchendukua.com

Table

DU MÊME AUTEUR

CHEZ LE MÊME ÉDITEUR

Le chemin des neuf mondes.
Les Indiens Kogis de Colombie
peuvent nous enseigner les mystères de la vie,
2001.

DANS LA MÊME COLLECTION

Le livre de l'essentiel, I et II
collectif

Le livre des dauphins et des baleines
Brigitte Sifaoui

La mutation du futur
Colloque de Tokyo

Et le divin dans tout ça ?
entretien de Jean E. Charon avec Erik Pigani

Le secret d'Abou Simbel
Le chef-d'œuvre de Ramsès II décrypté
François Xavier Héry

Le cercle de vie
Initiation chamanique d'une psychothérapeute
Maud Séjournant

Le rire du sacré
Jean-Claude Marol

La source du bonheur est dans votre cerveau
Christian Boiron

Réapprivoiser la mort
Avènement des soins palliatifs en France
Patrice Van Eersel

Le Cercle des Anciens
P. Van Eersel / A. Grosrey

Sans les animaux, le monde ne serait pas humain
Karine Lou Matignon

L'avenir de l'esprit
entretiens de Thierry Gaudin
avec François L'Yvonnet

Qui croyez-vous être ?
Dr Carlos Walter

Le grand livre des rêves
Roger Ripert, Sylvain Michelet, Nicolas Maillard

Enquête sur la réincarnation
ouvrage collectif

Chamanes au fil du temps
Jeremy Narby et Francis Huxley

Quelle langue parlaient nos ancêtres préhistoriques ?
Marcel Locquin et Vahé Zartarian

J'ai mal à mes ancêtres !
La psychogénéalogie aujourd'hui
Catherine Maillard et Patrice Van Eersel

Les Cévennes, rêve planétaire
Marie-Joséphine Grojean

Les amoureux du pôle
Arnaud Tortel

Amour, sexe et spiritualité
ouvrage collectif

Composition Nord Compo
Impression Bussière Camedan Imprimeries
en septembre 2004
Editions Albin Michel
22, rue Huyghens, 75014 Paris
www.albin-michel.fr
ISBN 2-226-15432-9
N° d'édition : 22732. – N° d'impression : 043705/1.
Dépôt légal : octobre 2004.
Imprimé en France.